THE MAKING OF EUROPE

AN INTRODUCTION TO THE HISTORY OF EUROPEAN UNITY

Christopher Dawson

欧洲的形成

欧洲统一史导论

［英］克里斯托弗·道森 著 李月 译

上海三联书店

新人

库梅之歌预言的末世悄然到来，时代的大轮回又一次从头开始。处女星归还，萨图图的王朝亦行将复兴。新的一代已经从高高的云霄间降临。

目录

插图

关于插图的说明

新人

地下墓穴的艺术是基督教文化的第一个外在表现,它以一种非凡的方式显示了古罗马-希腊化文化的外在形式是如何被新的精神力量所同化和改造的。早期的基督教艺术取代了希腊化的房屋装饰的传统俗气,并为它们注入了深刻的精神意义。这些主题仅仅是泛化的类型或符号——鱼、鸽子,或从异教神话中借用的人物——其价值完全在于它们对被启蒙者的宗教和神秘意义。在这些形象中,最受欢迎的是一个处于祈祷姿态的女人——*the orans*〔妇女祈祷像〕——这个形象同时象征着死者的灵魂、人类自由和开明的精神,也象征着圣母教会、圣灵的新娘。

插图中的人物与大多数妇女祈祷像的不同之处在于,它更具个性,这表明它是死者的肖像。根据威尔伯特(Wilpert)的观点,这是一个神圣的处女形象,她在背景中再次出现,从一位主教手中接过面纱,其他作家则将其解释为代表生命的不同状态——婚姻、母性和童贞。但它也保留了一般的象征性特征,所以这些场景同样可以理解为指重生的奥秘——新人的诞生、圣化和圆满。

基督修辞学家

这座雕像可以追溯到公元 3 世纪或 4 世纪,它的古典风格如此彻底,以致它的基督教特征受到了质疑。不过,这幅画似乎表现了基督作为教师的形象,其着装和态度就像一位希腊化式的校长。

1

在这里,正如卷首插画一样,我们再次看到基督教艺术挪用了世俗艺术的动机,并赋予它们新的宗教意义。

法兰克人的棺材

这口棺材源自盎格鲁,可能是公元 7 世纪末的作品,因此属于诺森伯利亚(Northumbrian)文化的伟大时代(参见 PI. X.,《林迪斯法恩福音书》[*Lindisfarne Gospels*])。这是基督教和蛮族元素在北方民族的新艺术中融合的一个突出例子。前面的画板右边显示的是对东方三贤士(Magi)的崇拜,左边显然是铁匠韦兰(Wayland the Smith)的故事。顶部描绘的是一位叫埃吉尔(Egil)的英雄,他可能是韦兰的兄弟,正在保卫他的房子免受攻击。

右侧显示了一个坐在土丘上的马头像和其他一些人物,这是所有场景中最模糊的,尽管有人试图将其与西格德(Sigurd)和布琳希尔德(Brynhild)的故事联系起来,但其真正的解释和符文铭文的解释都不确定。其他没有复制的场景代表了罗慕路斯(Romulus)和雷穆斯(Remus)的故事以及提图斯(Titus)占领耶路撒冷的故事。这里的符文含义明确,没有任何疑问。

国王与上帝

国王与神面对面,从神那里接受神圣的王室标志的这一场景是东方艺术中最古老的主题之一,也是神圣君主制的经典表现。它首先出现在埃及,出现在法老接受荷鲁斯(Horus)礼物的形象中;同样的想法也是巴比伦王室授勋仪式的基础,在这个仪式中,国王"握住贝尔(Bel)的手",从而获得了统治世界的权力。在小亚细亚的尼姆鲁德山(Nimrud Dagh)有一个公元前 1 世纪的石刻,它描绘的是科马吉尼的安条克一世(Antiochus I of Commagene)握住密特拉(Mithras)的手,表明在希腊化时期,这一动机在伊朗人民中仍然流行。但关于这一主题的表现最令人印象深刻的是公元 3 世纪的萨珊(Sassanian)浮雕。虽然这些浮雕和尼姆鲁德山的浮雕一样,显

xi

示了希腊化艺术的影响,但它们同时具有强烈的民族精神,表达了波斯文化的重新觉醒,以及东方宗教和东方君主制对西方外来势力的胜利。

拜占庭的基督

拉文纳的圣维塔莱教堂(Church of S. Vitale at Ravenna)的马赛克可以追溯到公元 540—550 年,这也许是拜占庭艺术古典时期现存的最好的例子。它不像地下墓穴中的那样是受迫害的少数人的匿名艺术,而是拜占庭君主制的基督教帝国主义的胜利表达。新艺术中占主导地位的精神力量来自东方,尤其是来自叙利亚,正如道尔顿(Dalton)先生所写的那样,古代东方君主国的传统教导人们将艺术视为提升王权和神权的工具。"王权与神性的联系对古代君主制下的生活产生了深远的影响,在基督教时代,闪米特人(Semitic)的东方并没有被遗忘,他们无法将神性的概念与阴暗和巨大的权力分开。阿拉姆人(Aramaeans)将基督视为万物的主宰(Pantocrator),而不是木匠的儿子,也不是希腊化艺术中的安静少年。"(O. M. Dalton, *East Roman Art*, p. 228)这种理想在圣维塔莱教堂的伟大纪念碑艺术中得到了体现,它致力于颂扬天上和地上的两位君主。在后殿中,基督威严地坐在地球上,四条天堂之河从他的脚下流出,而在下面,在唱诗班的两侧,皇帝和皇后在朝臣的簇拥下现身。

但另一方面,这种艺术也继承了希腊化世界对自然的热爱和对美与和谐的理想的传统。这一元素首先表现在基督的形象上,它在特质上是希腊式的,而不是东方的,与蒙雷亚尔(Monreale)大教堂中巨大的万物主宰像形成了鲜明的对比。

东方的敬意

xii

圣阿波利纳莱圣殿(S. Apollinare Nuovo)早期的马赛克可以追溯到哥特式时期,当时这是阿里乌派(Arian)的宫廷教堂。但中殿里的两支伟大的圣徒队伍——左边是由东方三贤士带领的处女队伍,右边是殉道者队伍——则是拜占庭时期阿格内鲁斯主教(Bishop Agnellus,约公元589年)的作品。东方三贤士的形象是在19世纪被修复的。

爱尔兰基督教艺术:圣加尔(St. Gall)福音书

这份手稿可以追溯到公元8世纪末,也许是不列颠群岛以外爱尔兰艺术的最佳范例。它要么是在大陆上写的,要么是在大陆上完成的,因为在结尾处字体变成了大陆的小字。

公元8世纪的爱尔兰基督教艺术是迄今为止蛮族最具原创性和创造性的成就,尽管它在某种程度上受到了外国的影响,但它按照自己的形式原则压制了这些外来因素。因此,这幅插图中的耶稣受难场景可能是基于拜占庭-叙利亚的模式;但其特质已经完全改变,人物也从属于装饰方案了。在其他地方,如在《凯尔斯书》(*Book of Kells*)中,人像被用作纯粹的装饰品,完全不考虑自然表现或人类情感,其结果是设计传达了一种特别神奇和梦幻的印象。虽然野蛮,但它绝不是一种"年轻"或幼稚的艺术:它是一种高度精细和复杂的传统的成熟产物,和阿兹特克人或玛雅人的艺术一样与地中海世界的艺术没有共同之处。

盎格鲁基督教艺术:林迪斯法恩福音书(*Lindisfarne Gospels*)

根据篇末后记(不过并非写于同一时期),这份手稿是"林迪斯法恩教堂的主教埃德弗里斯(Eadfrith,公元698—721)的作品,他最初是为上帝和圣卡斯伯特(St. Cuthbert)以及岛上的所有圣徒写了这本书。"除了年代稍晚的《凯尔斯书》外,它是迄今为止现存的爱尔兰书法和装饰风格的最佳范例。因此,麦卡利斯特(Macalister)教授否定了篇末后记的说法,认为该手稿纯粹来源于爱尔兰。另一方面,与爱尔兰手稿相比,该手稿的人物题材的设计更加古典,处理方式更加具有代表性。这显然是复刻了阿米亚提鲁斯抄本(Codex Amiatinus,即西奥弗里德版本的圣经[Ceolfrid

Bible〕）里的人物形象，据称，这个形象本身就是南意大利人卡西奥多鲁斯（Cassiodorus）藏于自己的图书馆中的一幅自画像的复制品。节日日历也来自南意大利，来自那不勒斯的教堂；所有这些特征都指向诺森伯利亚，在那里，凯尔特人的影响与拜占庭意大利的影响相遇，而拜占庭意大利的影响是由哈德良（Hadrian）和圣本笃·比斯科普（St. Benedict Biscop）引入英格兰的，前者是那不勒斯附近尼西达修道院的院长（Abbot of Nisida）。

加洛林王朝皇帝：秃头查理（Charles the Bald）

出自贝林格（Beringer）和柳特哈德（Liuthard）于公元 870 年为秃头查理制作，后来由卡林西亚的阿努尔夫（Arnulf of Carinthia）赠送给雷根斯堡（Regensburg）的圣埃默兰修道院（St. Emmeran）的《奥里斯抄本》（*Codex Aureus*）。这是加洛林王朝艺术最发达的流派的一个宏伟实例，通常被描述为科比（Corbie）流派，但现在归因于圣丹尼斯的皇帝的缮写室。后来的加洛林帝国并不具备创作不朽艺术作品的物质资源，因此帝国文化在这些奢华的手稿中得到了体现，加洛林帝国的所有书法和绘画资源都在这些手稿上得到了挥霍。这里展示的插图是加洛林王朝艺术中古典-拜占庭元素的一个很好的例子，它展示了身穿蓝色短外衣和紫罗兰色斗篷举行登基仪式的皇帝。两边的两位女性形象代表着帝国的人民，被称为弗朗西亚（Francia）和哥提亚（Gothia）。

加洛林主教

这构成了米兰圣安布罗乔大教堂（S. Ambrogio）精心装饰的祭坛的圣杯，它是加洛林王朝金属制品中最宏伟的例子之一。它是米兰的安吉尔伯特二世主教（Bishop Angilbert II of Milan，公元824—859）手下的一位叫沃尔维努斯（Wolvinus）的大师的作品。 *xiv*
但它究竟是在米兰制作的，还是在兰斯（Rheims，加洛林王朝的一个重要艺术中心）制作的，人们还存有疑问。

北方的皈依：卡努特（Canute）国王

出自温彻斯特（Winchester）的《新明斯特登记册，公元 1016—1024 年》（*Newminster Register of 1016—1024*，*Liber Vitae*），现存于大英博物馆（斯托手稿［Stowe Manuscript］，公元 944 年）。这幅画说明了中世纪关于王权的神圣起源的概念（由天使将王冠戴在国王的头上作为象征），也是当代关于最伟大的斯堪的纳维亚统治者的有趣画作。

虔诚者刘易斯（Lewis the Pious）

来自拉巴努斯·莫鲁斯（Rabanus Maurus）的《赞美圣十字架》（*De Laudibus Sanctae Crucis*）的手稿，该书稿于公元 9 世纪第二季度在富尔达（Fulda）用金色和紫色笔墨书写。皇帝穿着罗马服装，是基督教士兵的一员。它是迄今为止中世纪早期艺术中最写实、最具个性的肖像画。

神圣罗马帝国：奥托三世（Otto III）接受帝国人民的敬意

摘自《奥托三世的福音书》（*Gospels of Otto III*），大约于公元 1000 年在莱切诺（Reichenau）制作，是所谓的奥托尼亚（Ottonian）文艺复兴的中心莱切诺学校的杰作之一。它是奥托三世统治时期在中世纪文化史上重要地位的有力见证，因为尽管它与拜占庭传统有联系，但它的风格具有深刻的原创性，并显示了中世纪西方新艺术的诞生。一位现代德国评论家汉斯·卡林格（Hans Karlinger）在谈到这种艺术时写道："它是南北关系复兴的产物——拜占庭帝国艺术和所谓的后加洛林时代流行艺术的结合。""它完全是在德国土地上的中部王国诞生的。在南方或西方没有可以与之相比的东西，当时的拜占庭也没有什么比这更好的了。学生已经成为大师，他的想象力实现了奥托三世的梦想：一个覆盖这个时代所有国家的基督教世界帝国。"（*Die Kunst des Frühen Mittelalters*，63）

前　　言

　　我不认为有必要为写一本关于通常被称为"黑暗时代"的书而道歉，因为尽管中世纪研究取得了普遍的进展，人们对中世纪文化的兴趣也日益增长，但这仍然是一个被忽视和不受重视的主题。中世纪晚期——例如公元 11 世纪或 13 世纪——每一个世纪都有各自独特的个性；但对我们大多数人来说，从罗马帝国灭亡到诺曼征服之间的几个世纪呈现出一个模糊的轮廓，对我们的思想没有任何实际意义。例如，我们乐于谈论的盎格鲁-撒克逊（Anglo-Saxon）时代的英格兰，往往认为它是一脉相承的，而不记得忏悔者爱德华（Edward the Confessor）的时代与盎格鲁-撒克逊征服的时代之间存在着巨大的差距，就像它与克伦威尔（Cromwell）和马萨林（Mazarin）时代之间的差距一样，或者像我们的时代与爱德华三世（Edward III）和乔叟（Chaucer）时代之间的差距一样。

　　事实上，那个时代见证了欧洲文明史上最重大的变化。的确，正如我在标题中所说的，这是最具创造性的时代，因为它创造的不是这种或那种文化表现形式，而是文化本身——所有后来的文化成就的根源和基础。我们难以理解和欣赏那个时代，部分原因是其活动的创造性。它是一个内部的有机过程，并没有表现为引人注目的外部成就，因此它缺乏像文艺复兴或奥古斯丁时代（Augustan Age）那样辉煌的文化扩张时期的表面吸引力。

　　然而，历史上最值得研究的并不是"容易"的时期。历史的伟
大价值之一在于，它让我们走出自我——远离显而易见和公认的事

实——并发现了一个我们原本不知道的现实。让我们的思想沉浸在一个与我们所知的完全不同的时代是有真正价值的：一个不同的世界，但不失为一个真实的世界——事实上是更真实的世界，因为我们所说的"现代世界"是一代人的世界，而像拜占庭或加洛林（Carolingian）王朝这样的世界的文化却延续了几个世纪。

历史应该是对伯特兰·罗素（Bertrand Russell）正确描述为我们现代社会最大错误之一的"时间上的狭隘主义"的伟大纠正。不幸的是，历史往往是以一种非常不同的精神书写的。现代历史学家，尤其是英国的历史学家，常常倾向于把现在作为判断过去的绝对标准，并将所有历史视为最终导致事物现状的不可避免的进步运动。在像威尔斯（H. G. Wells）先生这样的作家身上，这是有一定道理的，他的目的是为现代人提供历史背景和世界观的基础；但即使在最好的情况下，这种书写历史的方式从根本上说也是非历史的，因为它涉及过去对现在的从属关系，而且它不是通过拓宽知识视野将人们的思想从狭隘中解放出来，很容易产生辉格党历史学家的法利赛式（Pharisaic）的自以为是，或者更糟的是，产生现代庸人的自我满足。①

当然，还有一个相反的危险，那就是把历史作为反对现代的武器，要么是由于对过去的浪漫理想化，要么是为了宗教或民族宣传的需要。其中后者最为严重，因为浪漫主义者至少以历史本身为目的；事实上，正是由于浪漫主义历史学家，我们才第一次尝试为了中世纪文明本身而研究它，而不是作为研究其他东西的一种手段。另一方面，宣传型的历史学家受到非历史性动机的启发，往往会不自觉地为了辩护的利益而篡改历史。这是中世纪的天主教历史学家特别会面临的危险，因为浪漫主义的复兴首先带来了中世纪作为"信仰的时代"的概念，以及中世纪文化作为天主教理想的

xvii

---

① 那些现代作家们还发现了一个更低层次的认知，他们似乎把过去看成是一种饲养着奇怪野兽的动物园，这些野兽的特性由表演者-传记作者在支付相当高的费用后向公众展示。

社会表达的概念。过去并非如此,像弗勒里(Fleury)这样的天主教历史学家往往倾向于在相反的方向上犯错误,接受后文艺复兴时期对黑暗时代的现行偏见,认为它有着"哥特式"的野蛮和无知。但在过去的一个多世纪里,天主教作家们肯定有一种倾向,即把历史作为护教的一个部门,并将中世纪文化理想化,以抬高他们的宗教理想。实际上,这种书写历史的方式有违其自身的目的,因为一旦读者对历史学家的公正性产生怀疑,他就会怀疑他所读到的一切的真实性。

　　然而,另一方面,除非我们对中世纪的宗教抱有同情和欣赏,否则就不可能理解中世纪的文化,而天主教历史学家在这方面具有明显的优势。在世俗历史学家看来,中世纪早期也不可避免地是黑暗时代,是没有世俗文化或文学的野蛮时代,或陷于莫名其妙的教条纷争,或陷入没有经济或政治理由的野蛮战争。但对天主教徒来说,它们与其说是黑暗时代,不如说是黎明时代,因为它们见证了西方的皈依,基督教文明的建立,以及基督教艺术和天主教 *xviii* 礼仪的创造。最重要的是,它们是修道士的时代,这个时代始于沙漠之父,到与西方的克鲁尼(Cluny)和东方的阿托斯山(Mount Athos)的名字相关的伟大的修道院改革运动结束。这个时代最伟大的名字是修道士的名字——圣本笃(St. Benedict)和圣格里高利(St. Gregory)、两个哥伦布(Columbas)、比德(Bede)和博尼法斯(Boniface)、阿尔古因(Alcuin)和拉巴努斯·莫鲁斯(Rabanus Maurus)以及邓斯坦(Dunstan),正是由于修道士,这个时代的伟大文化成就才得以实现,无论我们看的是古代文化的保护、新民族的皈依,还是在爱尔兰和诺森伯利亚以及加洛林帝国新文化中心的形成。

　　不是天主教徒的人很难理解这一伟大传统的全部含义。的确,有一些学者,如已故的海因里希·格尔泽(Heinrich Gelzer),因其对拜占庭或中世纪研究的兴趣而对修道院的理想有了直观的认识。①

---

　　① 参见他的"Pro monachis",in *Ausgewählte Kleine Schriften*,以及他的儿子为这卷书所做的序。

但这样的人很少；对普通的世俗历史学家来说，隐修制度一定是一种陌生而不可理解的现象，就像西藏的喇嘛教或古代苏美尔人的神庙祭司一样。另一方面，对天主教徒来说，隐修制度仍然是其精神世界的一个组成部分。本笃会的规则仍然支配着人们的生活，就像在比德时代一样。人们仍然履行同样的神圣职责，遵循同样的纪律和沉思的理想。因此，修道院的传统提供了一座活生生的桥梁，通过这座桥梁，人们的思想可以回到公元 6 世纪那个奇怪的古老社会，而不会完全失去与实际经验世界的联系。

xix 　　然而，与对信仰的理解相比，这一点也是次要的，因为信仰是那个时代的最终精神灵感。如果说那个时代是一个有信仰的时代，那也不仅仅是由于其外在的宗教信仰，更不意味着那个时代的人在社会和经济关系中比今天的人更有道德，更有人情味，更公正。相反，这是因为他们对自己或对人类努力的可能性没有信心，而是把他们的信任放在文明和历史之外的东西上。毫无疑问，这种态度与伟大的东方宗教有许多共同之处，但它的本质区别在于，它并没有导致对外部世界的寂静主义或宿命论，而是导致社会活动的加强。欧洲的基础是在恐惧、软弱和痛苦中奠定的——这种痛苦是我们今天难以想象的，即使在过去 18 年的灾难之后。然而，当时的灾难所激起的绝望感、无限的无能感和被遗弃感，与激励人们作出英勇努力和进行超人活动的勇气和自我奉献的精神并不矛盾。

　　这就是作为新时代缔造者的伟人们的精神——圣奥古斯丁（St. Augustine）看到了崇拜人类力量的虚妄和徒劳；圣本笃在哥特战争的灾难中创造了和平与精神秩序的核心；圣格里高利于文明在他周围崩溃时肩负着整个世界的忧虑；圣博尼法斯不顾极度的沮丧和幻灭，为基督徒的成长献出了生命。

　　我并不渴望人类的毁灭（*Diem hominis non desideravi*）——这是那个时代的基本信念，而对于那些把所有历史都看成人类物种的现代人来说，很难理解这一点，因为对他们来说，"人类的日子"

4

是一个理性人唯一可能的奉献对象。然而，如果我们没有意识到   *xx*
这个观点，那个时代的最高和最永恒的成就就会变得像佛教寺院
对维多利亚时代的商人一样难以理解。我们与欧洲的过去被一种
精神障碍所隔绝，被迫从外部以考古学家那种无私的好奇心来研
究它，而考古学家发掘的是一种死亡文化的遗迹。

　　因此，如果不信教的读者认为本书对神学或教会问题给予了过
多的篇幅或强调，他必须记住，除非我们理解过去的人最关心的事
情，否则就不可能理解过去。这些事情仍然是神学家感兴趣的事
情，这一事实本身很容易导致历史学家对它们的忽视，其结果是后
者将更多的篇幅用于对现代人有一定吸引力的次要运动，而不是
用于对过去的人至关重要的中心问题，这些问题不仅支配着他们
的内心生活，而且支配着他们的社会制度和他们的实践活动。如
果我在这些问题上长篇大论，那不是为了证明一个神学观点，或者
一个宗教观点，而是为了解释过去。这不是一部教会史，也不是一
部基督教史，而是一部文化史，一部与我们的文化有渊源的特殊文
化的历史。中世纪早期的世界是我们并不遥远的祖先的世界，是
我们所来自的世界，也是形成我们民族的世界。我们许多人的血
管里甚至流淌着中世纪世界缔造者的血液。①

　　现代科学家正确地坚持认为，现代人的生存方式受到其史前历   *xxi*
史遗产的制约。但是，如果这对我们遥远的新石器时代的祖先来
说是真的，那么对那些直系祖先来说更是如此，他们的影响仍然直
接塑造着我们的生活，决定着我们所说的语言和我们所居住的地
方的名称。因为在这一时期，我们人类悠久的史前传统出现在历
史的光辉中，并通过与更高等文明的首次接触而获得意识。没有
这一创造过程，就不会有欧洲文明，因为欧洲文明不像 18 世纪哲

---

　　①　只要看一眼任何一本关于王室后裔的书就会发现，相当一部分英国中产阶级不
仅可以宣称自己是爱德华三世（Edward III）或亨利二世（Henry II）的直系后裔，而且可以
宣称自己是查理曼（Charlemagne）和圣弗拉基米尔（St. Vladimir）、波兰的博列斯拉夫
（Boleslav）和维京人的领袖的直系后裔！

学家所说的"文明"那样，不是一个抽象的智力概念，而是一个具体的社会有机体，它与我们所谈论的国家统一一样真实，而且重要得多。

　　这一事实之所以没有被普遍认识到，首先是由于现代历史通常是从民族主义的角度来写的。19世纪一些最伟大的历史学家也是民族主义崇拜的使徒，他们的历史往往是民族主义宣传的手册。这种影响体现在哲学史学家身上，他们受到黑格尔式的国家理想化的影响，认为国家是普遍理念的最高表达，也表现在像冯·特赖奇克（von Treitschke）和弗劳德（Froude）这样的作家身上，他们是纯粹的政治民族主义的代表。在19世纪的进程中，这场运动渗透到了大众意识中，并决定了普通人的历史观念。它从大学渗透到小学，从学者渗透到记者和小说家。其结果是，每个国家都声称自己拥有它所不具备的文化统一性和自足性。每个国家都认为自己在欧洲传统中的份额是一种原创性的成就，不归功于其他人，并且不理会自己的个人传统所扎根的共同基础。这不仅仅是学术错误，它已经破坏和损害了现代欧洲的整个国际生活。它在欧洲战争中找到了克星，这场战争代表了欧洲生活中远比过去所有战争更深刻的分裂，其今天的后果将在给整个欧洲带来经济毁灭的疯狂的民族对抗中看到。

　　今天，意识到这种状态的危险的思想家并不少，但除了少数例外，他们和他们的反对者一样对欧洲的传统视而不见。他们把自己的信念寄托在没有历史基础的抽象的国际主义上，因此，他们激起了一种新的民族主义情绪的爆发，这种情绪在某些方面比19世纪所经历的任何事情都要过分。

　　民族主义的罪恶并不在于它对过去传统的忠诚，也不在于它对民族团结和自决权的维护。错误的是将这种统一与文化的终极和包容性的统一相提并论，而文化是一种超国家的东西。

　　我们文化的最终基础不是民族国家，而是欧洲的统一。诚然，这种统一迄今尚未在政治形式上实现，也许永远也不会实现，但无论如何，它是一个真实的社会，而不是一个智力上的抽象概念，而且只有通过在这个社会中的交流，不同的民族文化才获得了它们的真正形式。

毫无疑问，在 18 和 19 世纪，人们很容易忽视这种统一性，当时的欧洲文明已经获得了如此高的声望，以至于它似乎没有对手，也不能与一般的文明等同。但今天的情况大不相同，欧洲的霸权受到了各方面的挑战：俄罗斯和美国不再被视为欧洲文化的殖民延 *xxiii* 伸，而是开始在人口和财富上与欧洲竞争，并发展出自己独立的文化；东方各民族正在重申东方文化的主张，而我们自己却对自己传统的优越性失去信心。

不幸的是，捍卫欧洲的事业不是任何人的事。每一个民族国家都会产生无数的既得利益者来维护它，而国际主义事业在自由主义、社会主义和国际金融的力量中也有其拥护者。即使是东方文化，也是通过借用西方民族主义的形式，发展一种仿照西方模式的民族主义宣传来实现自我意识的。但是，从来没有人想过把欧洲称为一个国家，因此，欧洲的事业是在默认情况下进行的。

然而，如果我们的文明要生存下去，就必须发展一种共同的欧洲意识，以及对其历史性和有机性统一的认知。我们不必担心这会损害国际和平事业，或导致欧洲与非欧洲文化之间的敌意加剧。东方人反感的是我们的文明是唯一一种重要的文明的傲慢说法，如果东方人把我们的文明看作是一个精神整体，而不是像现在这样，把它看作是一种试图控制他们生活的难以理解的物质力量，他们就更有可能同情地看待它。如果要创造一个真正的世界文明，就不能无视伟大的历史文化传统的存在，而是要增进相互理解。

但是，在有可能使欧洲文化在国际社会中获得应有的地位之前，首先必须消除 19 世纪流行的对过去的错误看法，并恢复对欧 *xxiv* 洲传统的历史感。我们必须从欧洲的角度重新书写我们的历史，并像迄今研究我们的民族个性一样，努力理解我们共同文明的统一性。这就是我在本书中试图以一种基本的方式所做的事情。它并不试图将文明的事业与任何种族或民族的事业相提并论,也不试图以牺牲其他文明为代价来抬高欧洲。事实上,在我所选择的时期,西方文化显然不如其伟大的东方邻国,也没有任何外部的辉煌来打动我们。然而,正是由于这个原因——因为它很小,很弱,而且不成熟——我认为更容易把它看作一个整体,更容易理解它形成的不同因素。毫无疑问,从公元 8 世纪的野蛮到 20 世纪的机械完美,这是一个很大的差异,但我们必须记住,就生活的外在因素而言,我们离我们曾祖父母的世界比他们离查理曼的世界更远。当今的社会生活,与它的技术设备不同,其根源在于遥远的过去,现代欧洲社会与中世纪早期的世界之间存在着重要的联系。它们都是一个单一过程的两个阶段,这个单一过程不是盲目的物质和经济力量的产物,而是一个有机的发展,在被部分地理解之前,必须将其作为一个整体来研究。

第一部分　起　源

第一章 罗马帝国

我们习惯于把我们的世界观和整个历史观建立在欧洲观念的基础上,以至于我们很难意识到这个观念的本质是什么。欧洲不像澳大利亚或非洲那样是一个自然的统一体,它是一个漫长的历史演变和精神发展过程的结果。从地理学的观点来看,欧洲只不过是亚洲的西北延伸部分,其自然统一性不如印度、中国或西伯利亚;从人类学上讲,它是种族的混合体,欧洲类型的人代表了社会而非种族的统一。即使在文化上,欧洲的统一也不是欧洲历史的基础和起点,而是一千多年来一直为之奋斗却尚未实现的最终目标。

在史前时代,欧洲没有文化的统一性。它是许多不同文化流派的交汇点,这些文化流派大多起源于古代东方的高等文明,并通过贸易和殖民,或缓慢的文化接触过程传播到西方。因此,地中海、多瑙河、大西洋和波罗的海是文化传播的主要渠道,每一条渠道都是文化独立发展的基础,进而又成为许多地方文化的起点。

但是,真正的欧洲文明的建立并不是因为这些独立的文化潮流的并行和融合,而是由于一种逐渐支配和吸收了各地文化发展的高级文化中心的形成。这场运动始于爱琴海,早在公元前3000年,那里就崛起了一个可与西亚的高等文明相媲美,而非西方的野蛮文化可比的文化中心。在这一早期发展的基础上,古希腊的古典文明最终诞生了,它是欧洲传统的真正源头。

我们的科学和哲学,我们的文学和艺术,我们的政治思想,我们对法律和自由政治制度的概念都是从希腊人那里学来的，这是西方文化与东方文化相比最有区别的东西。此外，正是在希腊人那里，第一次出现了欧洲和亚洲理想之间的差异，以及西方文明的自治权的明显意识。欧洲的自由理想诞生于波斯战争的关键时刻，诞生于希腊海军与亚洲海军在萨拉米斯湾（Bay of Salamis）相遇之时，诞生于胜利的希腊人在普拉塔亚战役（Battle of Plataea）后为自由的赐予者宙斯筑起祭坛之时。

如果没有希腊文化，欧洲文明，甚至欧洲人的观念都是不可想象的。不过，希腊文明本身远不是地理意义上的欧洲文明。它仅限于地中海东部，而小亚细亚从一开始就在其发展中发挥了重要作用，欧洲大陆，甚至希腊大陆的部分地区都在其势力范围之外。在其整个历史中，它保持着这种中间特征，因为，虽然它向西延伸至西西里岛和意大利南部，但它的主要扩张运动是向东进入亚洲。希腊文化最初起源于爱奥尼亚，结束于亚历山大、安提柯（Antioch）和拜占庭。

5　将这种更高等的文明传统延伸到西方是罗马的工作，它的使命是充当东地中海文明化的希腊化世界和西欧野蛮民族之间的中介。在亚历山大和他的将军们征服东方，并在从尼罗河到奥克苏斯河（Oxus）的东方播撒希腊化文化的种子的同时，罗马也在意大利中部缓慢而痛苦地建立起它的军事农民国家。在公元前 340 年至公元前 300 年间，仅仅一代人就见证了两个新的社会有机体的崛起，即希腊君主制和意大利邦联，它们在精神和组织上完全不同，但注定要走到一起，最终相互吸收，形成一个共同的整体。

毫无疑问，这一过程的结果代表着罗马人的剑和组织天分的胜利，但在社会和智力层面，征服者是希腊人。希腊化的东方罗马化的时代同时也是罗马化的西方希腊化的时代，这两个运动汇聚在一起，形成了一个世界性的文明，由罗马的政治和军事组织统一起来，但以希腊化的文化传统为基础，并受到希腊社会理想的启发。

但这种世界性的文明还不是欧洲文明。在公元前 1 世纪，欧洲尚未形成。罗马本身就是一个地中海强国，到此刻为止，它的扩张仅限于地中海沿岸地区。欧洲大陆被纳入地中海文化统一体得益于朱利乌斯·凯撒（Julius Caesar）的个人能动性和军事天分，这是个人意志可以改变整个历史进程的一个显著例子。当凯撒在高卢开始他的事业，他的主要动机毫无疑问是谋求加强对军队的控制，并制衡他的对手庞培（Pompey）在东方的征服行动。但是，如果把他的成就看作是他政治野心的偶然产物，那就错了。正如蒙森（Mommsen）所说，像凯撒和亚历山大这样的天才独特之处在于，他们有能力将自己的利益和野心与实现一个普遍的目标联系在一起，因此，凯撒利用罗马政党政治的暂时环境为地中海文明打开了一个新世界。"希腊、罗马过去的荣光之所以能过渡到近代更壮丽的结构，西欧之所以罗马化，日耳曼的欧洲之所以古典化，地米斯托克利（Themistokles）和西庇阿等人名之所以在我们听来异于阿育王（Asoka）和萨尔马纳萨尔（Salmanassar），荷马（Homer）和索福克勒斯（Sophocles）之所以不仅像吠陀经（Vedas）和迦梨陀娑（Kalidasa）那样被文学家钟爱，而且在我们的花园里为我们绽放，所有这一切都是恺撒的功业，他那伟大的前任在东方所创的基业经过中世纪的风波，差不多毁灭无余，几千年过去了，人类的宗教和政体改变了，甚至文明的中心也转移了，而他的构造却可谓经久不衰，永恒不坠。"①

凯撒的功业和罗马对现代文化的贡献的重要性等观念在当代确实受到了广泛的挑战。当代对民族主义的崇拜使人们修正了他们的历史价值观，并以一种与我们的人文主义前辈截然不同的眼光看待野蛮欧洲的本土文化。首先是日耳曼人，然后是凯尔特人学会了颂扬他们的祖先——更确切地说，那些他们认为是他们祖先的人——的成就，并尽量减少西方人欠罗马的负债。就像卡米尔·朱利安（M. Camille Jullian）在他那本伟大的《高卢史》（*History of*

① Mommsen，*History of Rome*，Eng. trans. V，102.

朱利乌斯·恺撒（Julius Caesar）

安德森（Anderson）摄

Gaul)中所说的那样,罗马帝国是一个外来的军事帝国,是它用残酷的武力摧毁了萌芽文化的美好前景。毫无疑问,这种观点有一定的根据,因为罗马的征服本身是野蛮和破坏性的,它带来的帝国文化是刻板的,缺乏独创性。但是,很难找到任何理由来证明朱利安的观点,即如果没有罗马的干预,凯尔特-高卢人会接受希腊化世界的更高文明,也很难找到任何理由来证明当代德国作家笃信的观点,即日耳曼世界会在亚洲世界的影响下发展出灿烂的本土文化。①

没有什么必然的进步法则一定会迫使西方的蛮族为他们自己创造文明。如果没有任何强大的外部影响,简单的部落文化将在几个世纪内保持不变,就像我们在摩洛哥或阿尔巴尼亚看到的那样。如果没有大量的艰苦工作,新文明的创造是不可能完成的,正如维吉尔(Virgil)本人在著名的诗句中所说,"建成罗马民族是何等的艰辛"("Tantae molis erat Romanam condere gentem")。

我们无法判断,如果让凯尔特人或日耳曼人顺其自然,他们是否有能力做出这样的努力,或者一些其他力量——波斯人、阿拉伯人或土耳其人——是否会介入,为他们做这项工作。我们所知道的是,这项工作实际上已经完成,而且是由罗马完成的。正是罗马的行动把西欧从野蛮的孤立中拉了出来,并将其与地中海世界的文明社会统一起来。而这一成就的决定性因素是由凯撒的人格提供的,在他身上,罗马人征服与组织的天分得到了极致的体现。的确很难说凯撒一生工作的最终目标是什么,是像蒙森所认为的那样,他希望保留罗马国家的公民传统,还是像爱德华·迈耶(Eduard Meyer)和其他许多当代作家所认为的那样,其目标是按照希腊化的路线建立一个新的君主制国家。很可能这两种观点都有一定的道理,马克·安东尼(Mark Antony)的同上君主制和奥古斯都(Augustus)的元首政治都代表了凯撒思想的一个方面。无论如何,凯

8

---

① 例如,斯特里戈夫斯基(Strzygowski)在《阿尔泰-伊朗》(*Altai-Iran*)的论文及其近期的著作。

撒的养子和继承人，伟大的奥古斯都，这位实际上注定要完成凯撒功业的人，他的目标和想法是毫无疑问的。在与安东尼和克利奥帕特拉的亚历山大王朝的斗争中，奥古斯都不仅是罗马爱国主义的自觉拥护者，也是西方理想的自觉捍卫者。在他的支持者眼中，亚克兴（Actium）就像马拉松和萨拉米斯一样，是一场东西方之战，是欧洲秩序和自由理想对东方专制的最终胜利。维吉尔在《埃涅阿斯纪》第八卷中的一大段话向我们展示了东方野蛮时代的无形大军，他们不仅要反对珀那忒斯（Penates）和罗马帝国的神圣守护者们，还要反对希腊的伟大神灵波塞冬（Poseidon）、阿芙罗狄蒂（Aphrodite）和雅典娜（Athene）：

> 他们把阿努比斯（Anubis）的所有神都请了出来，
> 他们还有尼普顿（Neptunum）、维纳斯（Venerem）和密涅瓦（Minervam）。

胜利与其说归功于罗马的马尔斯（Mars），不如说归功于希腊的阿波罗（Apollo）：

> 当阿波罗看到方舟时，他明白了一点：
> 所有人都害怕埃及人和印度人，
> 所有阿拉伯人都把安息日抛在脑后。

事实上，奥古斯都的胜利拯救了欧洲文明，使其免于被古代东方文明所吸收，或被西方蛮族所征服，开启了古典文化扩张的新时期。在东方，罗马帝国与希腊化势力合作，扩展希腊文明和市政生活。在西方，它将西欧和中欧带入了地中海文明的轨道，并建立了抵御野蛮入侵的坚实堡垒。奥古斯都和他的将军们完成了凯撒的功业，将帝国的边界推进到了多瑙河从源头到黑海的整个流域，尽管他们征服德国的伟大计划失败了，只打到易北河，但他们至少使德国南部和莱茵河地区成了罗马世界的一部分。

自此四百多年里,中欧和西欧经历了罗马化的过程,影响到了生活的方方面面,并为后来欧洲文明的发展奠定了持久的基础。罗马帝国本质上是军事独裁与城邦社会的联盟。后者继承了希腊化文化的传统,不论是纯粹的还是拉丁化的形式,而前者既代表了拉丁军事传统,也代表了它所取代的伟大的希腊化君主国的军事传统。

乍一看,罗马的作品中最令人印象深刻的是在军事方面,但在文化史上,城市化的文明进程更为重要。罗马的主要使命是将城市引入欧洲大陆,而随城市而来的还有被视为地中海文化最伟大创造的公民意识和公民传统。罗马士兵和军事工程师是这一扩张过程的代理人:事实上,军队本身是奥古斯都组织起来为公民权做准备的,同时也是罗马文化和制度在新省份传播的代理人。

此外,不光是科隆(Cologne)、特里夫斯(Treves)、阿奎莱亚(Aquileia)和梅里达(Merida)等老兵的聚居地,连锡尔米乌姆(Sirmium)、约克(York)或美因茨(Mainz)等要塞和军团总部也成了罗马影响和城市生活的中心。然而,在大多数情况下,新土地的城市化是通过依照意大利自治市的模式重组现有的凯尔特部落社区,或者通过将更落后的部落领土附属于已经存在的城镇来实现的。如此一来就形成了一个有规则的社区层次结构,从一端的野蛮部落或群体,到行省城市和拥有拉丁权力的自治市,再到另一端的公民殖民地。因此,一个持续的同化和摊平的过程在整个帝国进行,通过这个过程,附庸国转变为省,省会城市转变为殖民地,公民权被授予到各省。

每个城市都是农村地区的政治和宗教中心,拥有土地的阶级是公民的统治机构。自由公民和通过贸易致富的人将钱投资于土地,从而在有资格担任市政职务的人的名册上登记为什长,这是正常的程序,而富有的什长通常能够获得罗马公民身份,并根据他在人口普查名册上的财务状况最终可能晋升为骑士或参议员。大元

10

9

老院的财产，更多的是皇帝和帝国财政的财产，是独立于当地城市领土而汇集起来的，但罗马元老院将其财富用于装饰或服务于其家乡城市是一种荣誉，正如我们在普林尼（Pliny）或希罗德·阿提库斯（Herodes Atticus）的例子中所看到的那样。此外，中央政府远不是单纯的收税者。涅尔瓦（Nerva）和图拉真（Trajan）建立了一个
11 基金，为意大利土地所有者提供低息贷款，其利润用于通过向贫困父母和孤儿发放补助金来促进人口增长，这一制度后来扩展到各行省。

普通的富裕公民既是城市居民，也是乡村居民，因为他们除了在城镇有住宅外，在乡村也建有整合了农场建筑和主人豪华住宅的庄园，里面有奴隶和附属的隶农，还有以庄园为中心的地产。在不列颠地区和法兰西北部，城市不过是一个行政中心，所谓的市民主要生活在他们的庄园里，但他们的文化构成了帝国其他地区常规城市文明的一部分，正如我们从英格兰大量的庄园遗迹中看到的那样，那里有浴室、中央供暖系统和马赛克地板。在法兰西北部和比利时，这些乡村庄园在经历了蛮族入侵和中世纪后仍保持着自己的身份，甚至在今天，它们的名字也源自其最初的高卢-罗马业主。

在帝国的最初两个世纪里，这一系统导致了新省份城市生活和经济繁荣的异常快速发展。在高卢和西班牙，不仅市民生活的外在形式，而且罗马-希腊化世界的社会和知识文化也在全国各地传播，莱茵河和多瑙河上也同样如此，农业殖民化和商业繁荣的迅速发展。即使如不列颠和达契亚那样的边远地区也分享了普遍的繁荣，并成为地中海世界更高文明的启蒙。整个帝国在社会上由共同的法律和共同的文化联系在一起，在物质上由庞大的道路系统联系在一起，这使得交通比 17 世纪以前的任何时候都更容易、更安全。

12 到公元 2 世纪，在伟大的弗拉维安（Flavian）和安东尼皇帝的英明统治下，这一扩张运动得到了充分发展。古代世界似乎从未如

此繁荣、文明或和平。罗马似乎已经实现了斯多葛派（Stoic）的理想，即建立一个世界国家，在这个国家里，所有人都应该在一个公正、开明的君主制统治下和平相处。然而，外表具有欺骗性。

所有这些城市文明的辉煌扩张都埋下了自身衰落的种子。它是一种外在的肤浅的发展，就像东方或 18 世纪的俄罗斯西化一样。它是从上面强加的，从未被臣民完全同化。它本质上是一个有闲阶级——城市资产阶级及其眷属——的文明，尽管城市化进程促进了文明的进步，但它也带来了非生产性支出的大幅增加和帝国资源的日益紧张。正如罗斯托夫采夫（Rostovtzeff）教授所说，每一个新的城市都意味着一个新的蜂巢的诞生。帝国时代城市文明的扩张实际上比现代工业主义的扩张程度更大，是一种大剥削制度，它把新征服的土地上的资源组织起来，集中在由资本家和商人组成的少数人手中；由于该制度的基础是土地财产而不是工业，因此缺乏弹性，也难以适应不断增长的城市人口的需求。只要帝国还在扩张，这个系统就会得到回报，因为每一场新的战争都会带来新的城市化领土和新的廉价奴隶劳动力供应。但是，一旦扩张过程结束，帝国被迫采取守势，以抵御新的蛮族入侵，经济平衡就被破坏了。帝国的资源开始减少，支出则继续增加。帝国政府不得不提高城市的税收和其他负担，而富有的市政贵族不仅要无偿为城市担任地方官和行政人员，还要共同承担赋税，于是逐渐破产了。

同时，城市化进程也削弱了帝国系统的军事基础。军队是帝国的心脏。种族、宗教、阶级和城市之间的利益分歧，最终都是由一支人数相对较少但训练有素的职业军队来维系的。但它始终是一个危险的来源；因为这个巨大的战斗机器太强大了，组织得太严密了，以至于无法由一个城邦的宪法机构来控制。早在公元前 1 世纪初，罗马共和国的旧公民军队就已经成为一支由将军领导的雇佣兵职业军队，这些将军一半是政治家，一半是军事冒险家。奥古斯都最伟大的成就是克服了罗马军国主义的疯狂发展，事实上，恢

13

复了公民军队的理想不是在旧的意义上,而是在新的条件下唯一可能的形式。根据奥古斯都的设计,军团军队是一所公民学校,由意大利血统的罗马公民担任军官,部分从意大利招募,部分从帝国罗马化程度最高地区的城市社区招募。① 参军会享有公民权,且在16年或20年的长期服役期结束时,士兵可以获得一笔钱或土地,并重新回归平民生活,要么回他的家乡城市,要么作为一个军事殖民地的成员,这些殖民地持续被建成为边远省份的罗马文化和影响的中心。因此,尽管服役条件艰苦,但军队为社会地位甚至经济地位跃升提供了一条可靠的出路,它吸引了人民中最优秀的志愿者。在意大利的每一个城市,以及在韦斯帕西安(Vespasian)时代之后的行省城市,学员公会——Collegia juvenum[青少年学院]——训练公民的儿子们服兵役,而退伍军人在市政生活中享有受尊敬和有影响力的地位。

然而,随着时间的推移,这个系统逐渐失去了它的效力。意大利和罗马化程度更高省份的人口逐渐变得越来越不适合服兵役,军队开始失去与城镇公民阶层的联系。从韦斯帕西安时代起,除了驻扎在罗马的禁卫军外,军队完全变成了地方部队,意大利人不再在军团中服役,而在公元2世纪,从哈德良统治时期起,当地募兵的原则变得普遍,军团逐渐被他们驻扎的边境省份认同。因此,军队逐渐失去了与帝国城市化程度较高地区的公民人口的联系,成为一个具有强烈社会团结意识的独立阶层。甚至在公元1世纪,莱茵河、多瑙河和东部各行省军队的团队精神就对公元69年灾难性的内战负有责任,而当军队开始从较低的社会阶层抽调时,这就成为一种更加严重的危险。到公元2世纪末,军队几乎全部由半罗马化的农民出身的人组成,他们的全部兴趣和忠诚都集中在他们的军团和指挥官身上。但是,那些指挥官都是元老院议员、骑士等上流社会的成员,与军队没有永久联系,往往只是有名无实

① 另一方面,隶属于军团的辅助部队是从边远省份的罗马化程度较低的人口中培养出来的,但他们也由罗马军官指挥,并在25年的服役结束后获得公民权。

的首脑。军队中真正的实权人物是被称为百夫长的尉官,他们中的大多数人都是行伍出身,他们的一生都奉献给了他们的职业。在公元 193 年康莫德斯(Commodus)倒台后的内战中,军队开始意识到自己的力量,塞普蒂米乌斯·塞维鲁(Septimius Severus)不得不增加他们的特权,特别是那些百夫长,他们被授予骑士军衔,因此有资格获得更高的指挥权。

从那以后,皇帝们被迫采纳了塞普蒂米乌斯·塞维鲁的座右铭:"让士兵富有,蔑视其他人。"城邦与雇佣军之间、公民理想与军事专制之间的古老对立已经摧毁了罗马共和国,也一度由于奥古斯都的努力被去除,现在又以一种比以往任何时候都更加严重的形式重现,并破坏了帝国系统的社会平衡。帝国逐渐失去了其作为由罗马元老院和君主双重权威统治的城邦共同体的宪法性质,而成了纯粹的军事专制体。在整个公元 3 世纪,尤其是从公元 235 年到 285 年这灾难性的 50 年里,军团随心所欲地扶植和废除皇帝,文明世界被内战和蛮族入侵撕裂成碎片。这些皇帝中的许多人都是好人和英勇的士兵,但他们几乎无一例外都是前百夫长——其中大多数是出身卑微、几乎没有受过教育的人,他们从军营里被召来控制局势,从而消耗最伟大的政治家的权力。

因此,并不令人惊讶的是,帝国的经济状况在一系列军士长的统治下每况愈下。为了满足士兵的需求和战争的需要,大量增加税收是必要的,与此同时,货币膨胀在公元 3 世纪下半叶达到了惊人的比例,[①]继而导致了灾难性的物价上涨和经济动荡。因此,政府被迫诉诸强制征收实物和强制服务的制度,这就增加了百姓的痛苦。

继而,公元 3 世纪的军事无政府状态使罗马社会的结构发生了深刻的变化。按照罗斯托夫采夫教授的看法,这种变化不亚于一

① 在公元 2 世纪,埃及每阿塔巴(artaba)谷物的价值为 7 或 8 德拉克马(Drachmae),到戴克里先(Diocletian)时代,价值则不少于 120000 德拉克马,见 Rostovtzeff, *Social and Economic History of the Roman Empire*, p.419。

场社会革命,在这场革命中,被剥削的农民阶级通过军队向富有的有教养的城市资产阶级复仇。①这或许言过其实,但即使是无意识的阶级冲突,问题也是一样的。省会城市和富裕阶层被摧毁,旧的元老院贵族被新的军事阶层所取代,后者主要是农民出身。

最终,军事无政府状态结束了,达尔马提亚(Dalmatian)军人戴克里先(Diocletian)恢复了帝国统治。但它不再是以前的帝国了。奥古斯都建立的根基——罗马元老院、意大利公民阶层和各行省的城邦——都失去了力量。只剩下帝国政府和帝国军队,因此,恢复工作必须由一个最绝对的官僚组织自上而下地进行。这一发展的种子从一开始就存在于帝国之中,因为,皇帝尽管在西方理论上只是罗马共和国的第一执政官和罗马军队的指挥官,但在东方却占据着不同的地位。他继承了大希腊化君主国的传统,而大希腊化君主国又继承了古代东方国家的传统。

埃及的情况尤其如此,它从未被共和国吞并,而是被奥古斯都据为己有,作为皇帝的私人领地,由帝国官员直接管辖。因此,罗马皇帝取代了托勒密王朝和法老的位置,接管了一个体现了古代世界所知的最完整的国家社会主义制度的社会。罗斯托夫采夫教授写道:"与希腊和意大利的经济生活结构截然相反,埃及的整个经济组织是建立在中央集权和政府控制的原则之上的,同时还实行了农业和工业生产的完全国有化。一切都是为了国家,都要经过国家,没有什么是为了个人……在人类的整个进化过程中,没有任何一个地方有如此深远和如此系统化的限制,以至于这些就像托勒密埃及的私有财产一样。"②

后期帝国的社会经济史是埃及希腊化体系的主要原则向其他行省延伸的历史。庞大的帝国财产的管理、官方等级制度的发展、实物贡品和强制服务的制度,最重要的是世袭行会中地位的固定,

---

① Rostovtzeff, *Social and Economic History of the Roman Empire*, chapter X and XI.

② *Journal of Egyptian Archaeology*, VI, 164.

以及将耕种者束缚在其土地上，将工匠和商人束缚在其职业中，这些制度在被应用于帝国其他地区之前就已在埃及充分发展了几个世纪。不过，强制性的国家服务制度——liturgies［礼拜仪式］或munera［祭礼］——在希腊化的东方很常见，且早在公元 2 世纪就开始对西方产生影响。因此，戴克里先所做的并不是引入一种新的原则，而是使这些东方制度成为帝国制度的重要组成部分。以私有财产和特权公民阶层为基础的城邦旧制度已经过时，取而代之的是以普遍服务原则为基础的官僚式的单一制国家。

　　戴克里先和他的继任者的任务是在这些基础上重组帝国的行政和财政。尽管这无疑导致了人口经济负担的大幅增加，以及社会和政治自由的下降，但我们生活在 20 世纪 40 年代，比 18 世纪和 19 世纪的历史学家更有能力认识到那个时代的问题，并公正地对待这些强硬的伊利里亚人（Illyrian）皇帝与威胁要压倒古代文明的社会和经济力量进行斗争时所表现出的冷酷坚韧。至少戴克里先成功地完成了他的主要任务，即抵御蛮族的入侵，结束正在摧毁帝国的军事无政府状态。他通过对罗马军事系统的大刀阔斧的重组做到了这一点。从一开始，罗马共和国的基本原则是，统治权是不可分割的，最高行政长官（执政官）及其在各省的代理人（总督）在政务之外还是罗马军队的指挥官；在罗马帝国时期，皇帝和他的地方代表（使节）也得到了同样的待遇。这一原则理论上保障了国家对军队的控制，但实则导致了军队对国家的控制，无论是共和国末期，还是帝国的第三个世纪都是如此。戴克里先通过彻底分离民事和军事指挥权，结束了这种状态。军队和文官是两个独立的等级制度，只统一于他们共同的首脑——皇帝。省长不再是本省的总督，他无法控制军队，他的行省在戴克里先的继任者的领导下规模也大大缩小，与其他几个行省合并，以便在一名新官员的监督下组成一个教区。这名新官员就是教区牧师，其本人则对帝国的首席大臣——禁卫军长官（Praetorian prefect）——负责。同样，军队也经历了类似的重组过程。莱茵河、多瑙河和东方的因为对抗和

18

19

15

叛乱导致了如此多内战的庞大边防军被由世袭的农民士兵组成的二线部队所取代，而最好的部队则作为野战军驻扎在边境后方，可以作为打击力量出现在任何需要的地方。与此同时，历史上由5400人及其辅助部队组成的军团被缩减为一个由1000到1400人组成的团，它由一名保民官指挥，并由一名新的军官——公爵——控制，而不是由文官总督控制。最高指挥权掌握在皇帝本人手中，由于戴克里先不能同时出现在任何地方，他又回归了古罗马的合议权威原则，并将之与自己联系在一起，首先是他的同志马克西米安（Maximian），他把保卫西部边境的任务委托给他，然后是副皇帝凯撒·君士坦提乌斯（Caesar Constantius）和加莱里乌斯（Galerius）。现在每个边境都有一位皇帝。君士坦提乌斯从特里夫斯监视莱茵河和不列颠；加莱里乌斯驻守贝尔格莱德以西的锡尔米乌姆，控制着多瑙河；更高一级的伙伴则占据着二线的关键位置——马克西米安驻守米兰，防卫意大利，戴克里先驻守帝国的战略中心尼科梅迪亚（Nicomedia），关注着北部的多瑙河和东部的波斯边境。因此，罗马不再是帝国的中心，当文明的浪潮退回到东方时，它被留下来眷顾它过去的荣耀记忆。君士坦丁（Constantine）完成了戴克里先的功业，他给了新帝国一个新首都和一个新宗教，从而开创了一个不同于古典世界的新文明。

然而，尽管发生了这些深刻的变化，罗马的运转并没有被破坏。事实上，直到这一较晚的时期，帝国的社会统一才完全实现，人们才充分意识到罗马的国家普遍性。意大利以外的早期帝国是从上面强加给一些被征服社会的外国势力，帝国与地方的关系不是与个人的关系，而是与臣服社区的关系。对普通人来说，他们的祖国不是罗马帝国，而是他们的家乡。只有当帝国官僚机构侵占旧的城市行政机构时，一个人的地方公民身份才会从属于他的帝国成员身份。

因此，旧城市宪法的衰败并不是绝对的不幸，因为它伴随着帝国统治的发展。公元3世纪见证了中央集权的官僚国家的兴起，也见证了罗马公民身份向外省人的延伸,以及罗马法从特权阶层的占有权向帝国普通法的转变。这一发展不仅取决于中央政府加强对其臣民的控制的愿望,它还以当时的社会和政治理想为基础。这些理想已经在希腊文人的著作中得到了表达,例如迪奥·克里 21 索斯托(Dio Chrysostom)和埃利乌斯·阿里斯蒂德斯(Aelius Aristides),他们是古典文化在某种程度上学术复兴的领导者,而这种复兴是公元 2 世纪的特征。他们在罗马帝国见证了文明世界统一的传统希腊化思想——oecumene[世界家园]——的实现,他们向皇帝们提出了一个开明君主制的斯多葛派理想,在这个君主制中,统治者为他的臣民鞠躬尽瘁,并将治理视为一种责任,而不是一种特权。因此,从图拉真到马尔库斯·奥里利乌斯(Marcus Aurelius),公元 2 世纪的伟大皇帝们奠定了官僚政权的基础,他们无意破坏公民自由。他们的理想就是马尔库斯·奥里利乌斯所表达的“一个政体对所有人都适用同样的法律,尊重权利平等和言论自由,一个王权政府最尊重被统治者的自由”。①同样的理想激励了下个世纪的伟大法学家,例如乌尔皮安(Ulpian)和帕皮尼安(Papinian)。通过他们,安东尼时期的人道和开明原则被纳入了后期罗马法的传统。即使在帝国后期最黑暗的时期,这些思想也从未完全消失。罗马人认为,帝国代表着文明、正义和自由世界的一切,直到公元 7 世纪,他们仍然喜欢重复那句老话:“在地球上的统治者中,只有罗马皇帝统治着自由人,而蛮族的首领统治着奴隶。”②

我们绝不能认为罗马人的爱国主义之所以消失是因为城邦的制度已经奄奄一息,而帝国本身似乎也陷入了衰败。相反,正是因 22 为这一时期,我们对罗马功业的世界贡献有了最清晰的认识。它贯穿了公元 5 世纪的所有文学作品,对基督教和异教作家来说都

---

① M. Aurel., I, 14(Long's Trans.).
② 例如普鲁登提乌斯(Prudentius)的诗“罗马文明与野蛮文明的区别,正如人与动物的区别,人与哑巴的区别以及基督教与异教的区别。”见 Prudentius, *Contra Symmachum*, II, 816-819。亦如格里高利大帝(Gregory the Great)给莱昂蒂乌斯(Leontius)的信,见 *Epp*. XI, 4。

很常见。①正是对罗马的崇拜，而不是对异教神灵的信仰解释了像
西马科斯(Symmachus)这样的贵族官僚保守派对旧宗教的依恋，并
为克劳迪安(Claudian)和鲁蒂利乌斯·纳马蒂亚努斯(Rutilius
Namatianus)的诗歌带来了真正的激情和信念。高卢元老院议员纳
马蒂亚努斯对身受不幸的罗马——"众神和人类之母"——的忠诚
令人感动，在他的信仰中，罗马会战胜降临到她的头上的灾难——
ordo renascendi est crescere posse mailis[在不幸中前进是进步的
法则]。

　　但罗马对纳马蒂亚努斯、克劳迪安、高卢人、埃及人的忠诚的
最高要求是感恩于它向被征服人民分享它的法律，并使整个世界
成为一个城市。②克劳迪安写道："她把被征服者抱在怀里，并用一
个共同的名字养育人类。"③这些想法并不是旧宗教失败事业的捍
23　卫者所特有的；安布罗斯(Ambrose)、奥罗修斯(Orosius)和普鲁登
提乌斯等基督教作家也有相同的特征。事实上，普鲁登提乌斯对
罗马普世使命的概念赋予了更广泛的意义，因为他将之与新世界
宗教的理想有机地联系在了一起。他问道："罗马历史命运的秘密
是什么？那就是上帝希望人类团结，因为基督教需要和平与国际
友善的社会基础。到目前为止，从东到西的整个地球都被不断的
冲突撕裂了。为了制止这种疯狂行为，上帝教导列国要服从同样
的法律，所有人都要成为罗马人。现在我们看到人类作为一个城
市的公民和一个普通家庭的成员而生活。人们从遥远的土地漂洋
过海来到一个共同的家园，各民族因商业、文化和通婚而团结在一

①　不过，萨尔维安(Salvian)的著作《论神的治理》(De Gubernatio Dei)是一个显著
的例外，该著作对"罗马社会的罪恶"毫不妥协地谴责，甚至在某种程度上对蛮族道歉。
正如我在其他地方所指出的，在那个时代的基督教中，有一股敌视罗马帝国和世俗文明
的暗流，这股暗流在多纳图派(Donatists)中表现得最为强烈，但在圣奥古斯丁(St. Au-
gustine)的著作中也并非完全没有，参见 A Monument to St. Augustine，pp.36，52-64。
②　拉丁原文为"Dumque offers victis proprii consortia juris; Urbem fecisti quod prius
orbis erat."，参见 Rutil, Itin，63。
③　拉丁原文为"Haec est in gremio victos quae sola recepit; humanumque genus com-
muni nomine fovit."参见 Claudian, On the Second Consulate of Stilicho，150。

起。在民族的融合中，一个单一的民族诞生了。这就是罗马帝国
所有胜利和凯旋的意义：罗马的和平为基督的到来准备了道路。
在一个人们的思想相互冲突，没有共同的法律基础的野蛮世界里，
还有什么地方可以容纳上帝，接受真理呢?"他总结道：

> 来吧，全能者，用和谐淹没世界！
> 你就是世界，基督，你把和平与罗马结合在了一起。①

因此，尽管普鲁登提乌斯并不比克劳迪安或纳马提安更清楚西
罗马帝国即将覆灭，但他却以近乎理性的洞察力推测出了古代世
界所发生的变化的真正意义。普鲁登提乌斯所欢呼的新基督教的
罗马，确实注定要继承罗马的传统，并在一个变化了的世界中保持
罗马统一的旧理想。正是因为罗马，新的民族才有可能拥有共同   24
的文明。在随后的黑暗时代的所有混乱中，人们怀念罗马帝国的
普遍和平与秩序，以及它的共同宗教、共同法律和共同文化。中世
纪不断努力回到过去，恢复失去的统一和文明，使新的民族走向未
来，并为新的欧洲文化的到来铺平道路。

---

① *Contra Symmachum*，II，578-636.

第二章　天　主　教　会

基督教对欧洲统一形成的影响是一个突出的例子，说明了历史发展进程是如何被新的精神影响介入所改变和决定的。历史不能被解释为一个封闭的秩序，其中每一个阶段都是过去的必然和逻辑结果。历史中总有一些神秘和无法解释的因素，这不仅是由于偶然的影响或个人天才的主动性，也由于精神力量的创造力。

因此，在古代世界里，我们可以看到，罗马帝国创造的物质文明需要某种比城邦国家的官方崇拜所包含的更深刻的宗教灵感；我们可能已经猜到，这种精神上的缺陷会导致东方宗教影响的渗透，就像在帝国时代实际发生的那样。但是，没有人能够预言基督教的实际出现，以及它将如何改变古代文明的生活和思想。

这个注定要征服罗马帝国并与西方生活永久联系在一起的宗教确实纯粹地起源于东方，与欧洲的过去或古典文明的传统没有任何渊源。但它的东方主义并不是希腊哲学与古代东方的崇拜和传统进行宗教融合的世界主义，而是一种独特、高度个性化的民族传统，其对东方环境的宗教影响的冷漠，正如其不屑与占主导地位的西方文化的所有接触。

犹太人是帝国的一个民族，尽管希腊化文化具有吸引力，但他们仍然固执地忠于自己的民族传统，而黎凡特（Levant）的其他民族甚至比他们的后代更热切地接受了现代欧洲文明。尽管基督教就其本质而言与犹太教排他性的民族主义决裂，并承担了一种普遍的使命，但它也声称继承自以色列，其诉求不是基于希腊化思想的共同原则,而是基于以律法和先知为代表的纯粹的希伯来传统。原始教会认为自己是第二个以色列,是应许给上帝子民王国的继承人,因此,它保留了精神隔离的理想和与外邦人世界不可调和的对立精神,这种精神启发着整个犹太传统。

正是这种历史连续性和社会团结感将基督教会与神秘宗教,以及这一时期的其他东方教派区分开来,并使其从一开始就成为帝国官方宗教统一的唯一有竞争力和替代性的选择。的确,它并没有试图作为一个政治有机体打击或取代罗马帝国。这是一个超自然的社会,是未来世界的政体,它承认国家在当前秩序中的权利和要求。但另一方面,它不能接受希腊化文化的理想,也不能在帝国的社会生活中有所助益。公民意识是古典文化的基本观念,基督教将其转移到了精神秩序中。在现存的社会秩序中,基督徒就是 *peregrini*[陌生人和外国人],他们真正的公民身份是在上帝的王国里,即使在当今世界,他们最重要的社会关系也是在教会中,而不是在城市或帝国中。 27

因此,教会即使不是国中之国,至少也是一个终极且自治的社会。它有自己的组织和等级制度、政府和法律制度,以及成员和入会规则。它吸引了所有那些在现有秩序中找不到满足感的人,穷人和被压迫者,没有特权的阶级,尤其是那些反抗占主导地位的物质化的精神空虚和腐败的人,以及那些感到需要一种新的精神秩序和宗教人生观的人。因此,它成为不满和反对主流文化的力量的焦点,其根本意义远远超过任何政治或经济不满运动。这不是对物质不公正的考验,而是对古代世界的精神理想及其整个社会风气的考验。

这种对立在《启示录》(*Apocalypse*)中找到了灵感的表达,这本书是在亚细亚行省写成的,时间是罗马皇帝图密善(Domitian)执政时期,当时罗马帝国专横地公开推行对罗马和皇帝的崇拜,教会面临着受迫害的威胁。在这个行省,各城市组织的国家神职人员被描述为假先知,认为他们使人们崇拜野兽(罗马帝国)及其形象,并

接受它的印章，而没有印章，任何人都不能买卖。至于罗马本身，维吉尔将其描述为"就像弗里吉亚的众神之母，以塔楼为冠，为她

28 神圣的后代而欢欣鼓舞"，①现在则变成了坐在野兽上的女人，妓女和可憎之物的母亲，醉饮着圣徒和耶稣殉道者的血。所有的天神和殉道者的灵魂都在等待复仇之日的到来，那时野兽的力量将被摧毁，罗马将永远被抛弃，就像一块磨石落入大海。

这是一个令人印象深刻的见证，精神上的敌意和谴责正在削弱罗马权力的道德基础。帝国疏远了那个时代最强大、最有生命力的力量，正是这种内部矛盾，而非战争或外部入侵，导致了古代文明的衰落。在蛮族闯入帝国之前，在经济崩溃之前，这个城邦的生命已经逝去，古典文明的精神正在消亡。这些城市仍在建造神庙、雕像和剧院，就像希腊化时代一样，但这是一种虚假的外观，掩盖了内部的衰败。未来取决于新生的教会。

不过，基督教只有在漫长而艰苦的斗争之后才赢得了胜利。教会在刽子手的棍棒和斧头的阴影下成长，每个基督徒都生活在肉体折磨和死亡的危险中。殉道的思想影响了整个早期基督教的面貌。这不仅是一种恐惧，也是一种理想和希望。因为殉道者是彻底的基督徒。在新社会与旧社会的冲突中，他是新社会的捍卫者和英雄，即使是那些没有经受过考验的基督徒——*lapsi*［失足者］——也把殉道者视为他们的救世主和保护者。我们只要读一读圣西普里安（St. Cyprian）的书信，或者他为"基督圣徒"编纂的手册《证词》（*Testimonia*），或者他以人名命名的论著《殉道者劳德》（*de*

29 *Laude Martyrum*），就能体会到基督徒的头脑中对殉道观念的狂热兴奋。在圣西普里安写给内梅西亚努斯（Nemesianus）的书信中，以下段落几乎是抒情的表达，而且是当之无愧的名句："啊，脚被幸福地束缚着，这不是由铁匠，而是由上帝松开的！啊，脚被幸福地束

---

① 原文是"Qualis Berecyntia mater Invehitur curru Phrygias turrita per urbes Laeta deum partu, centum complexa nepotes Omnis caelicolas, omnis supera alta tenentis."出自 Aen., VI, 785。

缚着,在救恩的道路上被引导到天堂! 啊,脚被束缚在世界的此时此刻,这样他们就可以永远与主同在! 啊,脚在脚镣和横木之间暂时徘徊着,但在一条光荣的道路上快速奔向基督! 任由残忍、嫉妒或恶毒用镣铐和锁链把你束缚在此吧,从这个地球上,从这些痛苦中,你将很快来到天国。爱护身体不是在矿井沙发和垫子里躺着,而是靠基督的提振和慰藉。因劳苦而疲惫的躯体躺在地上,但与基督一起躺下却不是什么惩罚。你不洗澡的四肢是肮脏的,被污秽弄得面目全非;肉体虽被玷污,里面却得洁净。在那里,食物是稀少的,但人活着不是单靠食物,还靠神的道。你瑟瑟发抖,想要衣服,但披戴基督的人就会丰衣足食。"①这不是时髦传道人的虔诚辞令,而是一位很快会为信仰而死的忏悔者给他的主教和神职人员,以及"矿山里的其他兄弟,上帝的殉道者"传递的信息。

这种理想是精神自由的最终堡垒,但在个人沦为全能、普世的国家的被动工具的时代,很难夸大它的重要性。它比任何其他因素都更能确保教会的最终胜利,因为它向所有人清楚地表明,基督教是这个世界唯一不会被新的奴隶制国家的庞大机制所吸收的仅存力量。

当教会卷入这场与帝国及其希腊化文化的生死斗争时,它也不得不与日益壮大的东方宗教势力进行一场艰难而隐晦的战争。在世界性的希腊化文明的外表下,古代东方的宗教传统依然存在,并逐渐渗透到那个时代的思想中。小亚细亚的神秘宗教以与基督教本身相同的方式向西传播,密特拉神(Mithras)的宗教伴随着罗马军队到达多瑙河、莱茵河和不列颠边境。埃及人的伊希斯(Isis)崇拜,叙利亚人的阿多尼斯(Adonis)和阿塔加蒂斯(Atargatis)、巴勒贝克的哈达德(Hadad of Baalbek)和埃梅萨的太阳神(Sun-God of Emesa)崇拜都随着叙利亚贸易和向西方移民的浪潮而兴起,而在东方的地下世界,像摩尼教(Manichaeanism)这样的新宗教开始存

①　St. Cyprian, *Ep.* LXXVI, trans. R. E. Wallis.

在，古老的巴比伦星体神学传统也正在以新的形式出现。①

但是，这场东方融合运动最典型的产物是诺斯替神智学（Gnostic theosophy），它在 2 世纪和 3 世纪对基督教会构成了永久的威胁。它的根基是精神和物质的基本二元论，以及物质世界与邪恶原则的联系，这种二元论也许更多地源于希腊和安纳托利亚的影响，而不是波斯，因为我们发现它已经在奥菲克神话（Orphic mythology）和恩培多克勒（Empedocles）的哲学中得到了充分发展。但这一中心思想被笼罩在密集的魔法和神学猜测中，这无疑源自巴比伦和东方。

这种奇怪的东方神秘主义对一个社会的思想具有一种超乎寻常的吸引力，这个社会与六个世纪前的印度一样，被一种深刻的幻灭感和对解脱的渴望所鼓舞。因此，它对基督教来说不仅是一个外在威胁，还威胁着要将基督教吸收进去，途径是通过将历史人物耶稣转变为神圣世代等级的一员，并用灵魂从物质世界的污染中解脱出来的理想取代身体救赎和实现上帝的王国作为社会和历史现实的基督教理想。它的影响不仅直接体现在瓦伦廷（Valentinus）和巴西利德（Basilides）的伟大的基督教-诺斯替（Christian-Gnostic）体系中，而且还间接地通过众多的小东方异端，形成了从使徒时代的西蒙·马古斯（Simon Magus）到拜占庭时期的保罗派（Paulicians）的一系列不间断的异端。在公元 2 世纪，这场运动发展得如此浩大，以至于它成功吸引了东方基督教的三位最杰出的代表——小亚细亚的马吉安（Marcion），以及叙利亚的塔提安（Tatian）和巴德萨尼斯（Bardesanes），后两位是新阿拉姆文学（new Aramaic literature）的创始人。

如果基督教只是罗马帝国的东方教派和神秘宗教之一，它必然

① 在最近几年里，人们特别关注南巴比伦的曼达教派（Mandaeans）或"圣约翰的基督徒"，这是这些教派中唯一幸存到现代的教派。利兹巴尔斯基（Lidzbarski）和赖岑斯坦（Reitzenstein）试图证明，这一教派最初与艾赛尼派教派（Essenes）和施洗约翰的门徒有关，因此，曼达教派的著作对基督教起源问题有重要影响。然而，帕利斯（S. A. Pallis）在他的《曼达教派研究》（*Mandaean Studies*，1919）中指出，将曼达教派与犹太教相提并论是肤浅的，曼达教派起源相对较晚，本质上是一个诺斯替派（Gnostic），随后在萨珊时代又受到了琐罗亚斯德教（Zoroastrian）思想的影响。他还驳斥了勃兰特早先的理论，即认为曼达教派信仰的根基是古巴比伦宗教。

会被卷入这种东方融合。它之所以幸存下来,是因为它拥有一套
教会组织体系和社会权威原则,这使它区别于当时所有其他宗教
团体。正如我们所看到的,从一开始,教会就认为自己是新以色
列,"一个被选中的种族,一个皇家祭司,一个神圣的国家,一个分 32
离的民族。"①这个神圣的社会是由圣灵启示和管理的神权统治的,
其统治者——使徒——不是团体的代表,而是基督的代表,基督选
择了他们,并将他的神圣权威传递给他们。在后使徒时期,这种神
圣的使徒权威的概念仍然是教会秩序的基础。"监督者"和长老是
地方教会的统治者,被视为使徒的继承者,而直接源自使徒的教会
在其他教会中享有特殊的威望和权威。

　　罗马教会的情况尤其如此,因为彼得在 12 人中占有独特的地
位,所以起源可以追溯到圣彼得(St. Peter)的罗马教会在教会中占
有特殊的地位。甚至在公元 1 世纪,几乎在使徒时代结束之前,我
们都能看到罗马权威干预科林斯教会(Church of Corinth)事务的例
子。克莱门特(Clement)写给科林斯人的第一封书信(大约在公元
96 年)最清楚地表达了等级秩序的理想,这是新社会的原则。②作
者认为秩序是宇宙的法则,正如它是外在自然的原则一样,它也是
基督教社会的原则。信徒必须保持与罗马军队相同的纪律和服
从。正如基督来自上帝,使徒也来自基督,而使徒们相应地"任命
他们的第一批皈依者,用圣灵考验他们,使其成为未来信徒的主教
和执事。而且,他们知道会有争夺主教头衔的纷争,所以后来又加 33
了一条,如果他们睡着了,其他被认可的人应继承他们的教职。"因
此,至关重要的是,科林斯教会应该抛开冲突和嫉妒,服从合法任
命的长老,他们代表着神圣权威的使徒原则。③圣克莱门特的教义

---

　　① *I Peter*, ii.9.
　　② 这一点是如此明确,以至于索姆(Sohm)竟然把这封书信看作是教会法学概念的
起点,在他看来,这种概念突然取代了早期的"神恩"观点。但是,正如哈纳克(Harnack)
所指出的,神圣的使徒权威的概念与教会本身一样古老,并在耶路撒冷会议的法令中体
现得很清楚,见 Acts xv, 23-27。
　　③ *I Clement*, XX, XXXVII, XL-XLIV, etc.

在坚持社会秩序和道德纪律上是典型的罗马式的，但它与教牧书信（*Pastoral Epistles*）的教导有许多共同之处，毫无疑问，它代表着原始教会的传统精神。正是这种精神拯救了基督教，使其免于在东方融合的泥沼中沉沦。

在接下来的一个世纪里，圣爱任纽斯（St. Irenaeus）在反对诺斯替派的论战中一再呼吁以使徒传统的社会权威来反对东方神学的疯狂猜测。"真正的灵知是使徒们的教导，是全世界教会的原始章程。"在他看来，罗马教会也是统一的中心，是正统信仰的保证。①

34　　通过这种方式，原始教会在异端和分裂的危险以及皇权的迫害中幸存下来，并将自己组织成一个普遍的宗教社会，以对抗异教世界国家。从那时起，它距离征服帝国本身，并使重组后的君士坦丁（Constantinian）的国家确定其为官方宗教只有一步之遥。君士坦丁本人对基督教的态度是否受到政策考虑的影响，这是一个值得商榷的问题。②毫无疑问，他在给外省人的信中所表达的信念是真诚的：他是被来自遥远的不列颠西部的神所唤醒，以消灭基督教的

---

①　"通过它（罗马教会）的传统和它向人们宣布的通过主教的继承而传递给我们的信仰，我们使所有那些因任性、虚荣、盲目或意志反常而聚集在他们不应该聚集的地方的人感到困惑。因为对这个教会来说，由于它的更高的起源，每一个教会，也就是来自各方的信徒，都应该求助于它，来自使徒的传统也得以一直被那些来自各方的人保留"，出自Irenaeus，*Against Heresies*，III，iii。

我把"propter potentiorem principalitatem"翻译为"更高的起源"是有争议的。它经常被翻译为"更强大的领导"或"卓越的权威"（例如前尼西亚图书馆［Ante-Nicene Library］的译本，第一卷，第261页）。我认为，"principalitas"等同于"ἀρχαιότης"，指的是教区的起源，这是毫无疑问的，例如西普里安的《使徒书信》里的一段话"navigare audent ad Petri cathedram et Ecclesiam principalem unde unitas sacerdotalis exorta est"，这里的"principalem"就是指最初或最早的教会，见Cyprian，*Ep.* LIX，13。

这也是奥普塔图斯（Optatus）和圣奥古斯丁（St. Augustine）用来反对多纳图派（Donatists）的论点，如"从彼得那一侧开始数一数牧师们，看看谁继承了圣父的圣职：那是骄傲者在地狱之门无法战胜的磐石"，见 *Psalmus c. partem Donat.* 18。

②　诺曼·贝尼斯（Norman Baynes）先生最近在1929年的《罗利演讲》（*Raleigh Lecture*）中讨论了这个问题。他认为，君士坦丁职业生涯的主要动机是他"坚信基督教上帝赋予他的个人使命"，他"明确认同基督教、基督教教会和基督教信条"；他相信帝国的繁荣与天主教会的团结息息相关。因此，拜占庭的理想是建立在正统派信仰基础上，并与正统派统一的罗马帝国，其根源在于君士坦丁的愿景，见 *Constantine the Great and the Christian Church* by N. H. Baynes；*Proceedings of the British Academy*，Vol.XV。（附有关于该主题的非常完整的书目注释）。

君士坦丁大帝(Constantine the Great)

阿利纳里（Alinari）摄

敌人,否则这些敌人就会毁灭共和国;这一信仰很可能得到了一种信念的强化,即基督教会的秩序和普遍性注定了它是世界帝国的精神盟友和补充。在任何情况下,这是君士坦丁官方的基督教颂扬者——凯撒利亚的尤西比乌斯(Eusebius of Caesarea)——对事件进程的解释。他写道,"唯一的上帝被向全人类宣告;与此同时,一个世界性的强国——罗马帝国——崛起并繁荣起来。各民族之间持久且不可调和的仇恨现在消除了;一位上帝和一条宗教和救赎之路,甚至基督的教义被全人类所知;因此,在同一时期,罗马帝国的全部统治权归于一个君主,整个世界一片祥和安宁。因此,通过同一个上帝的明确任命,两个福祉之源——罗马帝国和基督教虔诚的教义——为了人类的利益一起兴起了。"①

事实上,对教会的正式承认及其与罗马国家的联系成为了新的社会秩序发展的决定性因素。教会获得了自由,作为回报,它为帝国带来了精神和社会活力的资源。在后来的帝国统治下,教会越来越多地取代了旧的公民组织,成为民众意识的器官。它本身并不是城邦衰落的原因,因为城邦正因自身的弱点而衰落,但它提供了一种替代品,通过这种替代品,人民的生活可以找到新的表达方式。作为古代社会基础的公民制度变成了空洞的形式,事实上,政治权力已经转变为财政义务。未来的公民身份在于教会的成员资格。在教堂里,普通人找到了物质和经济上的援助以及精神上的自由。国家的官僚专制所剥夺的自发社会活动和自由合作的机会继续存在于教会的精神社会中,因此,这个时代最优秀的思想和实践能力都致力于为教会服务。

因此,在后期帝国的每一个城市,除了旧的公民团体,我们发现了与之并存的新出现的基督教会教众——"平民基督",当前者失去了社会特权和政治权力时,后者逐渐取代了它的位置。同样地,代表基督教秩序的神职人员的权力和威望提升了,代表公民秩

---

① *Oration in Praise of Constantine*,XVI.

序的市政保安官的权力和威望下降了,直到主教成为城市生活中
最重要的人物和整个社区的代表。主教的职位确实是新时代的重
要机构。他在所在的教区里拥有几乎无限的权力,他被一种超自
然的威望光环所包围,然而,与此同时,他是一个本质上受欢迎的
权威,因为它来自人民的自由选择。此外,除了他的宗教权威和他
作为人民代表的威望之外,他不仅对他的神职人员和教会财产拥
有公认的管辖权,而且在援引他的决定的所有案件中担任法官和
仲裁员,即使案件已经提交世俗法院。因此,在后来的帝国中,主
教团是唯一能够制衡和抵抗帝国官僚机构无处不在的暴政的力
量。即使是最傲慢的官员也不敢触碰主教,主教不仅代表个人权
利,而且代表城市和行省权利进行干预的例子不胜枚举。

同样,在后来的帝国日益增长的物质痛苦和贫困中,教会开始
在经济上接济人民。教会的大量捐赠在当时的字面意思是"穷人
的遗产",在罗马和亚历山大这样的大城市,教会逐渐承担起为穷
人提供食物以及维持医院和孤儿院的责任。

圣安布罗斯宣称,当有俘虏需要赎回时,祭坛上有黄金器皿是
一件可耻的事情,后来,当意大利被饥荒和蛮族入侵摧毁时,据说
圣格里高利非常认真地履责,以至于当一个穷人在罗马被发现死
于饥饿时,他放弃了做弥撒,仿佛他对穷人的死亡负有责任。

这种社会活动解释了教会在人民群众中的受欢迎程度和主教
们的个人影响力,但它也涉及教会与世俗社会关系的新问题。教
会之于社会福利已经变得如此不可或缺,与现存的社会秩序结合
得也如此紧密,以至于它有成为帝国不可分割的一部分的风险。
这种发展的萌芽已经在奥利金(Origen)的教会理论中体现了。①他
在基督教社会和帝国社会之间画了一个精心设计的平行线。他把
地方教会比作每个城市都有的公民团体——the Ecclesia[市民议
会],正如后者有它的 Boulè[五百人会议]或 Curia[元老院]及其行

---

① Contra Celsum,III,29,30.参见 Battifol, L'Eglise Naissante,ch. Vii。

政长官或执政官,基督教会也有它的教区或神职人员及其统治者——主教。整个教会的集会("教会的全体会众集会")相当于帝国城市的统一。因此,教会可以说是"宇宙中的宇宙",它甚至设想使帝国皈依基督教,并将两个社会统一在一个普遍的"上帝之城"中。

在公元 4 世纪,教会组织已变得和帝国的组织高度相似。不仅每个城市都有自己的主教,其管辖范围与城市领土相对应,而且,民间行省也是一个教会行省,由居住在该地区的大主教管辖。到公元 4 世纪末,人们甚至还在试图建立一个教会统一体或"主教国",与由帝国牧师管理的民事教区或行省集群相对应。

38 这一发展的合乎逻辑的顶点是使帝国首都同时也成为教会的中心。事实上,皇城罗马的教会的传统主导地位似乎已经给出了答案。但在公元 4 世纪,罗马不再占据与前几个世纪相同的独特地位。地中海世界的中心再次转移到希腊化的东方。自戴克里先重组帝国以来,皇帝不再居住在罗马,旧首都的重要性迅速下降,特别是在公元 330 年新首都君士坦丁堡建成之后。

这些变化也影响了罗马教会的地位。在早期帝国统治下,罗马是一个国际城市,希腊语是罗马教会的语言。但从公元 3 世纪开始,罗马和罗马教会逐渐拉丁化,①东西方渐行渐远。这种离心倾向在教会方面的表现到了公元 3 世纪中叶已经十分明显,圣菲尔米利安(St. Firmilian)领导下的东方主教们在异教徒重新受洗的问题上公然反对教宗斯蒂芬(Pope Stephen),这种倾向在接下来的一个世纪变得更加明显。从君士坦丁时代开始,东方教会开始向君士坦丁贵族而不是罗马寻求指导,统一的中心是帝国法院而不是罗马教廷(Apostolic See)。这一点在君士坦丁本人的晚年已经很明显了,而他的继任者君士坦提乌斯二世(Constantius II)甚至预见

---

① 圣希波吕托斯(St. Hippolytus)是最后一位用希腊语写作的罗马基督徒。尽管希腊语仍然作为礼拜仪式的专用语言一直持续到公元 4 世纪,但诺瓦提安(Novatian)在公元 3 世纪中叶就已经开始写拉丁文了。

了后来拜占庭历史上的政教合一，并将东部省份的教会转变为紧密依赖于帝国政府的国家教会。

君士坦丁及其继任者决定教会政策的基本机构是总理事会（General Council），这个机构并不像早期的行省理事会那样纯粹是教会的产物，而是归功于皇权的存在。[①]召开会议的权力属于皇帝，由他来决定要讨论的内容，并通过他的御批批准这些决定。但是，尽管总理事会在康斯坦丁或查士丁尼（Justinian）这样的加冕的神学家手中是帝国控制教会的工具，而不是教会的自治机构，但它也是一个代表机构，总理事会是有史以来第一个有代表性的审议大会。[②]此外，公元4世纪的东方教会远不是伊拉斯提亚（Erastian）政府的被动仆人，他们充满了独立的精神和智力生活。如果说西方教会在当时的教会史上处于次要地位，那主要是因为这个时代的伟大宗教力量的中心在东方。

正是在东方，出现了创造新时代主导性宗教理想的修道院运动，尽管它从帝国的一端迅速传播到了另一端，但它继续从埃及沙漠的隐士和苦行僧那里获得了灵感。

也是东方创造了新的礼仪诗歌和礼仪年的周期，这将成为基督教会的共同财产。[③]

最重要的是，正是东方将基督教传统与希腊哲学文化统一起来，并在科学的神学体系中体现了基督教教义。这一发展的基础已经在公元3世纪奠定，尤其得益于奥利金和亚历山大里亚（Alex-

---

① 哈纳克写道："在任何情况下，它都是一种政治制度，是由最伟大的政治家发明的，是一把双刃剑，它以教会的独立性为代价，保护了教会的团结。"见 *History of Dogma*, Eng. trans., III, 127。

② 参见 H. Gelzer, *Die Konzilien als Reichsparlamente in Ausgewahlte Kleine Schriften*(1907)。他认为，理事会在安排和程序形式上遵循了古代元老院的先例。

③ 卡布罗尔大师(Dom Cabrol)表明了礼仪周期是如何从公元4世纪与耶路撒冷的圣地相关的地方仪式中演变而来的。罗马的圣周仪式起源于对这一当地周期的模仿，而罗马拉特兰(Lateran)周围的教堂群、圣玛丽亚-马焦雷教堂(St. Maria Maggiore)、耶路撒冷的格罗西教堂(Sta. Groce in Gerusalemme)、圣阿纳斯塔西娅教堂(St. Anastasia)等等都进行着这些仪式，再现了耶路撒冷圣地的圣堂，见 Cabrol, *Les Origines Liturgiques*, Conf. *VIII*。

andria)的教义学派的工作，这一工作在公元 4 世纪由巴勒斯坦的尤西比乌斯(Eusebius)、亚历山大里亚的亚他那修(Athanasius)，并最终由卡帕多西亚(Cappadocian)的三位伟大的希腊人——圣巴西尔(St. Basil)、拿先祖斯的圣格里高利(St. Gregory of Nazianzus)和尼萨的圣格里高利(St. Gregory of Nyssa)——继续进行。由于他们的工作，教会得以对基督教教义做出深刻而准确的知识性陈述，并避免了一方面非明智的传统主义的危险，另一方面则是对基督教进行的合理肤浅化，如我们在阿里乌主义(Arianism)中发现的那种。

毫无疑问，这个神学发展的过程伴随着激烈的争论，希腊神学的理智主义常常退化为形而上学的吹毛求疵。杜谢纳(Duchesne)说，东方教会最好少考虑关于神性的推测性问题，多考虑团结的责任，这话是有道理的。①但是，科学神学的发展并不是异端和分裂的唯一原因，甚至也不是主要原因，如果没有这种发展，整个基督教世界的智力生活就会变得无比贫乏。

为了意识到西方对东方的亏欠，我们只需衡量一下圣奥古斯丁和圣西普里安之间的差距。他们都是西方人，也是非洲人，他们都对德尔图良(Tertullian)的古老拉丁传统有很大的贡献。但是，西普里安从未沉迷于哲学推测，甚至不是科学意义上的神学家，而奥古斯丁在哲学的深刻性上却丝毫不逊于希腊教父中最伟大的人。正如哈纳克所说，他是奥利金和亚他那修的结合体，甚至还不止。

尽管我们承认奥古斯丁本人具有至高无上的个人天赋，但这种巨大的进步不能被解释为西方基督教的自然发展。在德尔图良之后的一个世纪里，西方的神学发展实际上是一种倒退，像阿诺比乌斯(Arnobius)和科姆莫迪安(Commodian)这样的作家掌握的不是

41

———————————

① "如果我们不是对术语进行如此多的哲学思考，而是将事实与假设相结合，使其成为唯一实体的两种本性，那将是多么令人鼓舞，我们能更专注于不那么崇高，却更重要的事。基督的合一是令人费解的，是一个奥秘；教会的团结被牺牲了，这是我们的责任。"见 Duchesne, *Eglises Siparies*, p.57。

神学,而只是一种千年的传统主义。①

这种变化是随着公元 4 世纪下半叶希腊神学传入西方而发生的。这一转变的推动者是拉丁教父——普瓦捷的希拉里(Hilary of Poitiers)、米兰的安布罗斯(Ambrose of Milan)、杰罗姆(Jerome)、阿奎利亚的鲁菲努斯(Rufinus of Aquileia)和皈依的修辞学家维克多努斯(Victorinus)。与此同时,多瑙河行省的居民,来自图尔的圣马丁(St. Martin of Tours)和马赛的加西亚(Gassian of Marseilles)给西方带来了东方禁欲主义和修道的新理想。②

除了圣奥古斯丁,拉丁教父们并不是深刻的形而上学家,甚至也不是原创的思想家。在神学问题上,他们是希腊人的学生,他们的文学活动主要致力于将东方基督教所积累的知识财富提供给拉丁世界。但与此同时,他们又是西方传统的继承者,他们将新获得的知识与拉丁教会一直以来的道德力量和纪律意识相结合。他们对神学问题的兴趣总是服从于他们对传统和对天主教统一事业的忠诚。在西部各省,基督徒仍然只是人口中的一小部分,因此,教会较少受到内部纷争的影响,仍然保持着它在前君士坦丁时代所拥有的精神独立性。

这一点在阿里乌派的争论中非常明显,因为阿里乌主义在西方看来,与其说是对基督教正统的内部威胁,不如说是对教会的精神自由的外部攻击。西方的态度在科尔多瓦的大主教霍修斯(Hosius)给皇帝君士坦提乌斯二世的提醒中得到了令人钦佩的表达,他写道:"在你祖父马克西米安对教会的迫害中,我是忏悔者。如果你想重新开始,你会发现我已经准备好承受一切,而不是背叛真理,流淌无辜的血液……记住,你是一个凡人。要畏惧审判日……不要干涉教会事务,也不要对我们发号施令,而要向我们学习你应该相信的事情。上帝把帝国的管理权交给了你们,把教会

①　圣希拉里本人也承认,在公元 356 年被流放之前,他从未听说过尼西亚信仰,这一事实表明了西方在神学方面的落后和孤立,见 *De Synodis*,91。
②　我们还可以注意到希拉里和安布罗斯将礼仪诗引入西方。

的管理权交给了我们。谁胆敢挑战你的权威，谁就违背了上帝的旨意。请注意，你也会因为篡夺教会的权威而使自己犯了大罪。我们被命令把属于凯撒的东西交给凯撒，把属于上帝的东西交给上帝。我们僭取皇权是不合法的。你们在圣物的事上也没有权柄。"①

43　　普瓦捷的圣希拉里则更进一步，以其古典风格的所有资源攻击皇帝。他写道："我们今天的战斗，是在对抗一个狡猾的迫害者，一个含沙射影的敌人，对抗君士坦提乌斯这个反基督者，他不鞭打人的后背，而是挠人的肚皮，他不判人以生，而是让人以死为荣，他不是把人推入监狱的自由中，而是在宫殿的奴役中尊重他们⋯⋯他不用剑砍下头颅，而是用黄金杀死人的灵魂。"②

　　卡利亚里的路西法（Lucifer of Cagliari）的语言更加不妥协，他那小册子的标题（"关于皇家叛教者""关于不放过那些冒犯上帝的人"或"关于殉道的责任"）透出一种敌视和蔑视世俗权力的精神，让人想起德尔图良。因此，西方教会远远没有依赖于国家；更确切地说，危险在于它可能已经与帝国和古代文明的传统永久疏远，就像非洲的多纳图派教会（Donatist Church）或公元 5 世纪之后的埃及教会。

　　这种危险被避免了，一方面是由于西方帝国在瓦伦提尼安家族的统治下回归正统，另一方面是由于圣安布罗斯的影响和基督教文化的新发展。最重要的是，西方教会找到了圣安布罗斯这位领袖，他维护教会权力的能力胜过圣希拉里，但同时又是皇帝的忠实朋友和帝国的忠实仆人。

　　安布罗斯的确是罗马人中的罗马人，在帝国公民服务体制的传统中出生并接受训练，他把罗马行政官的公共精神和对职责的奉献带到了教会的服务中。他对基督教的奉献丝毫没有削弱他对罗

---

① 这封信是亚他那修用希腊语写的，见 *History of the Arians*，44。我沿用了蒂尔蒙特（Tillemont）在《回忆录》（*Memoires*）中的法语版本，见 *Memoires*，Tom. VII，313。
② *Contra Constantium imperatorem*，5.

马的忠诚，因为他相信，真正的信仰将是帝国新的力量源泉，正如　44
教会战胜异教一样，基督教帝国也将战胜蛮族。

他在远征哥特人的前夕给格拉提安（Gratian）写道，"去吧，在
信仰的盾牌下，带着圣灵的剑去吧；去取得古时应许、在上帝的神
谕中预言的胜利。"……"这里没有军鹰，没有飞鸟引领我们的军
队，只有你的名字，主耶稣，和对你的崇拜。这不是不信者的土地，
而是习惯于派遣忏悔者的土地——意大利；多次被诱惑但从未被引
开的意大利；陛下长期捍卫、现在再次从蛮族手中拯救的意大利。"①

因此，安布罗斯是西方基督教国家理想的第一个倡导者，正如
东方的凯撒利亚的尤西比乌斯一样。但他在对基督教王子的职责
和教会与国家的关系的看法上与尤西比乌斯完全不同。尤西比乌
斯对君士坦丁的态度已经是拜占庭宫廷主教的态度，他用一种超
自然权威的光环围绕着皇帝的形象，这种光环一直是古代东方神
权君主制的特征。但安布罗斯属于不同的传统。他站在古老的公
民责任的古典理想和中世纪的精神力量至上的理想之间的中间位
置。他有点像罗马执政官，又有点像中世纪的教宗。在他看来，教
会的法律——*Jussacerdotal*［神圣法典］——只能由教会的执政
官——主教来执行，甚至皇帝本人也要服从他们的权威。他写道，
"皇帝在教会里，而不是在教会之上"，而且"在信仰问题上，主教作
为法官评判的是作为基督徒的皇帝，而不是作为主教上级的皇　45
帝。"②因此，当尤西比乌斯把君士坦丁说成是高于人类判断力的神
圣存在时，③安布罗斯毫不犹豫地斥责伟大的狄奥多西（Theodos-
ius），并要求他对其不公正的行为负责。"你是一个人，诱惑已经降

---

① *De Fide*，II，xvi.136，142（trans. H. de Romestin）.
② Ambrose，*Ep. XXIV*，4，5
③ 参见他赞美君士坦丁的演说全文。例如，他写道："胜利而强大的君士坦丁，让
我在您面前讲述他的神圣真理的一些奥秘：不是冒昧地教导您，因为您本身就是上帝的
教导者；也不是要向您揭示那些秘密的奇迹（这些奇迹本身不是通过人类的代理或工作，
而是通过我们共同的救世主和他神圣存在的频繁之光早已揭示并展现在您的视野中），
而是希望引导无知的人走向真理之光，并在不了解真理的人面前展示您虔诚行为的原因
和动机。"见 *Cap. XI*。

临到你身上。征服它吧。因为除了眼泪和忏悔之外，罪是无法消除的。"①

圣安布罗斯的权威对西方教会的理想产生了深远的影响，因为它有助于加强教会与帝国之间的联盟，同时也保留了教会中传统的西方权威观念。在东方，教会不断被迫求助于皇帝和他召集的议会，以维护其团结；在西方，教会制度从未达到如此重要的地位，教会将罗马教廷视为统一性和教会秩序的中心。公元343年的萨迪卡会议（Council of Sardica）和公元378年的格拉提安皇帝试图界定教宗的管辖权，但与罗马教廷的宗座特权和作为天主教正统派规范的"罗马信仰"的传统信仰相比，这种尝试并不重要。在公元5世纪，这一发展是由圣利奥（St. Leo）完成的，他将圣安布罗斯在罗马帝国的天赐使命中的信念与宗座的首要地位的传统教义结合了起来。而在同一世纪的更早些时候，圣奥古斯丁完成了西方神学的发展，并赋予了教会一套思想体系，这套思想体系形成了西方基督教世界一千多年的知识资本。

因此，当西方帝国在蛮族面前倒下时，教会并没有被卷入这场灾难。它是一种自治的秩序，拥有自己的统一原则和自己的社会权力机关。它能够立即成为旧罗马文化的继承者和代表，以及新的蛮族的老师和向导。在东方，情况并非如此。拜占庭教会与拜占庭帝国的关系变得如此紧密，以至于形成了一个单一的社会有机体，如果不被摧毁，就不可能分裂。任何威胁到帝国统一的东西都会危及教会的统一。因此，当东方帝国抵御蛮族的攻击时，东方教会却由于东方民族对拜占庭国家的教会集权的反应而失去了团结。在东方民族中，民族性表现为纯粹的宗教形式，国家最终被教会吞噬。

但是，尽管从公元5世纪开始，帝国的两半在宗教和政治上都渐行渐远，但分裂并不彻底。教宗在东方仍然保留着某种至高无

---

① Ambrose, *Ep. LI*, ii.

上的地位,因为正如哈纳克所说,"即使在东方人的眼中,罗马主教也附有一种特殊的、其他所有人都想要的东西,一种赋予他特殊权威的光环。"①同样,西方教会仍然认为自己在某种意义上是帝国的教会,并继续承认由拜占庭皇帝召集的总理事会的普世性。 47

　　这些情况是我们将要讨论的整个时期的特点。直到 11 世纪,连接东西方的宗教纽带才最终被摧毁,西方基督教作为一个独立的统一体出现,在文化和宗教上都与过去罗马世界的其他部分分离。

---

　　①　*History of Dogma*(Eng. trans.),Ⅲ,226.他接着说:"然而,这层光环并不足够明亮,不足以赋予其拥有者无可指责的权威;它是如此模糊不清,以至于有可能在不违背普世教会精神的情况下对其置之不理。"希腊教会历史学家苏格拉底(Socrates)和索佐门(Sozomen)都是普通人和律师,他们公正地见证了公元 5 世纪君士坦丁堡给予罗马教廷的地位,就像哈纳克指出的那样(同上,注释 2)。参见 Batiffol, *Le Siège Apostolique*,411-416。

第三章　古典传统与基督教

如果说欧洲的政治存在归功于罗马帝国,精神统一归功于天主教会,那么它的思想文化则归功于第三个因素——古典传统,这也是促成欧洲统一的基本要素之一。

我们确实很难意识到我们所受的恩惠程度,因为古典传统已经成为西方文化的一部分,以至于我们不再完全意识到它对我们思想的影响。纵观欧洲历史,这一传统始终是西方文学和西方思想的基础。它最早由罗马帝国的世界性文化在西方传播开来。它在罗马灭亡后幸存下来,并作为基督教会知识遗产的一个组成部分保留到中世纪,而在文艺复兴时代,它以新的力量出现,成为欧洲新文学的灵感和典范,以及所有世俗教育的基础。

因此,近两千年来,欧洲一直在同一所学校里由同样的老师授课,所以19世纪的学生和大学生仍然在阅读同样的书籍,并将他们的思想与1800年前的罗马前辈的标准相一致。

如此古老而源远流长的传统所产生的积淀性影响几乎无法估量。历史上除了中国的儒家传统之外,没有任何东西可以与之相提并论。而令人好奇的是,这两者似乎在同一时刻,在同一势力的影响下,最终都面临着走向终结的危险。

但欧洲的古典传统与中国的古典传统有一个重要的区别。它不是来自本土,因为尽管它与罗马传统密切相关,但它并非由罗马创造,而是从希腊世界的发源地传播到西方的代理人。事实上,古典传统无非就是希腊主义,而罗马对文明的最大贡献也许就在于她巧妙地将希腊主义的古典传统适应于西方人的思想需求和西方人的语言形式，因此，拉丁语不仅成为表达思想的完美载体，也成了承载希腊文化的种子穿越野蛮洪水的方舟。因此，公元前1世纪的伟大古典作家，尤其是西塞罗（Cicero）、维吉尔、李维（Livy）和贺拉斯（Horace），在欧洲历史上的重要性远远超过了他们本身的文学价值，这是伟大的，因为他们是整个西方文学传统之父和欧洲文化大厦的基石。

就在罗马成功地把它的帝国扩展到希腊世界的时候，奥古斯都时代的拉丁文学保证了希腊古典传统在西方人心目中的地位，而且希腊主义的影响在罗马帝国的前两个世纪继续增加和传播。一方面，公元1、2世纪见证了希腊传统在整个希腊世界严格意义上的古典形式的复兴；另一方面，希腊主义的拉丁文形式在公元前1世纪，尤其是在西塞罗的作品中得到了充分发展，并传播到了西方省份，成为其文化的基础。古典教育在整个帝国广泛传播，不仅罗马、安提柯、亚历山大里亚和迦太基（Carthage）等大城市，而且非洲的马达拉（Madaura）、高卢的奥屯（Autun）和波尔多（Bordeaux）、西班牙的科尔多瓦（Cordova）、叙利亚的加沙（Gaza）和贝雷图斯（Berytus）等省城都成为火热的教育活动中心。尤文纳（Juvenal）写道，普遍的教育狂热甚至延伸到了蛮族身上：

> 现在要感谢一切，我们拥有雅典世界，
> 高卢人热心于教不列颠人雄辩术，
> 图尔岛（Thule）已经在谈论聘请一位修辞学家。①

这种文化确实是纯文学性的。除了在亚历山大里亚，科学在其中几乎没有地位。由高尔吉亚（Gorgias）和公元前5世纪的智者派开创并在希腊化世界的学校中发展起来的修辞学教育理想完全占

---

① Sat. XV. 110-2.

据了主导地位，成功的修辞学家是受过教育的公众的偶像。但是，修辞学的范围比我们从这个名字中理解的任何东西都要广泛得多。它涵盖了算术、几何、天文学、音乐、语法、修辞和辩证法等科目，是被誉为"通识艺术"的通识教育的巅峰，也是中世纪四艺和三艺的前身。①即使不考虑西塞罗和塔西佗（Tacitus）所坚持的这种广泛的演说理想，如昆体良（Quintilian）或亚里士多德（Aristotle）等纯粹的修辞学家也远远不是一个单纯的学者。他的目标是比技艺更广泛的东西——一种不亚于人文主义的广泛的文学文化。事实上，自文艺复兴以来主导现代教育的人文主义文化理想的存在要归功于对古老的修辞学训练的有意复兴。但即使是在中世纪，后者的存活程度也远远超过了人们的常识；事实上，在欧洲历史上，没有哪个时期感受不到它的影响。在其他文化中几乎闻所未闻的公知——向受过教育的公众发表演说的人——就是这种传统的产物：阿尔古因、索尔兹伯里的约翰（John of Salisbury）、彼特拉克（Petrarch）、伊拉斯谟（Erasmus）、博丁（Bodin）、格罗提乌斯（Grotius）和伏尔泰（Voltaire）都是古代修辞学家的继承人和弟子，而这只是古典传统的一个方面，它一直是欧洲文化的主要创造力量之一。

然而，在公元4世纪，新宗教的胜利似乎严重威胁了古典传统的至高无上地位。基督教建立在与希腊主义毫无共同之处的东方传统之上，其精神和理想与异教修辞学家和文学家的精神和理想截然相反。基督徒不承认古典传统的恩惠。他们自己的经典——基督教圣经——在形式和精神上与异教文学有着根本的不同，以至

---

① 这种通识教育的理想可以追溯到智者派本身，尤其是埃利亚的希皮亚斯（Hippias of Elea），但直到马蒂亚努斯·卡佩拉（Martianus Capella）和后来帝国的作家们的时代，通识教育的数量才被确定下来。三艺和四艺之间的细分是后来的，可能是由于加洛林文艺复兴（Carolingian Renaissance）。另一方面，中世纪关于文科本质上是为神学做准备的思想是非常古老的，因为它可以追溯到波西多尼乌斯（Posidonius）和斐洛（Philo），并从他们那里传给了亚历山大里亚的基督教学者，参见 Norden, *Die antike Kunstprosa*，pp.670-679。

于一开始就没有相互理解的余地。德尔图良写道,"雅典与耶路撒冷有什么关系?""学院和教会之间有什么和谐?"圣保罗(St. Paul)本人也明确表示不承认文风的优雅和世俗哲学的智慧。"智慧在哪里? 文士在哪里? 这世界的争辩者在哪里? 神岂不是把这世界的智慧当作愚拙吗? 因为犹太人要的是神迹,希腊人要的是智慧; 但我们因布道被钉死在十字架上的基督,对犹太人来说是绊脚石,对非犹太人来说是愚蠢,而对那些蒙召的人,包括犹太人和希腊人,基督是神的力量,是神的智慧。"①

52

因此,基督教不是在呼吁培养社会的复杂和不成熟的思想,而是呼吁人类灵魂的基本需求和普通人的宗教经验。德尔图良说:"灵魂啊,请站出来,请你作证。但我呼唤你的时候,并不是你在学校受教育、在图书馆里受训练、在阿提卡(Attic)学院和门廊里呆腻的时间里吐露你的智慧的时候,我呼唤的是简单粗暴、不学无术、没有教养的你,就像他们拥有的你一样,他们只拥有你在路上、在街上、在工坊的那些纯粹而完整的东西。"②

事实上,早期的基督徒大部分是没有受过什么教育和文化的人。在城市里,他们主要属于下层和中下层阶级,而在乡村,他们往往来自几乎不受古典文化影响的农民,并保留着自己的叙利亚语、科普特语(Coptic)或布匿语(Punic)等母语。在这种情况下,古典传统的官方代表很自然地将基督教视为文化的敌人,并像朱利安皇帝或波菲利(Porphyry)一样,将希腊主义的事业与旧宗教的事业联系起来。古典学者"广受欢迎的平庸"不会同情殉道者和沙漠修道士的狂热,他们谴责一切使人愉悦的事物,并宣称所有世俗文明的末日即将来临。与圣奥古斯丁通信的异教修辞学家,来自马德拉的马克西姆斯(Maximus of Madaura)说,基督教是东方野蛮主义的复兴,它试图以对具有可怕的布匿名字的死刑犯的崇拜来取

53

---

① *I Corinthians* i.20-27.
② Tertullian, *De Testimonio Animae*, i. (Translated by Roberts and Donaldson.)

41

代对古典神明的优雅形象的崇拜。①

　　然而，尽管文化领袖们忽视了这一点，但同化的过程一直在进行，教会正在为接受古典传统和形成新的基督教文化做准备。早在公元 2 世纪，殉道者查士丁（Justin Martyr）和雅典娜哥拉斯（Athenagoras）等受过教育的皈依者就开始用他们自己的语言向受过教育的公众发表演说，并试图表明基督教的教义与古代哲学的理性理想是一致的。这些尝试中最引人注目的是米努西乌斯·费利克斯（Minucius Felix）的《奥克塔维厄斯》（*Octavius*），这是一篇西塞罗式的对话，在形式和精神上都属于纯粹的古典主义。诚然，最伟大的拉丁语辩护士德尔图良以一种完全不同的精神写作，但即使是他，尽管忽视了古典传统，却也是一个彻头彻尾的修辞学家，并将罗马出庭律师的方法用于新宗教的服务。

　　我们在《护教士》（*Apologists*）中已经可以看到吸收希腊思想和文化的趋势在公元 3 世纪的亚历山大里亚学派达到了顶峰。奥利金和他的前任克莱门特最早构想出中世纪理想的科学等级制度，其顶峰是基督教神学。正如希腊人将艺术和科学视为修辞和哲学的预备教育一样，奥利金也建议把哲学本身看作是神学的预备教育——"哲学家的儿子们说几何学、音乐、语法、修辞和天文学是哲学的婢女，我们可以说哲学本身与神学有关。"②他的门徒格里高利·托伊马图格斯（Gregory Thaumaturgus）写道，他教导我们"应该尽全力对古人的每一部著作进行哲学思考和校勘，无论著作是哲学家的，还是诗人的，不排除和拒绝任何东西"，无神论者的著作除外，"但要公平地听取所有人的意见"。③这一方案的结果是基督教和希腊思想的广泛结合，对后来整个神学的发展产生了深远的影响，但它从一开始就引起了相当大的反对，理由是它与传统的正统派不一致，某些方面确实如此。然而，值得注意的是，这种对奥

54

---

① Aug. *Epist.* XVI.
② *Philocalia* XIII, i. (Trans. W. Metcalfe.)
③ Gregory Thaumaturgus, *Panegyric of Origen*, xiii. (Trans. W. Metcalfe.)

利金的反对并不一定意味着对希腊文化的任何敌意,这与希腊哲学截然不同。两个阵营中都有希腊主义者;事实上,奥利金的主要对手,来自奥林匹斯山的莫迪乌斯(Methodius of Olympus)在忠于古典传统方面比奥利金本人走得更远。①

因此,到了公元 4 世纪初,古典文化在教会中站稳了脚跟,而基督教帝国的建立实际上也伴随着相当大的文学复兴。这场运动的领导者——公元 4 世纪伟大的修辞学家希梅里乌斯(Himerius)、泰米斯提乌斯(Themistius)和利巴尼乌斯(Libanius)——本身就是异教徒,但他们在基督徒中不乏学生和模仿者;事实上,即使从纯粹的文学角度来看,这一时期的基督徒作家也常常超越他们的老师。公元 4 世纪的教父们,无论在东方还是西方,本质上都是基督教的修辞学家,他们共享异教对手的文化和传统,但他们的艺术不再是对讲堂上陈旧主题的无尽阐述,而是成为一种新的精神力量的工具。早在三个世纪前,塔西佗就曾指出,修辞已经变得空洞和不真实,因为它在政治生活中不再发挥重要作用。"伟大的演说就像火一样需要燃料来供养,需要运动来煽动,它燃烧时会变亮。"②通过教会,修辞学恢复了与社会生活的这种重要关系:它取代了希腊城市的旧教会,找到了基督徒的新教会。最深奥的问题再一次在来自各个阶层的听众面前被热烈地辩论。当安提柯正命悬一线时,圣约翰·克里索斯托(St. John Chrysostom)还在向这座城市的人民进行他伟大的布道。即使是最深奥的神学问题,街上的人也会兴趣盎然,而能够以雄辩的口才和技巧谈论或撰写这些问题的人保证能拥有几乎遍及世界的影响力。

当然,这主要是指希腊语世界,即亚他那修和阿里乌斯(Arius)、巴西尔和尤诺米乌斯(Eunomius)、西里尔(Cyril)和西奥多雷特(Theodoret)的世界;但在拉丁西方,修辞传统同样强大,尽

55

---

① 他的主要作品《十处女座谈会》(*The Symposium of the Ten Virgins*)是对柏拉图式对话的精致模仿。

② *Dialogus de claris oratoribus* 30.

管它是罗马执政官和演说家的传统，而不是希腊的诡辩家和煽动家的传统。毫无疑问，希腊世界仍然保留着它的文化领导地位。凯撒利亚的尤西比乌斯、圣巴西尔，以及尼萨和拿先祖斯的两位格里高利在文学和哲学方面都比他们同时代的任何西方人拥有更广泛和更深刻的文化。他们保留了奥利金学派的传统，而西方传统则继承了德尔图良和西普里安的法律和权威精神。但到了公元 4 世纪，新的基督教文化的兴起倾向于再次将东方和西方拉到一起。56 圣安布罗斯是一位勤奋的希腊文学学生，比起他完全忽视的德尔图良和西普里安，他对希腊教父们的著作有更多的了解。圣杰罗姆师从圣格里高利·纳齐安森(St. Gregory Nazianzen)和老底嘉的阿波利纳里斯(Apollinaris of Laodicea)，以及奥利金和尤西比乌斯，在东方获得了他的神学知识。

此外，教会与世俗文化接轨、吸收古典文学和思想的倾向在西方的表现不亚于在东方。圣安布罗斯在他的布道中引用了维吉尔和贺拉斯的话语，并在他最著名的作品《论执事礼拜》(*De Officiis Ministrorum*)中把西塞罗作为他的榜样和指南。西塞罗的传统构成了新基督教文化的重要组成部分，并影响了从拉克坦提乌斯(Lactantius)时代到奥古斯丁时代的教父文学。诚然，圣杰罗姆激烈地谈到了异教文学的危险，他被谴责为"西塞罗人而不是基督徒"的著名观点常常被作为基督教敌视古典文化的例子。[①]但这段插曲的真正意义在于，杰罗姆对古典文学的热爱是如此强烈，以至于它成为一种精神诱惑。如果他没有对此作出反应，他可能会成为一个修辞学家，仅此而已。在这种情况下，中世纪就会失去他们最伟大的精神经典——《圣经》拉丁通行本(the Latin Vulgate)。因为杰罗姆在翻译《圣经》时，并没有试图坚持西塞罗的标准，而是让希伯来原文的原始宏伟反映在他的风格中，因此他用新的表达方式丰富了拉丁语。但是，尽管他试图缓和自己的热情，但他从未失

---

① *Epist. XXII.* Cf. Rufinus, *Apol.* II, 6, 以及圣杰罗姆的回答。*Apol.* I, 30-31, III, 32.

去对最伟大的修辞学家的热情——"图利乌斯,古罗马雄辩家,演说家之王,拉丁语的插画家。"①鲁菲努斯不无恶意地提到,他在晚年会给抄写员更高的报酬,让他们抄写西塞罗的对话,而不是教会作品,②他还教伯利恒(Bethlehem)的孩子们阅读维吉尔和诗人的作品。事实上,杰罗姆并不是古典传统的敌人,他是所有教父中受异教文学浸润最深、受修辞学传统影响最深的人。即使是令许多现代批评家感到震惊的偏执和好斗,也不是源于一个偏执狂的狂热,而是源于一位学者的暴躁,他的文学仇恨往往与文艺复兴时期的人文主义者的仇恨奇怪地相似,而后者本身就是他最热情的崇拜者。③

杰罗姆的影响确实无人能及,甚至不亚于奥古斯丁,但这是一位学者的影响,而不是思想家或神学家的影响。在他身上,古典文学和《圣经》这两种伟大的精神传统交汇在一起,并从他身上再次汇流而出,为中世纪的文化提供了养分。

古典传统的影响在新的基督教诗歌的兴起中更加明显;然而在东方,除了圣格里高利·纳齐安森的情况外,对古典模式奴颜婢膝的模仿摧毁了所有情感的自发性,并在老底嘉的阿波利纳里斯和他的儿子将《圣经》翻译成古典诗歌的形式和韵律的尝试中找到了它的最高表达。在西方,同样的倾向产生了尤文库斯(Juvencus)的

①　从前言到 *Hebraicae Quaestiones in Genesim*,Cavallera. St. Jerome,*app. P.*,p.105.他说,"如果像西塞罗这样的人都逃不过批评,如果那些肮脏的猪对我这样一个可怜的小人物发牢骚,那又有什么奇怪的呢!"

②　Rufinus,*Apol.* II,8.

③　例如,伊拉斯谟说杰罗姆是"那个天堂般的人,毫无疑问是所有基督徒中最博学、最雄辩的。……在他的作品中,有多少关于古代文学、希腊文学和历史的内容啊!然后又是多好的风格啊!多么高超的语言技巧啊,他不仅把所有的基督教作家远远地甩在身后,而且似乎可以与西塞罗本人相媲美。"见 *Ep.* 134,trans. Nichols(＝*e. p.* 141 ed. Allen)。像人文主义者一样,杰罗姆用古典文学中的绰号来嘲笑他的对手。鲁菲努斯是卢修斯·拉维尼乌斯(Luscius Lavinius)或卡尔普尼乌斯·拉纳乌斯(Calpurnius Lanahus)(来自萨鲁斯特),佩拉吉乌斯(Pelagius)和他的支持者是卡提林(Catiline)和兰图鲁斯(Lentulus)。在波吉欧(Poggio)和弗朗西斯科·菲莱尔福(Francisco Filelfo)之间的著名争吵中,后者实际上诉诸于杰罗姆和鲁菲努斯的先例,以证明他的谩骂的暴力是正当的,参见他的信件,刊于瓦尔泽(Walser)的著作的附录中,见 *Poggius Florentinus*,Nos.40 and 42。

《圣经》释义和完全用维吉尔的段落脱离其背景来创作《圣经》主题的诗歌，后者是巧妙但错误的尝试。但西方拥有比东方更有生命力的诗歌传统，在公元4、5世纪，这一传统被新的基督教文化完全吸收。诺拉的保利努斯（Paulinus of Nola）在他的英文传记《亨利·沃恩》（Henry Vaughan）中找到了类似的志趣，他是一位真正的基督教人文主义者，是维达（Vida）和曼图阿努斯（Mantuanus）的精神祖先。他不是一位伟大的诗人，但他是一位具有高雅文化、高尚和迷人品格的人，在西部省份的受教育阶层中推广新基督教文化的理想方面，他的影响甚至超过了杰罗姆或奥古斯丁。

但最伟大的基督教诗人是与保利努斯同时代的西班牙人普鲁登提乌斯，本特利（Bentley）称他为"基督教的维吉尔和贺拉斯"。在所有的基督教作家中，普鲁登提乌斯在文学和社会方面都表现出对古典传统最充分的欣赏。在他的公民爱国主义和他对罗马的伟大名声的忠诚方面，他不向任何异教诗人屈服。他不像德尔图良和奥古斯丁那样单纯把罗马看作是人类骄傲和野心的表现，而是像但丁（Dante）一样在帝国中看到了人类在基督里统一的天赐的准备。法比人（Fabii）和西庇俄斯人（Scipios）是神圣目的的无意识工具，殉道者为罗马献出的生命不亚于军团士兵。圣劳伦斯在《殉道者》（Peristephanon）的最后几句是对罗马的祈祷："基督啊，请赐予你的罗马人这座城市，通过它，你就能使其他人在宗教上一心一意，成为基督徒……但愿它能教导远方的土地在一个恩典中走到一起；但愿罗慕路斯成为忠实的人，努玛（Numa）自己也坚信不疑。"①现在这个祈祷已经实现了，执政官的罗马和殉道者的罗马已经成为一体。"今天，元老院的灯光亲吻着使徒圣殿的门槛。穿着圣衣的教宗在他的额头上打上了十字架的印记，圣母克劳迪娅（Vestal Claudia）跪在圣劳伦斯的祭坛前。"②

在普鲁登提乌斯和诺拉的保利努斯的诗中，我们看到了对殉道

---

① *Peristephanon*，II，433.
② *Peristephanon*，II，517.

者的崇拜是如何转变为一种社会制度和公民虔诚的表现的,这种崇拜起源于基督教思想对世俗权力的反精神主张的抗议。对普鲁登提乌斯来说,城邦古老的地方爱国主义通过对当地圣徒的崇拜找到了新的理由。他向我们展示了上帝的审判席前呈现自己的西班牙城市,它们中每个城市都承载着当地殉道者的遗物。圣徒已成为城市的代表和守护者,并将他的荣耀分给了城市。

> 斯特恩(Sterne)与整个圣城同在,
> 届时,灵魂会复苏,艺术将追随。①

　　公元 4、5 世纪基督教与古典传统之间的和解,在教父文化和基督教新诗中得到了体现,对欧洲思想的形成产生了深刻的影响。现代人倾向于将整个修辞学传统视为空洞的迂腐,并将西塞罗本人视为华而不实的无聊者。但正如我已经指出的,正是由于修辞学家和他的教育工作,我们才得以保存古典文学和整个人文主义传统。没有他们,欧洲文化不仅会变得更加贫乏,而且会发生根本性的变化。没有吟游诗人和传奇作家,就不会有世俗学习的传统,也不会有世俗文学。更高等的文化将完全是宗教性的,正如它在中国以外的东方世界所趋向的那样。古典文学和修辞学传统的存在不仅使现代欧洲文学的崛起成为可能,它们还形成了欧洲人的思维习惯,并使西方文明所特有的对生活和自然的理性和批判态度成为可能。这两种精神和文学传统——一方面是教会和《圣经》,另一方面是希腊主义和古典文学——的共存在我们的文化中留下了深刻的印记,它们的相互影响和相互渗透丰富了西方人的思想,这是任何一种传统无论多么伟大都无法单独做到的。

　　诚然,这种思维的修辞和文学习惯有其缺陷,它也许是造成我们文明的最大弱点之一——人为性——的部分原因。此外,两种不

---

① *Peristephanon*,IV,197.

同起源的知识传统的共存，往往会在欧洲文化中产生某种二元论和不和谐，而这在更简单或更统一的文明中是不存在的。也不能说修辞学传统是古代世界智力成就的完整体现。它是一个局部且片面的发展，它代表了希腊天才的一个方面，但未能公正地反映其科学和形而上学的成就。中世纪文化未能保存希腊科学的遗产，其真正的责任不在教会，而在修辞学家。在希腊化时期，希腊世界的科学传统已经与修辞学家的文学传统分离，因此它从未像希腊文化的文学方面那样被西方拉丁人吸收。拉丁文对科学的唯一贡献是像瓦罗（Varro）和普林尼（Pliny）这样受过教育的业余爱好者的百科全书，以及工程师和测量员的技术著作（*gromatici*）。那个时代所有真正的科学工作都要归功于希腊人，如公元 2 世纪的盖伦（Galen）和克劳狄乌斯·托勒密（Claudius Ptolemaeus），他们是古代科学最后的创造者，但值得注意的是，尽管盖伦在罗马生活和工作，但他的著作直到中世纪才被翻译成拉丁文。

科学传统在帝国后期仍然存在，但它仅限于东方，主要在亚历山大里亚和雅典的学校中蓬勃发展，这一时期几乎被新柏拉图主义者所垄断。从公元 4 世纪开始，新柏拉图主义者的目标是将整个希腊科学结合在一个基于他们自己的形而上学和神学理论的有机统一体中。最重要的是，他们的目标是调和亚里士多德与柏拉图以及托勒密与亚里士多德之间的关系，因此，他们的精力不是用于原创性研究，而是用于解释和评论旧的权威。他们的课程以欧几里得（Euclid）和尼科马科斯（Nicomachus）、托勒密和吉米诺斯（Geminos）、亚里士多德和柏拉图的著作为基础，但亚里士多德的重要性稳步上升，并在公元 6 世纪的亚历山大哲学家阿谟尼乌斯（Ammonius）、辛普利修斯（Simplicius）、达马修斯（Damascius）和基督教的约翰·菲洛波诺斯（John Philoponus）中达到顶峰，他们都表现出对古代科学非常广泛的了解。这种亚里士多德式的复兴，早在公元 3 世纪初就随着伟大的评论家，来自阿弗罗迪西亚的亚历山大（Alexander of Aphrodisias）开始了，它对未来具有最重要的意义;但直到 12、13 世纪,它才通过波伊修斯(Boethius)以非常初级的形式传到西方拉丁语国家。

但是,尽管希腊文化的后期科学发展未能影响西方,但以新柏拉图主义为代表的后期希腊哲学却对新的拉丁基督教文化产生了直接影响。到目前为止,西方哲学主要以修辞学传统中的斯多葛派伦理学为代表,尤其是西塞罗和塞涅卡(Seneca)的著作。没有创造性的形而上学思想,也没有原创性的心理学观察。现在,在帝国时代即将结束时,拉丁世界产生了一位具有深刻独创性的天才——圣奥古斯丁,在他的思想中,新的基督教文化找到了其最高的哲学表达。奥古斯丁也是一位职业修辞学家,他最初产生研究哲学的冲动源于西塞罗。但他人生的转折点是在 11 年后,当时他受到了新柏拉图主义者著作的影响,这些著作被皈依的修辞学家马里乌斯·维克托里努斯(Marius Victorinus)翻译成拉丁文。通过这些著作,他第一次确信了精神现实的客观存在,并从中得出了两个基本原则,上帝是存在和智慧的源泉,是可认知世界的太阳,以及灵魂作为一种精神实质在分享未被创造的光中找到它的至福。

但奥古斯丁并不满足于希腊哲学的理智主义。他要求的不是对真理的推测性理论,而是对真理的实验性占有。他说:"柏拉图主义者确实看到了固定、稳定、不褪色的真理,所有受造物的形式都在其中,但他们观察的距离很远……因此,他们找不到可以获得 如此伟大的、不可言喻的、神圣的财产的方法。"[1]

这个方法他只在基督教中找到了,这个超自然的智慧不仅向世人展示了真理,而且给了世人实现真理的方法。他的哲学从他自己的皈依经历中获得了它的最终特征,实现了一种精神力量的介入,这种力量强大到足以改变他的人格,并将智力的名义秩序转变为慈善的重要秩序。从西塞罗的《霍滕修斯》(Hortensius)开始的精神演变在《忏悔录》(Confessions)中结束,罗马修辞学家的

---

① Sermo 141.

sapientia［智慧］在基督教神秘主义者的 *contemplatio*［沉思］中得到了实现。

因此，奥古斯丁的哲学与希腊世界最伟大的基督教思想家奥利金的哲学不同，它具有强烈的个人特征。它仍然是希腊式的，因为它坚信普世的理性秩序的存在，以及它对所有受造物的善与美的感受。①但它既是西方的，也是基督教的，因为它在道德上的关注，也因为它将意志置于中心地位。

奥古斯丁的哲学本质上是一种精神体验的哲学，因此它是西方神秘主义和西方伦理学的来源，也是西方哲学唯心主义传统的源头。

在公元5、6世纪，奥古斯丁的影响在整个基督教西方占主导地位。奥罗修斯（Orosius）、阿基坦的普罗斯珀（Prosper of Aquitaine）、利奥大帝（Leo the Great）、鲁斯佩的富尔根提乌斯（Fulgentius of Ruspe）都是奥古斯丁主义者。最后，通过伟大的圣格里高利，奥古斯丁传统以一种简化的形式成为中世纪教会的知识遗产。但这一神学传统却伴随着与古典文化的日益疏远。奥古斯丁思想的深刻性倾向于缩小智力活动的范围，并将所有的注意力集中在精神生活的两极——上帝和灵魂。这种宗教专制主义既没有给纯文学留下空间，也没有给纯科学留下空间。因为在圣奥古斯丁看来，"人们只想知道"的知识是一种无益的好奇心，它使人的思想偏离其真正的目标——对上帝的认知和爱。对一个人来说，认识上帝要好过数星星或寻找自然界的隐秘。"知道这一切而不认识你的人当然是不幸的，而认识你的人虽然不知道这些，但也是幸福的。凡是既认识你又知道它们的人，不是为它们而快乐，乃是为你而快乐。"②

这种观点注定要统治拉丁西方的神职人员和修道院文化许多世纪。然而，只要西方保留罗马-拜占庭时代让受教育的官僚阶层在修辞学学校中接受训练的传统，古典文化就不会有被低估的危

---

① 参见示例 *de Trinitate*，VIII，iii.
② Aug. *Confessions*，V，iii. Cf. X，xxxv.

基督修辞学家

安德森（Anderson）摄

险。即使是伴随着公元 6 世纪拜占庭复兴的世俗文化的暂时复苏，在西方也不是没有相应的情况。非洲的情况尤其如此，在那里，汪达尔（Vandal）王朝末代国王的宫廷里经常有一大群不入流的诗人（足以令人惊讶），他们的诗句被保存在 24 卷的《萨尔马西亚诗集》（*Salmasian Anthology*）中；在那里，随后的时期又产生了科里普斯（Corippus）那受人尊重的史诗《约翰尼斯》（*Johannis*），这也许是拉丁诗歌古典传统的最后一个真正代表。同样，在狄奥多里克（Theodoric）统治下的意大利，民政管理仍然掌握在波伊修斯、西马科斯和卡西奥多罗斯（Cassiodorus）等修养极高的官员手中，他们尽其所能地保护着古典学问的传承。波伊修斯不仅是最后的古典学家，他还是第一位经院哲学家，一位伟大的教育家，中世纪的西方通过他获得了亚里士多德的逻辑知识和希腊数学的基础知识。他的悲剧性死亡结束了他所计划的哲学翻译工作，但作为补偿，他给世界带来了《哲学的慰藉》（*De Consolatione Philosophia*），这是一部杰作，尽管它刻意保持沉默，但它完美地诠释了基督教精神与古典传统的结合。

同样的理想激励着卡西奥多罗斯的工作，他在建立古代世界文化与中世纪文化之间的桥梁方面甚至比波伊修斯做得更多。在他生命的前半段，作为哥特政权的一名国务大臣，他致力于促进宗教团结和日耳曼入侵者与罗马文化的和解。而他的晚年则致力于为教会服务，致力于古典文化与新教会社会的需求和修道院生活的理想之间的调和。他仿佛意识到，国家不能再作为高级文化的机构，古典文明的遗产只有在教会的监护下才能得到拯救。在哥特统治的最后几年，他计划与教宗阿加皮图斯（Pope Agapitus）合作，在罗马建立一所基督教学校，这所学校发挥的作用在某种程度上应该与早些时期亚历山大里亚教义学校在东方所发挥的作用相同。

这些计划因哥特战争的爆发而受挫，这场战争对意大利文化造成的灾难性影响超过了上个世纪的所有入侵。但卡西奥多罗斯并不气馁。虽然他被迫放弃公共生活，躲进了修道院，但他在他位于维瓦里姆（Vivarium）的卡拉布里亚（Calabrian）大庄园里建立的修道院里找到了实现其理想的机会。在那里，他汇集了一个图书馆，并制定了两个修道院研修计划——《神圣文学和世俗文学要义》（*Institutes of Divine and Secular Letters*），这是中世纪文化史的基本文献之一。其中第一部也是所有著作中最重要的一部，涉及宗教学，并在神圣文本的学术研究与复制中保持了很高的学术水准。第二部作品是七种文科的百科全书式的纲要，特别是语法、修辞和辩证法。它使帝国晚期的旧课程适应了新宗教社会的需要。正如格里高利·纳齐安森和奥古斯丁一样，艺术被视为宗教教育的工具，而不是以艺术本身为目的。但它们是一种必要的工具，因为对它们的忽视涉及它们所服务的神学文化的削弱和贫乏。甚至对异教诗人和散文家的研究也被认为是合法的，甚至是必要的，因为没有他们，就不可能接受完整的文科训练。

　　因此，维瓦里姆是修道院学习传统的起点，后来成为本笃会的荣耀。西方隐修制度成为古典文化的遗产，并将其从公元 6 世纪末压倒拉丁西方世俗文明的废墟中拯救了出来。我们今天所拥有的几乎全部拉丁古典文学的保存和翻译都要归功于修道院图书馆和书写室。诚然，意大利的隐修制度本身也受到了这种崩溃的影响，卡西奥多罗斯在自己的土地上没有留下继承者。他的工作由新世界的孩子们——爱尔兰和盎格鲁-撒克逊的修道士们——接手并完成，这些修道士们最终为在加洛林王朝时期出现的基督教古典主义的复兴铺平了道路。

第四章 蛮 族

上述三个要素是欧洲统一的真正基础,但它们本身并不构成欧洲。他们只是形成的因素,构成了我们文明的物质,但物质本身是在其他地方找到的,就在蛮族世界的晦暗混乱中。因为蛮族是塑造欧洲的人力资源,他们是氏族,与帝国和教会相对,是欧洲生活中民族因素的来源。

在过去,控制教育和思想的学者和神职人员忽视了这一因素的重要性,因为他们的注意力集中在高级文化的传统上,无论是文学还是宗教,他们是高级文化的指定监护人,他们自然地敌视任何带有野蛮色彩的东西。直到 19 世纪,人们才充分认识到民族对欧洲文明的重要贡献,并最终引起了广泛的反响,浪漫的民族主义新潮流使作家们尽量减少我们文化中的古典和基督教因素,而把一切都归结为民族天分的本源能量。这就是主导 19 世纪德国和本国历史学家中的日耳曼学派、东欧的泛斯拉夫主义作家以及爱尔兰

和法国的凯尔特复兴运动拥护者的精神动力。今天,这种趋势在斯特里戈夫斯基(Strzygowski)等作家的理论中达到了顶峰,他们认为欧洲历史已经被古典传统和天主教会的恶性影响逐渐篡改了,这两者都起源于地中海——衰败与人造文化的温床——他们在亚洲大草原上的蛮族的艺术和文化中找到了北欧精神的真正亲缘。

而且,尽管这样有些夸张,但是这种反应也有其合理性。因为蛮族不仅仅是高级文化创造性活动的消极和负面的背景,他们有

自己的文化传统,而且我们现在才开始从史前研究中了解到这些传统是多么古老和根深蒂固。早在青铜时代甚至更早的时候,中欧和北欧就有文化中心,这些文化中心自主发展,不仅对周围的民族产生影响,甚至对地中海东部的高级文化也产生了影响。

乍一看,将这种古代文化描述为野蛮似乎是没有道理的。但是,在我们使用这个词的意义上,"野蛮(barbarism)"与"原始(savagery)"绝不是一回事。它适用于尚未获得定居城市和领土国家的更高组织的社会发展的任何阶段,简而言之,适用于部落文化而不是城市文化。野蛮社会的本质在于,它建立在亲属关系原则之上,而不是公民身份原则或国家绝对权威原则之上。诚然,亲属关系并不是部落社会的唯一要素;在几乎每一种情况下,领土和军事因素也起作用。但是,文明国家的单位是个人或经济集团,而部落社会的单位则是亲属群体。一个人的权利并不取决于他与国家的直接关系,而是取决于他在亲属中的地位,同样,犯罪不被视为对国家的犯罪,而是作为两个亲属群体之间争斗或谈判的时机。血的罪孽在于杀戮者的整个亲属群体必须通过对被杀者亲属群体的补偿来赎罪。的确,部落或氏族比较高级的政治单位不一定由具有共同血统的人组成,尽管他们倾向于通过虚构一些家谱来声称这种统一,它通常是由亲属群体组成的领土或军事联盟。

因此,尽管诸如麦克尼尔(MacNeil)教授、麦卡利斯特(Macalister)教授等爱国的爱尔兰学者提出抗议,但将凯尔特时期的爱尔兰社会组织描述为部落组织是合理的,因为它与古代德国人的社会组织一样都是以氏族或宗族等亲属群体为基础的。①当然,不愿接受这一定义是因为"部落"一词带有文化劣根性的暗示。然而,尽管部落是一种相对原始的社会组织形式,但它拥有许多更先进

①　麦卡利斯特教授写道:"图阿斯(Tuath)是一个人类社区,不一定由血缘关系联结在一起,因此,不能称其为部落,这是在涉及凯尔特时期爱尔兰时总是被错误使用的一个名称。"见 The Archaeology of Ireland,p.25。但正如我们所指出的,部落不一定是亲属群体的联合。在大多数案例中,也恰如在爱尔兰,它是由许多群体或氏族组成的。

的社会类型都会羡慕的优点。它符合个人自由和自尊的崇高理想，并唤起部落成员个人对社区及其首领的强烈忠诚和奉献精神。因此，其道德和精神发展往往遥遥领先于其物质文化。部落的理想，至少在比较好战的牧民中，本质上是英雄式的。事实上，我们可以说，所有伟大的英雄传统都是史诗和民族传说的灵感来源。无论是希腊的、凯尔特的、日耳曼的还是阿拉伯的，其存在都要归功于部落文化，尽管通常只是在部落文化与更高的文化接触并处于解体过程中的时候。

在罗马文明与蛮族世界接触的时候，凯尔特人和日耳曼人的这种好战的部落文化在整个欧洲大陆占主导地位，并给人一种民族和文化统一的表象。然而，蛮族文化从来就不是一个单一或统一的东西。地方类型极其多样，它们相互交叉，产生了新的混合文化形式。正如在今天的西非，我们可能会看到拥有相对较高社会和政治组织的土著国家与生活方式自遥远的史前时代以来几乎没有改变的部落并存，在野蛮的欧洲也是如此。我们用小部分历史民族——凯尔特人、日耳曼人、色雷斯人，等等——描绘古代欧洲，这种方式使人对真实情况产生了误解。因为这些民族并不像我们所想象的那样是国家，而是松散的部落群体，它们可能包含或覆盖了许多古老民族和文化的残余。一群好战的部落可能会占领一大片领土，并以自己的名字命名，但他们并没有因此建立一个统一的国家和文化。在统治社会中，征服者们的统治下，被征服的农民的生活仍在继续，有时拥有自己的语言和宗教，并始终倾向于保持一种独特的社会和文化传统。

因此，一个社会越好战，其文化就越肤浅和不统一。一波接一波的征服并不一定涉及人口的变化；在许多情况下，他们不再是一个战士贵族对另一个战士贵族的替代。统治阶级往往负责在发展中引进一种新的、更高类型的文化，但它没有持久性，它可能在没有给农民人口的生活留下任何永久印象的情况下消失。另一方面，在那些很少受到战争和征服影响的地区，社会的不同因素之间没有鲜明的对比。整个民族倾向于拥有统一的文化，尽管这种文化往往是简单而原始的。这种类型的文化自然是根深蒂固的，不容易改变，但一般来说，它们只出现在因为比较落后和贫瘠而不会引起征服者的贪婪的地区。最富饶和最有利的土地是那些遭受最频繁入侵的土地，因此，这些地区拥有最少的社会统一性，并经历最迅速的文化变化。

由于民众的好战特性和大量的入侵行动，这些因素在野蛮的欧洲具有特殊的重要性。事实上，我们将看到文化的二元性——战士贵族与农奴之间的反差，它并不局限于蛮族时代，而是流传于后世，对中世纪文化的发展产生了重要影响。

在所有这些战士文化中，最伟大和最典型的是凯尔特人的文化。凯尔特战士从他们位于德国西南部和法国东北部的家乡出发，带着他们的阔剑和战车横扫整个欧洲，洗劫了罗马和德尔斐，征服了大西洋和黑海之间的每一个民族。他们的外围定居点建立在小亚细亚核心区和乌克兰，包括莱茵河、罗纳河（Rhone）、多瑙河、易北河上游（Upper Elbe）、波河（Po）和德涅斯特河（Dniester）等流域的整个中欧都在他们的掌控之中。[①]

很明显，这片广阔的领土并不是由同质化的凯尔特人占领的。凯尔特部落形成了一个战士贵族阶层，他们在山丘的营地或 *duns*〔山丘〕上治理他们征服的领土，这些山丘的遗迹仍然散布在欧洲各地。无论他们走到哪里，他们都会带去一种独特的文化和艺术，这种文化和艺术在公元前 6 世纪和前 5 世纪的阿尔卑斯山地区得到了发展，其名称源于瑞士的拉特纳（La Tène）。因此，欧洲大陆的大部分地区在历史上第一次统一于一种共同的文化。从大西洋到黑海，有一个统治种族，说同样的语言，拥有同样的社会组织和同样的礼仪和生活方式。但这是一种由酋长和战士组成的文化，并没有深刻影响到臣民的生活，也没有完全取代当地古老的文化传统。

---

① 凯尔特元素在达契亚（Dacia）和多瑙河土地上的重要性在帕万（Parvan）的著作中得到了很好的展示，见 *Dacia*，by V. Parvan, Ch. Ⅳ., "Carpatho-Danubians and Celts"。

只有在最西部的爱尔兰,凯尔特人的征服者在那里不受干扰地占据了一千年,他们的文化才渗透到整个社会中。在其他地方,它来也匆匆,去也匆匆,在更强大的力量——罗马帝国——到来之前迅速消失了,而罗马帝国则收获了凯尔特人的征服成果。在公元4世纪洗劫罗马的高卢人不会想到,他们种族的全部命运是如何与这个卑微的意大利小城邦联系在一起的。然而,事情就是这样。

73   从意大利北部的高卢部落开始,罗马逐渐蚕食凯尔特人的领土,直到他们整个伟大的帝国被摧毁。在凯尔特人瓦解了当地文化抵抗的地方,罗马紧随其后。但当罗马接触到日耳曼人更简单、更单一的社会时,它的进程就被阻止了。事实上,罗马帝国在欧洲的扩张与凯尔特领土的扩张在很大程度上是一致的。[①]然而,有一个重要的例外。由于罗马人以多瑙河为界,欧洲大陆最古老、最重要的两个文化中心——波希米亚-摩拉维亚(Bohemiă-Moravia)和特兰西瓦尼亚-瓦拉几亚(Transylvania-Wallachia)——仍在帝国之外。然而,在这些地区,凯尔特人的霸权也在公元前1世纪消失了,由于日耳曼人的入侵和民众中本土因素的重新确立,新的国家被建立起来。公元前68年,布雷比斯塔(Burebista)在多瑙河下游建立了达契亚王国,74年后,马尔科曼尼(Marcomanni)国王马尔博杜斯(Marboduus)征服了波希米亚,并建立了一个强大的国家。这些王国,尤其是后者,是蛮族世界和罗马帝国之间的主要中介。他们与罗马各省密切接触,并从在其领土上立足的罗马商人和工匠那里吸收了许多高级文化的元素。

就这样,一种罗马-蛮族混合型的文化出现了,并在欧洲大陆广泛传播。甚至在遥远的北方,斯堪的纳维亚整体仍处于铁器时代

---

① 帕万(同上,第166页)特别强调了中欧帝国文化中凯尔特人和罗马人的元素的合作。"伟大的凯尔特联盟再一次穿越意大利北部,出现在欧洲,但这一次罗马是获益者。从高卢的卢格杜努姆(Lugdunum)到泰斯(Theiss)河口附近的锡尔米乌姆(Sirmium),我们看到一个世界在利用一条伟大的交通线,所有其他的公路,无论是凯尔特人的莱茵河或多瑙河,还是来自拉丁的意大利,在这条交通线上汇合。这条伟大的路线所穿越的每一个国家都更加繁荣,因为它分享了整个交通线的繁荣。"

早期的落后状态的物质文化现在也已经被地中海文明的影响所改变，这种文明不仅通过海上贸易路线从北高卢和莱茵河口到达波罗的海，还直接从中欧通过易北河和维斯瓦河（Vistula）到达波罗的海。在设计中对古典装饰的运用（如日德兰地区作为当时艺术特色的蜿蜒图案），对罗马武器和盔甲的采用，对罗马玻璃器皿、青铜器和硬币的进口都证明了当时影响北欧文化的南方潮流的力量。谢特利格（Shetelig）教授甚至认为，在挪威东南部和哥特兰岛（Gotland）出现的与罗马边境地区相似的新型墓葬和墓室家具应归功于那些在马尔科曼尼军队中担任雇佣兵后返回家园的北方战士。这位作家还认为，最早的日耳曼文字系统——鲁尼克字母（Runic Alphabet）——起源于公元 2 世纪的马尔科曼尼王国，而不是像人们通常认为的那样起源于下个一世纪的南俄罗斯（South Russia）的哥特王国。[①]

　　但无论如何，南俄罗斯毫无疑问是地中海文明影响到达蛮族世界东部的主要渠道。克里米亚（Crimea）和邻近地区的希腊城市，尤其是奥尔比亚（Olbia）、赫尔松（Chersonesus），以及博斯普鲁斯（Bosporus）的希腊化本土国家与俄罗斯草原的人民进行了活跃的贸易。南俄罗斯是古代世界玉米供应的主要来源之一，该地区的希腊人、斯基泰人（Scythian）和萨尔马提亚人（Sarmatian）的坟墓中充满了希腊、坎帕尼亚（Campanian）和亚历山大里亚的艺术和工业的最好产品。[②]在罗马时期，来自中亚的伊朗民族萨尔马提亚人已经取代了斯基泰人成为草原上的主导力量，伊朗人的影响力开始影响沿海地区的希腊-斯基泰文化。但希腊城市在罗马人的保护下仍然繁荣，地中海工业的产品继续深入到俄罗斯的心脏地带。

　　因此，在公元 2 世纪，蛮族世界从各个方面受到来自地中海世界更高等文明的影响，整个欧洲大陆似乎以一种公平的方式变得罗马化。然而，到了下个世纪，情况完全改变了。罗马文明的影响

① H. Shetelig, *Prihistoire de la Norvege*, 154-159.(Oslo, 1926.)
② 参见 Rostovtzeff, *Iranians and Greeks in South Russia*。

不再处于上升趋势,野蛮世界日益增加的压力威胁着帝国的生存。此后,罗马处于守势,甚至它自己的文明也开始出现了蛮族影响的痕迹。

然而,这种对欧洲生活中野蛮因素的重申本身在很大程度上是罗马的行为结果。几个世纪以来,帝国通过其军事力量和文明影响对日耳曼人施加的压力改变了他们的文化,也改变了他们民族生活的条件。他们掌握了新的作战方法,被迫联合起来抵抗罗马训练有素的强大力量。此外,来自罗马边境的无情压力遏制了他们扩张的自然趋势,因此,边境人民被迫返回内地。早在公元 2 世纪,整个外围地区就因各种力量的压制而骚动不安,而这些力量只有通过某种激烈的爆发才能找到出路。图拉真和马尔库斯·奥里利乌斯时代的多瑙河战争虽然表面上很成功,但对缓和这种骚动毫无作用。相反,它们通过摧毁达契亚和马尔科曼王国使危机更近了,而达契亚和马尔科曼王国是野蛮世界中唯一稳定的因素,也是罗马文化影响传播的主要渠道。此后,半文明的缓冲国的屏障被摧毁,帝国开始与内地的蛮族势力直接接触。

从马尔科曼尼战争时期开始,日耳曼世界开始呈现出一种新的形式。我们在凯撒和塔西佗那里读到的那些古老的民族已经消失了,取而代之的是新的民族群体,他们或是来自北方的新民族,或是由旧部落的破碎残余以新的战争同盟或民族联盟形式融合而成。

在莱茵河下游,法兰克人出现了,在德国南部,阿勒曼尼人(Allemanni)是主导力量,与此同时,东方还有赫尔蒙杜里人(Hermunduri)的联盟、西里西亚的汪达尔人,以及乌克兰和南俄罗斯的最伟大的哥特人。

后者在公元 2 世纪从他们在波罗的海的老家迁移到南俄罗斯,在那里,他们接触到了大草原上的伊朗民族萨尔马提亚人。公元 3 世纪初,他们向黑海挺进,建立了一个混合了日耳曼人和萨尔马提亚人元素的强大国家。克里米亚的希腊城市,即蛮族世界的第三大文明影响中心,失去了他们的独立性。奥尔比亚和提拉斯(Tyras)被摧毁,赫尔松和博斯普鲁斯的希腊化王国被征服了。此后,该地区不再是希腊-罗马文化在东欧传播的主要来源,而是成为了新的野蛮文化的中心,新的东方文化,尤其是伊朗文化的影响从这里传播到整个日耳曼世界。

伴随着这些变化一起发生的还有文化轴线的普遍转移,因此对欧洲文明产生了深远影响。一方面,由于上述原因,帝国的文化和经济生活正逐渐失去活力,另一方面,东方世界正由于新的文化活动而觉醒。公元226年,萨珊王朝(Sassanids)建立了新的波斯王国,这是公元3世纪最具划时代意义的事件,因为它不仅标志着一个新的东方世界强国的崛起,而且更标志着伊朗本土文化传统对西方文化的重新主张,或者更确切地说,是对统治东西方500年之久的希腊化文明的重新主张。地中海世界现在不仅受到北方蛮族的威胁,而且受到比它更古老的文明的挑战,这个文明已经恢复了活力,现在试图将其霸权强加给以前的征服者。

在公元3世纪中叶,风暴降临了。帝国因内战和不断的兵变而衰落,在每条边境线上都受到敌人的攻击,包括东方的波斯人、多瑙河畔的哥特人和萨尔马提亚人,以及莱茵河畔的法兰克人和阿勒曼尼人。

在伽利埃努斯(Gallienus)统治的整个时期(公元253—268年),由于蛮族入侵、内战和瘟疫的肆虐,帝国从一端到另一端都遭到了破坏。安提柯被波斯人洗劫,雅典被哥特人占领,以弗所(Ephesus)的戴安娜神庙(The Temple of Diana)被萨尔马提亚人烧毁。法兰克人和阿勒曼尼人蹂躏了高卢和意大利,甚至在遥远的西班牙,富裕的塔拉科纳城(Tarracona)也被摧毁。然而,罗马并没有灭亡。伊利里亚的军人皇帝克劳狄乌斯(Claudius)、奥勒良(Aurelian)、普罗布斯(Probus)拯救了它,他们击退了蛮族,挫败了地方篡位者瓦解帝国的企图,重建了莱茵河和多瑙河的边界,只牺牲了达契亚和德国西南部的外垒。

78　　　但是，正如我们所看到的，这已经不是同一个帝国了。戴克里先和君士坦丁的新帝国是一个半东方国家，更像波斯君主制国家，而不是罗马共和国。它不再建立在公民军队的基础上，而是建立在半野蛮的民兵基础上，由来自境外的蛮族辅助部队提供支持。同样，皇帝也不再像奥古斯都和安东尼那样是罗马元老院的主席和旧公民传统的代表。他们要么像瓦伦提尼安一世（Valentinian I）一样生活在边境上，被他们的蛮族武士包围，要么像霍诺留斯（Honorius）和狄奥多西二世一样，在君士坦丁堡或拉文纳（Ravenna）宫廷生活的东方式隐居中被他们的宦官和官员包围。事实上，帝国本身已经改变了它的方向。它不再向内看向以罗马为中心的地中海城邦世界，而是从它的新首都特雷韦斯（Treves）、米兰、锡尔米乌姆和君士坦丁堡向外看向莱茵河、多瑙河和幼发拉底河的边疆。地中海文化的伟大时代结束了，大陆发展的新时期开始了。

第五章　蛮族的入侵和帝国在西部的衰落

蛮族入侵和新的日耳曼王国在西方建立的时代一直被视为世界历史的重大转折点之一,也是古代世界和中世纪世界的分界线。它可以与摧毁爱琴海世界迈锡尼文明的入侵时代相提并论,因为它标志着一种新的种族元素的出现和新的文化发展的开始。然而,人们很容易夸大这一变化的灾难性特征。与铁器时代开始时发生的情况相比,与旧文化传统的决裂远没有那么突然和彻底。

正如我们已经看到的,早在公元 3 世纪,古代古典文明的生命就已经消逝,一种新的文化已经出现,这不是由于日耳曼蛮族的到来,而是由于来自东方的新影响的渗透。由于内部的逐渐变化,城邦的旧文化及其公民宗教已经消亡,取而代之的是与新世界宗教基督教紧密结盟的神权君主制。但在东方,这种发展与古老的东方本土传统紧密相连,而在西方,这种发展则是全新的,没有过去的历史基础。因此,在这里,它未能扎根。在它的位置上,我们发现古老的欧洲部落社会倾向于重新确立自己的地位,在行省城邦 的废墟上,一个由贵族地主和农民农奴组成的农村社会重新出现了,就像罗马到来之前在中欧存在的那样。因此,西方的新时代不能仅仅用日耳曼人的强行入侵来解释,还应该用帝国本身的土地上的一种古老社会类型的复兴来解释,正如我们在英国西部特别清楚地看到的那样。事实上,即使没有蛮族入侵者的干预,帝国体系的瓦解和新领土国家的崛起也可能遵循同样的过程。

帝国西部省份的这种社会变革早在公元 2 世纪末就已经开始了，其主要特征是自治市和中产阶级的衰落，以及以地主和农民两个阶级为基础的社会改革。我们已经看到，不断增加的税收和政府控制的压力是如何将自治市的生命力压垮的，而这些城市曾是早期罗马帝国有机体的活细胞。政府尽其所能地采取了一切强制措施，以激发市政生活机制的人为活动，并防止中产阶级离弃城市，或通过进入元老院贵族阶层、在帝国的服务中购买特权闲职等手段逃避义务。但是，他们试图用一只手建立起来的东西，却用另一只手摧毁了，因为他们使中产阶级的生活在经济上变得不可能。因此，政府被迫由一位帝国官员——伯爵——来填补衰败的城市行政机构，他直接对中央政府负责，置身于市政宪法之外，并将责任转移给有影响力的个人，如邻近的土地所有者或基督教主教。

81 　事实上，城市已不再是帝国生命中的重要器官。经济上，国家正在成为纯粹的农业国，政府的首要关切是保持农村人口的数量和农业的繁荣。帝国的全部财政都依赖于土地税，而土地税不是根据收入来征收的，而是根据一个确定的单位来征收的，这个单位被称为 *jugum*［挽轭］，在西部省份被称为 *centuria*［百分田］，它代表着一位农民的财产。它和古英语"hide"的原理是一样的，即理论上，一个家庭的土地既是财政单位，也是一个粗略的土地衡量单位。①在这两种情况下，单位都是基于一队牛可以耕种的土地数量，但西部的单位数量要比东部的大得多，这部分原因是西部使用八头牛的队伍而不是两头，部分原因是耕作和税收标准较低。罗马单位的大小因其生产力而异。在东部，它可能是 5 英亩的葡萄园和良好的可耕地，或 60 英亩质量较差的土地，而在西部，*centuria*

---

① 　诸如多普施（Dopsch）、舒马赫（Schumacher）等近期的大陆作家们认为，日耳曼语中的"hufe"或"hide"可能源于罗马定居者的"sors"，它由分配的农业用地组成，并附有使用牧场和公地的权力，见 Dopsch（*Grundlagen*，I，341-345），Schumacher（III，273，etc.，351-356）。

［百分田］由 200 *jugera*［犹格］组成，即 120 英亩。但无论如何，它是一个明确的单位，由地籍测量官员实际测量和登记。这种评估被称为 *capitatio*［人头税］和 *jugatio*［土地税］，它显示了土地与劳动者之间的密切联系。如果这些单位中的任何一个停止耕种，都会给税收带来直接损失；因此，政府按照埃及的先例，不仅将自由农民及其继承人束缚在他们的土地上，而且禁止地主在没有奴隶耕种的情况下出售土地，反之亦然。此外，如果一块土地由于主人的死亡或失踪而不再耕种，邻近的地主就有义务将其纳入自己的土地，并承担这块土地的税收。然而，政府的政策违背了自己的目的。税收的压力是如此之大（有时甚至达到产品的 50%），以致小地主被压榨得无法生存，被迫逃亡或沦为债务的奴隶。 82

　　所有这一切都有利于元老院贵族的扩张，只有元老院贵族才有能力保护自己及其家属不受财政的压迫，因为其成员不是由邻近城市的地方官来征税，而是由总督本人征税。的确，地主对奴隶的权力是相当有限的。奴隶不再是可以买卖的动产，他们是 *ascripticii gleba*［农奴］，不能与他们的财产分开，因此，他们享有自己的家庭生活。但另一方面，作为补偿，地主对其自由佃农的权力大大增加了。作为一项规则，自由佃户的土地保有权不仅包括支付租金，还包括在地主自己的土地上工作一段特定的时间。由于地主要负责他们的税收，他们也像奴隶一样被束缚在土地上。由于地主在税收方面代表他们，因此在法律面前也代表他们。他拥有警察的权力，在许多情况下，他可以开设自己的地方法庭，并在他的家属中主持正义。因此，奴隶和佃农融合成了一个半奴隶制的农民阶层，在政治和社会上绝对依赖于他们的地主，而且越来越多的小地主也加入进来，他们为了逃避税吏的压迫，向邻近的贵族推荐自己，把土地财产交给他，条件是他们应继续享有土地的使用权。

　　因此，早在帝国覆灭之前，一种半封建的社会状况就已经建立起来了。在公元 5 世纪，我们听说过像埃克迪西乌斯（Ecdicius）这样 83

65

的贵族，他可以在饥荒时期养活 4000 个穷人，在战争时期养活自己的马队；而在西多尼乌斯·阿波利纳里斯（Sidonius Apollinaris）的描述中，庞提乌斯·莱昂修斯（Pontius Leontius）的要塞"布尔古斯"（Burgus）及其城墙和塔楼可能是中世纪男爵的城堡。随着罗马组织的削弱，前罗马时期高卢社会建立在贵族"赞助人"与其附属"客户"关系的基础上的旧状态，以新的面貌重新出现。这位元老院贵族住在自己的土地上，周围是他的眷属的村庄。他的部分土地掌握在自己手中，由家奴（casarii）和佃户（coloni）劳动耕种。其余的土地归农民持有，由农民向他支付租金和劳务。

　　这种自给自足的农村经济体系是在庞大的帝国庄园中发展起来的，这些庄园由帝国的检察官作为自治单位进行管理，并受到严密保护，不受市政当局或行省当局的任何干涉。特别是在非洲，我们发现这种制度早在公元 2 世纪就已经充分发展了，而在帝国后期，它又扩展到元老院贵族的大庄园。在许多方面，它类似于后来的中世纪庄园，至少在法国，大多数村庄不是来自罗马的 *vici*［征服地］或蛮族的定居点，而是如其名称所示，源自帝国后期私人或帝国的庄园。事实上，在高卢的大部分地区，拥有土地的贵族和相应的土地组织系统在日耳曼人的征服下幸存下来，并为罗马和中世纪世界之间的连续性提供了一个主要联结。

84　　这种社会秩序并没有随着西方帝国的灭亡而消失。相反，蛮族入侵总体上倾向于通过破坏帝国官僚机构的复杂机制来促进其发展，从而增加社会中的离心倾向。

　　重要的是，要知道除了一些特殊的危机之外，日耳曼人的定居是一个渐进的渗透过程，而不是一场突然的灾难。早在公元 2 世纪，罗马政府就采取了在各省安置蛮族俘虏的做法，而在公元 4 世纪，大量的日耳曼人和萨尔马提亚人作为农业和军事殖民者在遭到破坏的地区，尤其是在巴尔干和北高卢地区被安置下来；因此，野蛮入侵者通常会发现边境地区被他们自己血统的人占据，这些人熟悉罗马文明，并在某种程度上经历了表面的罗马化过程。

　　军队本身主要是从这些蛮族定居者以及来自边境以外的雇佣兵和盟友中招募的，他们在公元 4 世纪构成了罗马军队的精英。事实上，正如富斯特尔·德·库朗热（Fustel de Coulanges）所说，对许多蛮族来说，帝国"不是敌人，而是事业"。尤其是"同盟者"（foederati）也是如此，他们与帝国的关系就像西北边境的部落与印度政府的关系一样，他们向帝国军队提供部落税，以换取定期补贴。在西方，这些民族中最重要的是法兰克人，尤其是萨利安（Salian）分支。在公元 358 年被朱利安击败后，这些人被允许在托克桑德里亚（Toxandria）或比利时北部定居，成为同盟者或盟友。但即使在这一天之前，大量法兰克人已经进入军队。据说君士坦丁偏爱他们，而于公元 335 年反叛君士坦丁的部队主帅西尔瓦努斯（Silvanus）是一位法兰克军官的儿子。在公元 4 世纪下半叶，西方帝国历史上的许多主要人物都是法兰克人，如格拉提安的大臣梅罗博德斯（Merobaudes）、国王缔造者和狄奥多西的最危险的对手阿波加斯特（Arbogast），皇帝阿卡狄乌斯（Arcadius）的岳父鲍托（Bauto）。

　　更重要的是哥特人在东方的地位，事实上，在我们所讨论的整个时期，他们才是历史的真正创造者。西哥特人（Visigoths）定居在多瑙河下游的达契亚和邻近地区，于公元 332 年成为帝国的盟友，此后与罗马人和平相处了一代人的时间。西哥特人是日耳曼民族中第一个通过乌尔菲拉斯（Ulfilas）的传教接受基督教的民族，乌尔菲拉斯是一位有哥特血统的罗马公民，他不仅是日耳曼基督教的创始人，而且还通过他对《圣经》的哥特式翻译成为日耳曼文学的创始人。然而，由于这一时期阿里乌主义在东罗马帝国的统治，西哥特人接受了阿里乌主义形式的基督教，并且在他们的影响下，阿里乌主义成为所有东日耳曼人的民族宗教。

　　与此同时，哥特人的东部分支东哥特人（Ostrogoths）留在了南俄罗斯，并建立了一个强大的独立王国，其至高无上的地位得到了从维斯瓦河河口到高加索地区的所有东欧人民的承认。正如我们所看到的,这个国家的文化不是纯粹的日耳曼文化,而是归功于被征服者或盟友萨尔马提亚人的独特特征,他们自己也受到了伊朗和中亚文化的强烈影响。①哥特人通过这种方式获得了新的艺术风格和新的战争手段,他们后来又将这些东西传给了其他日耳曼民86 族。萨尔马提亚人本质上是一个骑兵民族,正是由于他们,我们才发明了(或至少是传入欧洲)和使用了马镫和马刺。这项发明对战术产生了革命性的影响,使重甲骑兵的发展成为可能,并在接下来的一千年里主导了欧洲战争。事实上,穿着盔甲、手持长矛和剑的萨尔马提亚和哥特式骑兵是中世纪骑士的真正祖先和原型。

但东哥特王国不仅对蛮族文化产生了巨大的影响,它还是破坏罗马帝国统一和在西方建立新的蛮族王国的运动的直接来源。在整个入侵期间,欧洲的风暴中心是南俄罗斯和多瑙河边境,而不是德国和莱茵河。正是在这里,来自波罗的海的日耳曼人的南迁与来自草原的亚洲人的西迁相遇,他们的联合力量在后方新的东蒙古游牧部落的压力下向前推进,以不可抗拒的浪潮冲向罗马帝国的防线。

这场运动的最终源头在遥远的东方,在中国的边境上,由于当时汉朝皇帝的努力和从中国北部到东匈奴的巨大边防线的建立,匈奴人这个对文明中国的长期祸害已经被驱逐。这样一来,在东方被挡住的洪水向西流去,直到它堆积在罗马西部的屏障上。

公元前49年,西匈奴人离开故土,向西出发,一个半世纪后,87 北匈奴人的残余势力紧随其后。到了公元3世纪,他们把萨尔马提亚人赶出了伏尔加河地区,并在随后的一个世纪里入侵欧洲。公元375年,他们击溃了东哥特王国,并向西哥特人逼近。后者向罗马求救,并被允许渡过多瑙河,在摩伊西亚(Moesia)定居,但罗马官员的压迫导致他们叛变,在多瑙河对岸东哥特人和萨尔马提亚人分支阿兰人(Alans)的增援下,他们入侵了巴尔干各省。公元

---

① 萨尔马提亚人的坟墓中甚至包含有源自中国的物品,如玉石剑柄,在一个案例中还有一面中国铜镜。

378年，他们在阿德里安堡（Adrianople）前与瓦伦斯皇帝（Emperor Valens）及其军队相遇，他们的胜利归功于由阿兰人的国王阿拉修斯（Alatheus）和萨夫拉克斯（Saphrax）率领的萨尔马提亚和东哥特骑兵不可阻挡的冲击。这是历史上的决定性战役之一，因为它标志着蛮族骑兵对罗马步兵的必然胜利。①格拉提安和狄奥多西能够恢复帝国的权力，但他们无法恢复罗马军团的威望。哥特人仍然驻扎在帝国境内，西哥特人驻扎在莫西亚（Moesia），东哥特人驻扎在潘诺尼亚（Pannonia），哥特人和阿兰人的特遣队在他们自己的领导下服役，成为罗马军队的主力。格拉提安和狄奥多西对他们的阿兰和哥特雇佣兵的宠爱在西方是不受欢迎的，这也是高卢军队在保守派和异教徒的支持下，持续试图对君士坦丁堡宣扬西方帝国独立性的主要原因之一。由此引发的内战对帝国在西方的命运产生了灾难性的影响。不仅西方军队因战败而被削弱，士气低落，而且狄奥多西也被迫将西方帝国的首都从高卢转移到意大利北部。在米兰和拉文纳，皇帝们能够与东部的同僚保持联系，但他们再也不能像在特里夫斯那样守卫西部边境了。高卢是罗马防御系统的重要中心，政府撤到意大利为西罗马帝国的解体铺平了道路。②

　　随着狄奥多西的死亡，毁灭的力量终于被释放出来。驻扎在摩西亚的西哥特人起义了，他们在蹂躏了巴尔干半岛之后，向西进入意大利，紧随其后的是来自多瑙河上游对岸的新的蛮族部落。西方军队的蛮族指挥官汪达尔人斯蒂利科（Stilicho）暂时成功地击退了入侵者，但莱茵河却无人防守，在公元406年的最后一天，一大群汪达尔人和苏维人（Suevi）在无处不在的阿兰人的带领下冲进了高卢，在蹂躏了整个国家之后，又进入了西班牙。整个西部一片混乱，罗马将军、蛮族首领和农民起义者不分青红皂白地互相厮杀。

---

　　①　罗马人已经开始认识到重甲骑兵的重要性。君士坦提乌斯二世公元351年在穆尔萨（Mursa）的胜利归功于他的胸甲骑兵，即"重甲骑兵"。

　　②　参见 C. Jullian, *Histoire de Gaule*, Vol. VII, chap. vii。

远在伯利恒的圣杰罗姆写道："我们有幸存者不是靠我们的功劳，而是靠上帝的怜悯。无数的蛮族占领了整个高卢。阿尔卑斯山和比利牛斯山（Pyrenees）之间，莱茵河和海洋之间的所有地方都被蛮族破坏了……我们以前从朱利安阿尔卑斯山到黑海的财产不再属于我们了，在 30 年的时间里，多瑙河的边界被打破，人们为帝国的土地而战。时间擦干了我们的眼泪，除了几个老人外，其余的人都是在被囚禁和被围困中出生的，他们不再为失去记忆中的自由而感到遗憾。但谁能相信，罗马在它自己的土地上不再为荣誉而战，而是为生存而战，甚至不再战斗，而是用黄金和贵重物品来赎命。"[1]

当然，在公元 5 世纪的 20、30 年代，帝国最后的日子似乎已经到来。阿拉里克（Alaric）洗劫了罗马，他的继任者在法国南部建立了西哥特王国，汪达尔人征服了非洲，法兰克人、勃艮第人（Burgundians）和阿勒曼尼人占领了莱茵河西岸，而匈奴人则摧毁了东部和西部各省。然而，随着动乱的平息，入侵者发现摧毁帝国并不符合他们的利益。哥特人成为帝国的盟友几乎已经有一个世纪，在过去的 30 年里，他们一直驻扎在罗马的各个行省。因此，当他们征服了他们在西方的新王国后，他们发现与罗马人民 *modus vivendi*［相互妥协］并承认帝国名义上的至高无上地位并不困难。西哥特人阿萨尔夫（Athaulf）自己宣称，他曾经希望摧毁罗马的名字，并成为一个新的哥特帝国的创始人，但他已经意识到，哥特人散漫的野蛮行为无法在没有罗马法律的情况下建立一个国家，他现在更喜欢用哥特人的力量来恢复罗马的名字。[2]

这一计划在狄奥多里克于 493 年在意大利建立的东哥特王国得到了最充分地实现。没有任何一个蛮族国家能达到如此高的文化水平，也没有任何一个国家能在同等程度上吸收罗马的政府传统。但是，除了非洲的汪达尔人仍然是罗马不可调和的敌人外，其

---

[1] *Ep.* 123，15-16.
[2] Orosius，VII，48.

他东日耳曼民族——西班牙和高卢南部的西哥特人、西班牙的苏维人和高卢东部的勃艮第人——都与帝国达成了协议，并接受了名义上的盟友地位。

他们被安置在罗马各省，作为一种永久性的驻军，就像19世纪他们被临时安置在多瑙河沿岸各省一样。因此，这两个民族毗邻而居，各自保留着自己的法律、制度和宗教——一个是天主教，另一个是阿里乌派。他们是罗马社会机体的寄生虫，尽管削弱了它的活力，但并没有摧毁它。正如我们从高卢的西多尼乌斯·阿波利纳里斯和意大利的卡西奥多罗斯的书信中看到的那样，旧罗马地主贵族的生活没有发生本质变化，而且像卡西奥多罗斯一样，他们经常在新统治者的统治下身居高位。

因此，东日耳曼王国是短命的。他们在土壤中没有根基，很快就枯萎了。在高卢，他们被法兰克人吸收了；在意大利和非洲，他们被查士丁尼统治下复兴的拜占庭一扫而光；在西班牙，他们在公元8世纪初被伊斯兰教徒的征服所摧毁。然而，在北方，情况却有所不同。西日耳曼民族——比利时和莱茵河下游的法兰克人、莱茵河上游和瑞士的阿勒曼尼人、多瑙河上游的鲁吉亚人（Rugians）和巴伐利亚人（Bavarians）——蜂拥越过边境，并占领了整片土地。所有这些民族都是异教徒，他们仍然过着古老的部落生活，很少接触更高级的罗马文化。他们并不像哥特人那样寄生在被征服的族群中过着军事贵族生活；他们寻求的不是补贴，而是定居的土地。罗马的地主阶级被消灭了，城市在许多情况下被摧毁，一个新的部落农业社会出现了。就旧有族群的生存而言，他们要么是农奴和葡萄园丁，要么是山林中的难民。

不列颠的情况则大不相同，因为这里的入侵活动是双重的。从公元4世纪中叶起，罗马统治下的不列颠的主要威胁不是来自日耳曼人，而是来自边境以外的爱尔兰和苏格兰的凯尔特人。公元367年，他们的联合力量席卷了整个国家，大部分城镇和别墅就是在这个时候被摧毁的。与此同时，撒克逊海盗袭击了不列颠的东海岸和南海岸，以及法国的西海岸。

因此，罗马统治下的不列颠文明被夹在两场大火之间而灭亡。它生命力的最后迹象是毁灭它的凯尔特人被圣尼尼安（St. Ninian）和圣帕特里克（St. Patrick）等人劝服皈依。圣帕特里克是一位英国什长的儿子，他是在多次入侵中被作为奴隶带到爱尔兰的。传统说法认为，撒克逊人是不列颠当地人邀请进来保护他们，对抗皮克特人（Picts）和苏格兰人（Scots）的，这很有可能。因为这不过是将蛮族"盟友"安置在各省以换取军事服务的另一个例子，而且军团的离开会留下大片空地供人定居。但那时罗马统治下的不列颠文明已经奄奄一息，随后的撒克逊征服史是两个敌对的部落社会之间的斗争，一个是威尔士和斯特拉思克莱德（Strathclyde）的凯尔特人，另一个是不列颠东部的日耳曼人，他们都不是文化上的罗马人。诚然，前者现在信奉基督教，但它不是帝国教会的基督教，它有城市主教和严格的等级制度，如在罗马治下的不列颠存在的那样。它是将基督教嫁接到凯尔特人部落文化中的新产物。它的组 92 织是基于当地的修道院而不是教区主教，它达到最大发展的地方不是在不列颠，而是在爱尔兰，在那个时代，爱尔兰是一个丰富而原始的文化所在地。在蛮族入侵之后的时代，爱尔兰修道院学校和爱尔兰修道院圣徒的工作对欧洲社会具有巨大的重要性，但与古代世界文明的连续性的主要因素并不在他们那里寻找。罗马世界和中世纪世界之间的桥梁在高卢。在地中海诸省，罗马文化的传统仍然非常强大。在罗马、日耳曼和不列颠地区，蛮族部落社会已取得全面胜利。只有在高卢，两个社会和两种文化才能在相对平等的条件下相遇，而且条件有利于融合和统一的过程，这或许可为一个新秩序提供基础。

然而，在这成为可能之前，有必要找到一些联合的原则。对蛮族来说，容忍罗马文化和采用罗马政府的一些外部形式是不够的。被征服族群的真正代表不是罗马官僚或律师，而是基督教主教。当帝国政府在西部崩溃的时候，主教仍然是罗马人的天然领袖。

他组织保卫自己的城市，就像西多尼乌斯·阿波利纳里斯在克莱蒙特（Clermont）那样。他与蛮族领袖打交道，就像圣卢普斯（St. Lupus）与阿提拉（Attila），圣吉曼努斯（St. Germanus）与阿兰人的国王打交道那样。最重要的是，他既是新的精神社会的代表，又是旧的世俗文化的代表。

在入侵时代的所有灾难中，诸如西多尼乌斯·阿波利纳里斯或圣阿维图斯（St. Avitus）这样的基督教社会领袖不仅对他们的宗教，而且对罗马的帝国命运和古代文化的至高无上都保持着信仰。

基督徒认为，只要教会还在，帝国的功业就不会被推翻。通过成为基督徒（或者说是天主教徒），蛮族自己也会成为罗马人，"蛮族的洪水会在基督的岩石上冲垮自己"。正如诺拉的保利努斯在谈到基督教传教士雷米西亚纳的尼西塔（Niceta of Remesiana）时写道：93

> 通过你，
> 蛮族紧随着罗马人学会了呼唤基督。

罗马人和蛮族在单一社会中联合的一个巨大障碍是宗教信仰的差异。所有早期的日耳曼王国，高卢的勃艮第人和西哥特人，意大利的东哥特人，西班牙的西哥特人和苏维人，尤其是非洲的汪达尔人都是阿里乌派教徒，因此与帝国及其臣民的教会处于永久对立的状态。一个自相矛盾的事实是，高卢的统一不是从西南部相对文明的罗马-哥特王国开始的，而是从东北部野蛮的法兰克王国开始的。然而，尽管法兰克人信奉异教，但他们与帝国交往的传统比任何其他西日耳曼民族都要悠久。萨利安法兰克人自公元4世纪中叶开始以来就定居在比利时和莱茵河下游的帝国领土上，到了公元5世纪，他们作为罗马高卢总督的盟友与萨克森人、西哥特人和匈奴人作战。公元486年，他们的一位叫克洛多维（Clodovech）或克洛维（Clovis）的国王征服了独立的罗马高卢的最后遗迹——卢瓦尔河(Loire)和索姆河之间的领土,因此成为罗马-日耳曼混合王国的统治者。但是,他在公元493年皈依天主教,这才是时代历史的转折点,因为它开创了法兰克王国和教会之间的联盟,这是中世纪历史的基础,并最终产生了查理曼统治下的西方帝国的复兴。它的直接影响是通过吸收阿里乌派王国促进了高卢的统一,并导致君士坦丁堡的帝国政府承认克洛维是罗马权威的代表。

作为天主教反对阿里乌主义的代表,克洛维在公元507年开展了针对哥特人的伟大行动。据说他曾说过:"这些阿里乌派教徒占据了高卢的一部分,这确实使我的灵魂感到悲痛;在上帝的帮助下,让我们去征服他们,夺取他们的领土。"[①]在图尔的格里高利的书中,这场战役似乎是一场神圣的战争,克洛维前进的每一步都有上帝的恩惠的奇迹。武伊尔(Vouillé)战役的胜利和对阿基坦(Aquitaine)的征服无疑标志着一个新的天主教国家在西方的出现,它的重要性得到了皇帝阿纳斯塔修斯(Anastasius)的认可,他随即授予克洛维罗马地方行政官的徽章。在接下来的30年里,法兰克君主制以惊人的速度向前发展。高卢不仅再次统一,而且其势力向东扩展,远远超出了旧罗马的疆界。阿勒曼尼人、图林根人(Thuringians)和巴伐利亚人相继被征服,一个伟大的国家出现了,它不仅是法国的祖先,也是中世纪德国的祖先。法兰克人在莱茵河以东的征服和组织工作中最清楚地表明了他们对罗马传统的同化。时至今日,德国南部及其人民都挂着他们统治的徽记。

这个新国家从一开始就表现得像帝国传统的继承者。它抢救了罗马地方行政官留下的残骸,并让它重新开始运转。依照帝制,蛮族国王有他的"圣宫"及其官员等级制度。他的秘书机构及其罗马-高卢书吏保留了旧行政管理的形式和惯例。他的收入来自帝国财政的财产和土地税,而这是基于旧的财产登记制度的。行政单位不是北方旧法兰克领土上的日耳曼百人区,而是伯爵管辖下的

---

① Greg. Tur., II, 37.

城市领土。甚至连行政部门职员都是罗马人和法克兰人一样多。普罗塔迪乌斯(Protadius)和克劳狄乌斯是布鲁尼希尔德女王(Queen Brunihild)统治下的宫相,而公元6世纪法兰克军队中最有能力的指挥官是贵族穆莫卢斯(Mummolus)。在某些方面,法兰克君主制的权力比旧帝国政府的权力更加绝对,至少在教会方面是如此,教会现在越来越受国家的控制,因此,主教在不失去其社会重要性的同时,在其教区内与伯爵一起成为皇家权威的主要代表。

但是,另一方面,新国家中的野蛮因素也同样明显。罗马的统一性已经消失,随之而来的是罗马的法治理想。事实上,这里有各种各样的部落和民族,每个部落和民族都按照自己的法律准则过着自己的生活。法兰克人、高卢-罗马人和勃艮第人不是根据国家的普通法来评判,而是由他们自己的民族法典来评判。即使在机构完全继承自罗马的地方,影响它们的精神也不再相同,因为法兰克国家的宏伟结构背后的动能仍然是野蛮的战士部落。维系社会的力量不是国家及其法院的民事权威,而是部落成员对其首领及其亲属,以及战士对其领袖的个人忠诚。"忠诚"的概念,即个人向强大的领主宣誓效忠以换取保护的关系,取代了公共行政长官与自由公民的法律关系。犯罪主要被认为是对个人及其亲属的犯罪,并根据一个人的地位和国籍的不同,通过不同的组合或 *wergild* [赎罪金]来赎罪。

我们在国家结构中看到的这种日耳曼和晚期罗马元素的交融贯穿了整个时代的文化。在征服之初,这两种元素相互对立,形成鲜明的对比,但随着时间的推移,每一种元素都失去了自己的个性,最终让位于一个新的统一体。由于考古学家,尤其是斯堪的纳维亚的考古学家最近的工作,我们有可能在艺术领域特别清晰地研究这一过程。我们可以追踪到自公元4世纪以来进入欧洲的两股不同的艺术潮流:伊朗-哥特式和叙利亚-拜占庭式。就像史前时代的许多文化影响一样,这两种艺术都起源于西亚,它们也遵循着史前文化交流的两条伟大通道——一条是地中海,另一条是黑海北

96

基督教-蛮族艺术：法兰克人的棺材

部的俄罗斯大草原，以及多瑙河和维斯瓦河流域。正是在南俄罗斯定居期间，日耳曼人从萨尔马提亚人那里获得了多彩珠宝艺术，以及已经成为斯基泰人艺术特点的动物装饰的奇异风格。后者从公元 6 世纪起成为整个日耳曼世界的特色风格，甚至远至斯堪的纳维亚半岛；但前者仅限于从南俄罗斯迁移过来的民族，如哥特人和非日耳曼的阿兰人，以及受他们影响的民族。我们在西班牙西部、法国西南部的赫普斯（Herpes）、肯特郡和怀特岛都发现了这种精美的珠宝作品，这一事实表明，与朱特人（Jutish）文化联系紧密 97
的是海峡对岸的法兰克人的文化，而不是丹麦文化。另一方面，盎格鲁人（Angles）定居地区的十字架和方头胸针显示出与斯堪的纳维亚的联系，而英国南部的早期撒克逊艺术与英格兰其他地区和欧洲大陆的都有所不同，它使用的是几何，而非动物装饰，并保留了典型的罗马设计，如"鸡蛋和舌头"边框和玑镂。①这些日耳曼艺术流派的相对持续时间提供了一个衡量标准，即入侵的民族在多大程度上保留了他们的独立文化或屈服于他们新环境的影响。在这个国家，日耳曼艺术传统一直延续到公元 7 世纪末，但在法国，叙利亚和拜占庭艺术在地中海的影响早在公元 6 世纪中期就出现了，它的胜利是一位斯堪的纳维亚学者所称的"法兰克文化的去日耳曼化"的标志。

　　同样的问题也存在于宗教、文学和思想中，尽管这里的证据不那么令人满意。除英格兰外，本土的日耳曼宗教在帝国的征服下几乎没有幸存。在某些情况下，与哥特人一样，基督教在公元 4 世纪取得了胜利，阿里乌派主教乌尔菲拉斯对《圣经》的哥特式翻译是日耳曼文学的开端。基督教从哥特人那里迅速传播到其他东德民族，但西日耳曼人将其民族宗教保留到很晚的时候。法兰克王室及其征服的其他德意志民族的统治阶层的皈依并没有立即影响到广大农村人口。此外，即使日耳曼人名义上接受了基督教，他们 98

---

　　① 见 Thurlow Leeds，*Archaeology of Anglo-Saxon Settlements*，p.58，等等，另见 R. Smith，*Guide to Anglo-Saxon Antiquities*，p.25 and 34。

的礼仪和思想仍然是异教战士社会的。国王阿拉里克被埋葬在布森托河（Busento）的河床上，周围是他的财宝和被屠杀的奴隶，这让人想起帕特洛克罗斯（Patroclus）的葬礼，而不是基督教国王的葬礼。因为这是日耳曼人的英雄时代，正如查德威克（Chadwick）教授所指出的，它在社会学上与古希腊的荷马时代有着真正的相似之处。在这两个时期，古老的定居文明与原始的好战社会的接触引发了一个变化过程，它打破了被征服国家和征服部落的组织，并使个人战争领袖及其追随者成为主导的社会因素。这些军人君主——"城市的劫掠者"——的辉煌，以及他们冒险的戏剧性故事对后来的野蛮时代来说仍然是一种记忆和理想。维罗纳的狄奥多里克（Theodoric of Verona）、沃尔姆斯的吉恩特（Günther of Worms）、匈奴王埃策尔（King Etzel the Hun）、贝奥武夫（Beowulf）、希尔德布兰（Hildebrand）以及其他人都是成为日耳曼民族共同财产的史诗循环中的人物，尽管他们从未找到自己的荷马，但尼伯龙根（Nibelungs）的需要和勃艮第王国被匈奴人摧毁的故事在悲剧方面并不逊于特洛伊的陷落和阿特柔斯家族（House of Atreus）的命运。与这些英雄传奇相比，被征服社会的文学显得足够贫乏。西多尼乌斯·阿波利纳里斯和维南提乌斯·福图纳图斯（Venantius Fortunatus）的诗歌是衰败的传统的终结之作。然而，正是拉丁传统在整个被征服的土地上取得了胜利，以及古典传统的延续对欧洲的未来和中世纪文化的诞生产生了至关重要的意义。尽管像塞维利亚（Seville）的奥罗修斯（Orosius）和伊西多尔（Isidore），以及卡西奥多罗斯和格里高利大帝（Gregory the Great）这样的作家缺乏文学素养，但他们在塑造后人的思想方面所做的贡献比许多一流天才还要多。

99　　拉丁文化的传统在教会和修道院中得以延续，而且由于蛮族本身已经屈服于基督教，它不再仅仅是被征服者的文化，而是新秩序中的主导力量。

　　因此，到公元 6 世纪，构成新欧洲文化的四种不同元素之间已经发生了初步融合。入侵的效果是在日耳曼蛮族和罗马帝国社会之间建立了一个文化和种族混杂的过程。这一进程的关键是高卢,在那里,两个社会在比其他地方更近乎平等地相遇,但其影响遍及整个西欧,因此所有西方民族在文化上都不同程度地是罗马-日耳曼文化。意大利等日耳曼元素最弱的地方在公元 6 世纪被新的蛮族入侵所加强,而不列颠和日耳曼地区等罗马文化传统似乎已经消亡的地方在公元 7、8 世纪被教会和修道院的工作所复兴。尽管野蛮主义取得了明显的胜利,但教会仍然是古老文化传统的代表,是被征服的罗马人的后裔和他们的野蛮征服者之间精神团结的纽带。但直到几个世纪后,西欧的建设性因素才强大到足以战胜解体和野蛮的力量。文化的领导权已经转移到了东方,西方文明的"黑暗时代"与拜占庭和伊斯兰文化的黄金时代并存。

第二部分　东方的优势

第六章　基督教帝国和拜占庭文化的兴起

当拉丁西部逐渐陷入混乱和野蛮时，在东方，帝国不仅幸存下来，而且成为新的文化运动的中心。与欧洲文化的任何其他阶段相比，这一发展的历史遭受了更多的贬损和忽视。现代的历史研究从古典古代史和现代欧洲民族史这两点出发，任何不符合这一体系的东西都被忽视或误解。即使是我们最伟大的东方帝国历史学家爱德华·吉本（Edward Gibbon）也对其文化完全缺乏同情心；对他来说，这只是罗马历史的一个附录，而他在维多利亚时代的继任者芬利（Finlay）则主要将其视为现代希腊历史的导言。事实上，拜占庭文化不仅仅是古典时代的颓败遗风，它还是一种新的创造，构成了整个中世纪文化发展的背景，在某种程度上，甚至构成了伊斯兰教文化发展的背景。诚然，拜占庭文化的伟大之处在于宗教和艺术领域，而不在于其政治和社会成就。近年来，人们对拜占庭历史的兴趣大增，这几乎完全是由于对拜占庭艺术的新的欣赏，因为如果我们欣赏一个民族的艺术，我们就不能完全轻视它的文化。然而，这 个东方帝国的持久性表明它一定也有政治和社会力量的要素。

但是，如果我们要理解拜占庭文化并欣赏它真正的成就，用现代欧洲的标准甚至用古希腊罗马的标准来评判它是没有用的。我们必须把它与东方世界联系起来，并把它与萨珊波斯文明（Sassanian Persian）、大马士革（Damascus）或巴格达的哈里发文明等伟大的当代东方文明放在一起看待。

国王与上帝

在基督之后的公元 3、4 世纪,古老的东方文明似乎重新焕发了青春,再次显示出强烈的文化活动迹象。在印度,这时是萨摩陀罗笈多(Samudragupta)、旃陀罗笈多二世(Chandragupta II)统治时期,是印度艺术和文学的经典时代。在中国,尽管此时的帝国在政治上分崩离析,但由于对中国文明产生了深远的影响的佛教的兴起,帝国开启了一个艺术和宗教的新时期。最重要的是,在波斯,这时是一个政治和宗教复兴的时代——伟大的萨珊国王的时代,他们恢复了伊朗君主制的民族传统,并使琐罗亚斯德教成为新国家的官方宗教,因为新的波斯君主制与古埃及和巴比伦的君主制一样,都是基于宗教观念的神圣君主制。它的精神在沙普尔(Shapur)和纳克希·鲁斯塔姆(Nakshi Rustam)的伟大石刻中得到了很好地体现。在这里,我们看到奥拉·马兹达(Aura Mazda)将威严的标志赐予了万王之王,他们每个人都坐在一匹巨大的战马上,穿着同样的衣服和皇家饰品,而另一块浮雕显示皇帝瓦莱里安(Valerian)跪在他的征服者萨波尔(Sapor)面前,象征着罗马的骄傲在胜利的东方面前变得谦卑。

这股东方势力的胜利浪潮确实没有摧毁罗马帝国,但它改变了罗马帝国的性质。早在公元 3 世纪,帝国的复兴者奥勒良从他的叙利亚战役中带回了东方的神圣君主制的理想,并建立了一种太阳一神论——对无法被征服的太阳的崇拜——作为复兴的帝国的官方崇拜。这种太阳神论是君士坦丁家族的宗教,为他自己接受基督教做了准备。拜占庭的新基督教帝国与萨珊波斯的新琐罗亚斯德教王国是一个平行的现象。①它也是一个神圣的君主国,以基督教的新世界宗教为基础。sanda respublica romana[神圣罗马帝国]不是查理曼创造的,而是君士坦丁和狄奥多西创造的。到了公元 5 世纪,它已经成为一个名副其实的教会国家,皇帝是牧师之

_105_

---

①　科尼曼(E. Kornemann)探讨了这种平行关系,并附有完整的书目说明,见 Gercke and Norden,Vol. III(*Die römische Kaiserzeit*,Appendix 4,*New Rome and New Persia*)。

王,他的统治被认为是神圣世界的主权在人间的对应和代表。①因此,皇帝的权力不再像帝国早期那样在共和政体的宪法形式下被剥夺,它充满了宗教威望和东方专制主义的仪式盛况。统治者是正统派和宗座的皇帝。他的宫廷是神圣的宫殿;他的财产是神圣的家产;他的法令是"上天的命令";甚至每年的税收评估也被称为"神圣的授权"。

帝国的整个政府和行政管理都按照这一理想进行了改革。元老院不再像奥古斯都时代那样作为与皇帝权力并行的独立宪法权力机构,也不再作为自治地方行政中心的城邦的存在。所有的权力都在皇帝手中,并且来自皇帝。他是一个庞大的官方等级制度的顶点,它的触角笼罩着帝国的整个生活。每一项社会和经济活动都受到最严格的审查和管制,每一位公民、每一个奴隶、每一头牲畜和每一块土地都在官方登记册上登记一式两份或三份。

除了军队和教会之外,公务员是社会阶层上升的唯一途径。它的高级阶层形成了新的贵族阶层,而元老院本身只不过是一个由前官员组成的理事会。这个系统以禁卫军长官、办公室主任、神圣大区伯爵、私人地产伯爵和圣宫财务官这五个大臣的核心部门为中心,他们的*officia*[部门]配备了数百名职员和公证人,对最偏远省份的行政管理的最微小细节进行着绝对的控制。这种官僚制度是公元4世纪到7世纪后期帝国的典型特征,与早期帝国的无薪公民行政机构以及萨珊王国的半封建社会都有区别。然而,它并不像皇室和宫廷礼仪的神权理想那样是新的东方影响的结果,而是从安东尼时代的帝国公务员制度和希腊化君主国的官僚组织中继承下来的。最终,毫无疑问,正如罗斯托夫采夫教授所指出的,它起源于波斯和埃及伟大的东方君主国的行政传统,但如果它起源于东方,那么它已经被西方思想合理化和系统化了。因此,尽管它有许多缺点,但它具有西方文明的某种政治精神,而这种精神已经

---

① 参见 Eusebius, *Oration on the Tricennalia of Constantine*, cap. ii。

在日耳曼王国的封建野蛮和东方的神权专制中丧失了。拜占庭帝国受到这两方面的影响：一方面，大地主和王室租户倾向于坚持自己的独立性，并将政治职能和特权与土地所有权结合起来；另一方面，帝国权威有被视为神圣化君主的不负责任的法令的危险。然而，由于公务员制度的存在，这两种趋势都没有完全实现，西方的国家观念和法治观念得以保留下来。事实上，我们不仅要感谢拜占庭的公务员制度对罗马法的保护，还要感谢它使其发展得以完成。对罗马法的研究是对公务员的常规培训，查士丁尼时期出版的《法学总论》（Institutes）正是作为他们的教科书而编纂的。正是由于狄奥多西二世和查士丁尼的官僚机构，我们才有了伟大的法典，而通过这些法典，罗马法学的遗产才被传给了中世纪和现代世界。

同样，东方帝国的社会生活，无论如何受到东方的影响，仍然拥有希腊化的传统。虽然古典的城邦制度已经失去了所有活力，只剩下一个空壳，但城市本身并没有像它在西欧的宿命那样消失。它仍然是社会和经济生活的中心，并在拜占庭文明中留下了城市特征的印记。拜占庭城市不像罗马自治市那样是一个由地主和贵族组成的社区。它的重要性主要来自贸易和工业。在伴随着帝国在西部的衰落而出现的破坏和经济倒退的时代中，东部省份仍然保持着很大程度的经济繁荣。亚历山大里亚和叙利亚北部的工坊仍然很繁荣，他们的产品出口四通八达。拜占庭商人，通常是叙利
亚人，在西方的每个重要中心都建有殖民地，不仅建在意大利和西班牙，而且建在整个高卢，甚至向北远至巴黎，在那里，一位叙利亚商人在公元 591 年还真实地当选为主教。在东方，他们通过红海与阿比西尼亚（Abyssinia）和印度进行了活跃的贸易；他们先前是通过波斯，后来是通过黑海和里海与中国和中亚进行了贸易。切松（Cherson）保留了其作为与俄罗斯进行毛皮和奴隶贸易的 *entrepôt*［转口港］的重要性，[①] 而亚历山大里亚的谷物船向北航行

---

① 在俄罗斯东部的彼尔姆（Perm）发现了可追溯至公元 6 世纪的拜占庭银盘。

远至博斯普鲁斯海峡，向西航行可到西班牙。①

所有这些贸易路线网络的中心都在君士坦丁堡，它与罗马不同，是帝国的经济和政治首都。这是拜占庭国家繁荣和稳定的主要原因之一。当中世纪早期的西欧几乎没有城市生活，而且像查理大帝（Charles the Great）的帝国这样的强大国家都没有固定的首都时，东方帝国的中心仍然是一个辉煌和人口众多的大都市。它的城墙和建筑的伟大，它的宫廷的辉煌和它的公民的财富，给周围的人民留下的印象甚至比帝国的军事力量还要深刻。

但是，如果我们仅仅从经济或政治的角度来看待拜占庭文化，就不可能理解它。因为，与其他欧洲社会相比，它的文化在更大程度上是一种宗教文化，并在宗教形式中找到其基本表现形式；即使在今天，它在很大程度上还存在于东方教会的传统中。现代欧洲人习惯于把社会看作是与当前生活和物质需求有关的，而把宗教看作是对个人道德生活的影响。但对拜占庭人，甚至对整个中世纪的人来说，主要的社会是宗教社会，经济和世俗事务是次要的考虑因素。一个人，尤其是一个穷人，一生中的大部分时间都生活在一个充满宗教希望和恐惧的世界里，这个宗教世界里的超自然人物对他来说就像帝国的权威一样真实。当然，这种"超凡脱俗"的精神可以追溯到基督教的最初几个世纪，但在新宗教被采纳为帝国的官方崇拜之后，它呈现出新的形式，成为拜占庭文化的特征。最重要的是隐修制度，它于公元4世纪初在埃及兴起，并以惊人的速度在东方和西方传播。沙漠中的修道士以其最极端的形式代表了东方宗教精神对古典世界文明的胜利。他们将自己与城市生活和所有物质文化完全隔绝。他们不承认任何政治义务，他们既不纳税，也不打仗，也不抚养孩子。他们的全部活动都以精神世界为中心，他们的生活是一种超越尘世存在局限努力的超人生活。尽

---

① 尼亚波利斯（Neapolis）的利昂提奥斯（Leontios）撰写的《施赈者圣约翰的一生》（*The life of St. John the Almoner*）提到了一般谷物船的情况，这艘船向西最远开到了不列颠，并在公元7世纪初带着一船的锡回来。

管如此,这些裸体禁食的苦行僧成为整个拜占庭世界的流行英雄和理想类型。鲁蒂利乌斯·纳马蒂亚努斯可能会把他们比作喀耳刻(Circe)的猪,"只不过喀耳刻改变的只是人的身体,这些是灵魂本身"。但纳马蒂亚努斯是罗马保守主义守旧派的最后幸存者之一。在东方,自皇帝以下的所有社会阶层都争相向修道士致敬。即使是像阿卡狄乌斯的导师阿森利乌斯(Arsenius)这样的宫廷大人物也放弃了他们的地位和财富,进入沙漠。修道院的理想即使 *110* 没有在实践中实现,它也成了帝国宗教生活的标准。修道士是超人,普通牧师和俗人则远远地追随同一个理想。他们都接受世俗活动服从于纯粹的宗教生活。对他们来说,统治世界的真正力量不是金融、战争和政治,而是精神世界的力量,是天国的美德和智慧的天使等级制度。这种无形的等级制度在教会等级制度的有形秩序和神圣奥秘的圣礼秩序中得到了对应和体现。对拜占庭人来说,相信天主在日常生活中的神奇干预并不难,因为他在礼仪中看到了在他眼前不断发生的神迹。

这种精神现实和神秘的景象是拜占庭世界共同拥有的。受过教育的人通过希腊教父,尤其是大法官狄奥尼修斯(Dionysius the Areopagite)和忏悔者马克西姆斯(Maximus the Confessor)的神秘主义哲学来理解它,而未受过教育的人则通过艺术和传说的多彩意象来理解它。但这两种观点并不冲突,因为艺术的象征性和思想的抽象性在教会的礼仪和教义中找到了共同点。

因此,虽然人民不参与帝国的政治和世俗政府的事务,但他们对教会的事务和当时的宗教争论有着浓厚的兴趣。我们很难理解这样一个时代,亚他那修信经(Athanasian Creed)的条款成为街头巷尾激烈争论的话题,而像"同体"和"非同体"这样深奥的神学术语则成为敌对修道士的战斗口号。圣格里高利·纳齐安森是一位权威,他曾描述说,"如果你去君士坦丁堡的一家商店买一块面包,面包师不告诉你价格,而是争辩说父大于子。换钱的人不给你钱 *111* 而是谈论被造者和未被造者。如果你想洗澡,澡堂老板会信誓旦旦地跟你说，圣子肯定是无中生有的。"

在这样一个世界里，国家和教会之间的关系应该密切，这显然是最重要的；因为如果帝国失去了后者的忠诚，它的一半力量就会消失，不仅会有一个教会组织反对它，还会有整个民意力量反对它。因此，教会的统一是帝国政策的主要考虑因素之一，从君士坦丁召集尼西亚会议的时候起，皇帝们就尽其所能地维护教会的统一，并迫使顽固不化的少数派随大流。东部帝国国家教会的真正创始人是君士坦提乌斯二世，他是典型的拜占庭式人物，对神学争论有着浓厚的兴趣，并相信自己有作为信仰的捍卫者和教会争端的最高仲裁者的皇室特权。他的教会政策是通过以乌尔萨修斯（Ursacius）和瓦伦斯（Valens）为首的宫廷主教们组成的一种与皇帝关系密切的神圣议会，以及由帝国权威召集和指导的总理事会来执行的。[1]这一制度遭到了来自两个方面的强烈反对：一是来自亚历山大里亚的亚他那修；二是来自西方，在那里，教会独立的教义得到了毫不妥协地维护，尤其是圣希拉里和著名的科尔多瓦主教霍修斯的维护。

112 因此，西方和东方帝国的国家教会之间出现了长期的分裂，直到来自西方的皇帝重新确立了尼西亚的信仰，这种分裂才得以终止。狄奥多西在其统治之初试图通过强制执行西方的权威标准来恢复统一。他写道，"我们要让我们所有的臣民都持有神圣的使徒彼得传递给罗马人的信仰……以及教宗达马苏斯（Damasus）和具有使徒圣洁性的亚历山大里亚主教彼得传承下来的信仰。"[2]然而，这项法令本身并不足以确保解决问题，狄奥多西不得不采用东方传统的方法，即召开总理事会。但是，尽管公元381年在君士坦丁堡（Constantinople）召开的会议标志着尼西亚正统的胜利，但它具

---

① 这些人如此之多，以至于阿米亚努斯·马塞利努斯（Ammianus Marcellinus）抱怨说，由于主教们乘坐政府的交通工具来回奔波，帝国的交通服务已经相当混乱了。（Am. Marcell., XXI, i6, i8.）

② *Codex Theodosianus*，XVI，1，2.

有强烈的东方情怀,并试图确保东方教会的独立,反对来自外部的一切干涉。它规定,教会组织今后要遵循世俗教区的路线,①君士坦丁堡的主教应该在罗马主教之后享有至高无上的荣誉,"因为这个城市是新罗马"。

因此,牧首区的首要地位明确基于其与帝国政府的联系,而不是罗马、安提柯和亚历山大里亚三大教区建立其权威的使徒传统原则。它随后的演变也受到相同原则的制约。它还发展成了国家教会的中心和帝国教会政策的工具。虽然罗马和亚历山大里亚都拥有独特而连续的神学传统,但君士坦丁堡的教义却随着帝国政治的变化而波动。它的传统实际上是外交上的,而不是神学上的,因为在每一次教义危机中,政府的首要利益是维护帝国的宗教统一,而牧首区成了其妥协的工具。拜占庭教会传统的典型代表是尼科梅迪亚的尤西比乌斯(Eusebius of Nicomedia),他是君士坦丁家族(Constantian House)的宫廷高级教士,他本人在去世前担任君士坦丁堡教长。正如国家教会在君士坦提乌斯和尤西比乌斯的时代是半阿里乌派一样,它在芝诺(Zeno)和阿卡西乌斯(Acacius)的时代是半一性论派,而在赫拉克利乌斯(Heraclius)和塞尔吉乌斯(Sergius)的时代是一志论派。

诚然,这种通过妥协达成的和解政策未能达到其目的,并导致了东西方的疏离。渐渐地,帝国的教会本身成了一个国家教会,君士坦丁堡的牧首成了希腊人民的精神领袖。但这是后来的发展:从公元4世纪到公元6世纪的基督教帝国仍然是罗马的和国际的。拉丁语仍然是官方语言,除了西班牙人狄奥多西和伊苏里亚人(Isaurian)芝诺外,其他皇帝都是巴尔干省——潘诺尼亚、色雷斯和伊利里亚——的本地人,这些地区的文化仍然是拉丁文化。对我们来说,有一位伟大的皇帝比任何人都更能体现这一传统,他是拜占

① 世俗教区是由一群省份组成的,由一位牧师负责管理。在东方的五个教区中,埃及有5个省,对应于亚历山大里亚教区,东方有15个省,对应于安提柯教区,而亚洲、本都(Pontus)和色雷斯(Thrace)共有28个省,最后组成君士坦丁堡教区。

庭神权主义理想的典型代表，即一个国家教会和一个教会国家，他就是查士丁尼（Justinian），他把自己看作是罗马帝国传统的代表和维护者，并毕生致力于恢复罗马帝国失去的统一。

在公元5世纪，瓦解的力量到处都取得了胜利，帝国似乎要解体成一些独立的个体。在西方，哥特人在罗马各省建立了独立的王国，汪达尔人则控制了地中海地区。在东方，东方主体民族开始在宗教形式下重新确立自己的国籍，而帝国本身也在迅速变得东方化，特别是在伊苏里亚人芝诺试图以与罗马分裂的代价将基督一志论派重新团结到帝国教会之后。似乎东方帝国将失去与西方的所有联系，成为一个纯粹的东方大国，在文化上是希腊-叙利亚文化，在宗教上是基督一志论派。

然而，查士丁尼的统治遏制了这一发展，公元6世纪见证了西方影响的普遍复兴。新王朝的第一个行动就是恢复与罗马中断了35年的交流，并结束叙利亚对阿纳斯塔修斯宫廷的影响。这是帝国重组和扩张的前奏，也是查士丁尼统治的伟大成就。非洲、意大利和西班牙东南部一个接一个地被帝国的军队收复，罗马帝国再次主宰了地中海世界。这些胜利确实是用帝国难以承受的鲜血和财富换来的，严重消耗了拜占庭国家的资源。甚至可以说，查士丁尼的征服对帝国的存在是致命的，因为他在西部的军事冒险导致了对王国安全所依赖的基本防御——多瑙河和幼发拉底河的边界——的忽视。但至少基督教帝国在随后几个世纪的黑暗之前享受了最后的胜利时刻，它的胜利扩张伴随着文化活动的显著复兴，这使得公元6世纪成为拜占庭文化的古典时代。

诚然，这个时代的创造性天才只能在其建筑和艺术中看到。在文学和思想方面，它不是一个新开始的时代，而是旧古典传统最后的秋日黄花。然而这种思想上的保守主义本身就是拜占庭文化的一个基本要素。正如公元6世纪的政治复兴是对罗马国家传统的回归一样，正如其立法成就是罗马法学发展的最后终结一样，这一时期的文学也是12个世纪的希腊文化的最后表达。尽管宗教和神权精神似乎支配着拜占庭文明,但公元 6 世纪的文学发展却显示出对世俗甚至异教标准的反抗,这是一个值得注意的事实,也是一个从未被历史学家完全承认的事实。凯撒利亚的普罗科皮乌斯(Procopius of Caesarea)以一个有修养的怀疑论者的愤世嫉俗的态度写下了他那个时代的神学争论,而在埃及,整个诗人流派都在根据异教徒神话的古老主题创作精致的史诗。①希腊基督教文学的伟大时代结束于公元 5 世纪的西里尔(Cyril)和西奥多雷特(Theodoret)。在接下来的时代,神学文学处于非常次要的地位。文化领袖是像加沙的普罗科皮乌斯(Procopius of Gaza)和乔里修斯(Choricius)这样的宗教学者,他们以其风格的纯洁性为荣;以及像凯撒利亚的阿加西亚斯(Agathias)和普罗科皮乌斯这样的历史学家,他们的思想沉浸在希腊的传统中;还有像达马修斯和辛普利修斯这样的新柏拉图主义哲学家和科学家。的确,查士丁尼关闭了雅典的学校,并迫使哲学家在波斯避难了一段时间,但他的镇压政策并不完全有害,因为它促使哲学家们将精力投入科学批评中,以取代自杨布里科斯(Iamblichus)时代以来一直影响着新柏拉图主义的神学和魔法。政府方面没有试图压制世俗学术或异教的文学和科学传统。当愤怒的狂热分子在亚历山大里亚的街道上追捕牧首时,大学的教授们仍然在博物馆的大厅里讲授物理和数学,正如皮埃尔·杜亨(Pierre Duhem)所展示的那样,②他们的学习绝非像人们通常认为的那样枯燥和缺乏原创性。它在人类思想史上具有永久的重要性,因为它不仅是古代世界科学发展的结论,而且是新世界科学发展的基础。它是东方伊斯兰科学的来源,也是西方基督教科学的起源。

　　这种使东方帝国的文化区别于西方文化的世俗文化的存在很

116

---

　　①　例如,帕诺波利斯(Panopolis)的诺努斯(Nonnus)的《狄奥尼西亚卡》(*Dionysiaca*)(公元 5 世纪);吕科波利斯(Lycopolis)的库鲁苏斯(Kolluthus)的《强奸海伦》(*Rape of Helen*)(公元 6 世纪);穆塞乌斯(Musaeus)的《英雄和利安得》(*The Hero and Leander*),以及特里菲奥多鲁斯(Tryphiodorus)的失落史诗。

　　②　*Le Système du Monde*,Vol.I, chs. v and vi;Vol.I, ch. x, etc.

大程度上是由于文官制度的影响。至少在公元 6 世纪，拜占庭帝国既不像西方那样由教会人士统治，也不像西方那样由不学无术的士兵统治，而是按照中国人的方式，由一个以学识和学术为荣的官方 *litterati*［文人］阶层统治。这种文学传统，就像中国官话的文学传统一样，有时表现为一种迂腐的古董主义，正如我们在吕底亚人约翰·劳伦修斯（John Laurentius）身上看到的那样，他的著述显示出一种错位的博学和官僚主义传统的奇怪混合。但它也对真正有价值的历史作品和希腊诗歌的最后繁荣做出了贡献。对《希腊文选》的最后一项重要贡献是由一群律师和官员做出的，他们在查士丁尼和查士丁二世（Justin II）统治时期担任高级职务，他们是历史学家加西亚、示默者保罗（Paul the Silentiary）、前任监牧朱利安、执政官马其多努斯（Macedonius）、国内的鲁菲努斯（Rufinus the Domesticus），以及其他七八个人。毫无疑问，这是一种人为的温室生长，但阿伽提阿斯（Agathias）和保罗优雅的爱情诗并不辜负梅利埃格（Meleager）的传统，甚至他们献给希腊已灭绝的神灵潘（Pan）、波塞冬（Poseidon）和普里阿普斯（Priapus）的诗句也不乏某种魅力。①

117

　　这首诗中没有任何东西提醒我们古代世界发生的变化，它完全属于过去，属于希腊化时代最纯粹的传统。如果我们希望有一种文学能够表达新时代的思想，我们必须在埃梅萨的罗曼努斯（Romanus of Emesa）有节奏的韵律诗中寻找，或者在安提柯的约翰·马拉拉斯（John Malalas）的编年史中寻找，后者生活在一个充满奇迹和传奇的世界里，与旧文化完全失去联系，以至于他把西塞罗视为罗马诗人，把希罗多德视为波里比阿（Polybius）的继承者。然而，中世纪拜占庭历史传统的源头是马拉拉斯，而不是普罗科皮乌斯，他成了最早的斯拉夫和亚美尼亚编年史家的典范。②

---

　　① 例如，阿伽提阿斯（Agathias）和经院哲学家泰阿泰德（Theaetetus）关于安克雷奇的普里阿普斯（Priapus of the Anchorage）的诗句，见 *Anth. Pal.*，X，14 and i6，阿伽提阿斯献给潘的诗句见 *Anth. Pal.*，VI，79。
　　② 他甚至通过早期的中世纪编年史影响了西方，例如公元 8 世纪的《宫廷编年史》（*Chronicon Palatinum*），参见 Krumbacher, pp.327-333。

但这种流行的传统从未催生出高质量的新拜占庭文学。古典传统继续主导着更高层次的文化，拜占庭文明的每一次复兴都伴随着古典研究的复兴和对古代模式的回归。拜占庭人对希腊遗产的忠诚不允许有新的创造性活动的可能性。

然而，在艺术领域，情况并非如此，因为基督教帝国的时代见证了一场影响最深远的艺术革命。古代城邦及其宗教的衰落伴随着其艺术的衰落，即在雕塑和绘画中描绘人体形态和代表性自然主义的伟大的希腊传统的衰落。取而代之的是东方的非具象的宗教和装饰艺术，它喜欢阿拉伯式的风格，并在装饰方案中运用植物和动物的形式。同样，希腊的神庙和古人的市政建筑外观上能看到的中楣和柱廊也被东方的拱形和圆顶建筑所取代，这些建筑起源于美索不达米亚和波斯的砖砌建筑，它们专注于丰富的内部装饰和高大宽敞的内部构造。后来的罗马诸如君士坦丁时期的公共浴场和基督大教堂，甚至万神殿等大型砖瓦建筑都已经显示出新精神的影响。这种精神在萨珊波斯的艺术中得到了最充分的体现，在这一点上，以及在其君主制和政府的概念上，对拜占庭文化产生了最强大的影响。事实上，一些现代作家将新艺术视为罗马帝国传统与萨珊波斯传统的混合产物。但我们不能忘记，叙利亚北部和小亚细亚本身就拥有根深蒂固的本土艺术和文化传统，而且这些省份是新帝国最活跃和最有活力的成员。

叙利亚是希腊化的西方和波斯化的东方这两股艺术影响潮流的交汇地，它还贡献了自己的一种元素，即通过运用与希腊艺术的古典自然主义完全不同的单纯情感现实主义描绘人物和场景的方式将艺术用于宗教教育的目的。这种新的宗教艺术在公元4世纪时在叙利亚发展起来，并通过修道院的影响，以及毫无疑问地通过所有主要港口发现的叙利亚商人的殖民地逐渐传播到整个帝国。但在安提柯、亚历山大里亚、君士坦丁堡等伟大的文化中心，希腊化的传统仍然存在，并继续主导着世俗艺术和装饰。甚至在宗教艺术方面，这一传统在公元4世纪的罗马和君士坦丁堡仍然是至高无上的，而且在新的叙利亚风格引入后的很长一段时间里，它继续作为基督教帝国成熟的宗教艺术的一个组成元素而共存。

因此，拜占庭艺术是一种综合的创造，是由许多不同的影响混合而成的。它在装饰和象征主义的使用上，在对色彩和光线而非造型的依赖上，在对拱顶和穹顶的发展上，以及教堂外部的裸露和朴素上都具有东方特色。另一方面，它保留了罗马-希腊化的大教堂类型，有一系列的柱子和门廊；它在一定程度上继承了希腊化的装饰图案；它也没有完全抛弃作为古典传统精髓的人性、自然主义和具象主义等元素。事实上，使用浮雕的、彩绘的，尤其是镶嵌在马赛克上的图像是拜占庭艺术和拜占庭宗教的最大特点之一。

到了公元6世纪，东方帝国已经形成了自己的艺术传统，东西方元素有机地结合在了一起。这种艺术最崇高的创造是君士坦丁堡的圣智教堂（Holy Wisdom），它出自希腊文化的发源地爱奥尼亚（Ionia）的一位建筑师之手，但同时也是在查士丁尼本人的直接启发和监督下逐渐建成的。它是世界上最大的圆顶教堂，是东方平面和装饰与希腊有机结构的完美结合，尽管它失去了一些多彩装饰的华丽，但可以从拉文纳教堂的当代艺术中得到补充，这样我们就可以对处在最伟大时期的拜占庭艺术形成一个完整的概念。在拉文纳的圣维塔莱（San Vitale）八角形圆顶教堂是拜占庭马赛克装饰的一个完美案例。它的半圆形后殿绘有全能者基督（Christ Pantocrator）的坐像，不是后来拜占庭艺术的那种可怕的审判者形象，而是几乎是希腊式的年轻和美丽的形象。他头顶光环，坐在世界的球体上，脚下是天堂的四条河流，两边是圣徒和天使，他向前举着天国的君主的王冠，形象就像萨珊王朝岩石浮雕上的奥拉·马兹达。下面两边是两排庄严的人物：查士丁尼皇帝与神职人员、圣宫的官员，以及狄奥多拉皇后（Empress Theodora）及其宫女们。它是新文明的泛雅典式的游行，如果说它缺乏帕特农神庙（Parthenon）中楣的自然主义和胜利的人文主义，那么它在庄严的威严的印象上是无与伦比的。当我们把拜占庭教堂，以及它的马

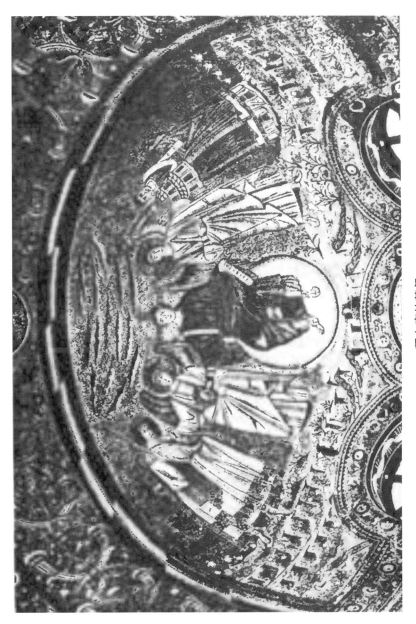

拜占庭的基督

赛克和彩色大理石的多彩装饰、古式柱子、雕花柱头看成一个整体时，它的丰富和多样是东方式的，但比例和优雅是希腊式的，尤其是圣索菲亚（St. Sophia）教堂圆顶的凸面加工的神迹，其架构超越了它的限制，变得像天穹本身一样触不可及与无形，我们必须承认，在塑造物质成为精神的载体和表达方面，人类从未取得过如此完美的成就。

拜占庭教堂对内部华丽装饰的专注与其在人们生活中的功能 *121* 密切相关。希腊的神庙就像今天的印度神庙一样，是神的居所，只有他的祭司和仆人才能进入其光线昏暗的小院。拜占庭教堂是基督徒的家，它是周期长达一年的礼拜仪式这出大戏的剧场，因为这种礼拜仪式涵盖了拜占庭人的艺术、音乐和文学。在这里，就像在建筑中一样，东西方精神在一个共同的基础上相遇。礼仪诗歌是信仰基督教的叙利亚的创造，是拜占庭最伟大的赞美诗作者，来自埃梅萨的罗曼努斯将叙利亚诗歌《马德拉萨》（*Mddrasd*）和《索吉塔》（*Sogitha*）的诗意和韵律形式融入了希腊语中。但与此同时，它又有一种戏剧性的神秘，其中每一个外在的行为都具有象征意义，其仪式的辉煌是一种神学思想的艺术表达。在这里，就像在绘画和建筑中一样，希腊的外化倾向——用物质的外衣蕴含思想——找到了一种新的宗教表达方式。

但是，在公元 6 世纪的艺术中实现的拜占庭文化中不同元素的完美综合并没有在其他地方实现。尤其是在宗教方面，东西方之间的对立仍然威胁着帝国及其文明的统一。尽管查士丁尼在其统治初期已尽其所能调和教廷，并加强了君士坦丁堡与西方的联盟，但东方的吸引力逐渐重新显现出来。在宫殿和他自己的生活中，狄奥多拉（Theodora）代表了这一点，这个黑暗而微妙的女人迷住并征服了她的伊利里亚人丈夫更简单、更犹豫的思想。她在信念和政策上都是一性论者，在她的保护下，宫殿本身成为一性论者领袖的避难所和他们阴谋的中心。正是通过她的影响，查士丁尼回到了拜占庭的旧政策，即通过妥协实现统一，甚至在她死后，他仍然

忠于这一政策。尽管出人意料地遭到狄奥多拉的门徒、教宗维吉 *122*
利乌斯(Vigilius)的抵制,但查士丁尼还是成功地使他的解决方案
在 553 年的总理事会上得到认可,并将他的意愿强加于教廷。但
是,正如在许多其他场合一样,以武力强加的妥协并不能提供真正
的解决方案。它在西方引起了新的分裂,这场分裂在查士丁尼死
后持续了很长时间,而且它未能调和一性论派,从那时起,一性论
派成为帝国教会之外有组织的存在。自公元 5 世纪以来,宗教分
裂的趋势一直在增长,并在东部省份与国家教会和帝国宗教的永
久疏远中得到了实现。这种宗教上的不满是东方世界正在发生的
巨大的社会和精神变化的症状,一种具有世界意义的新文明很快
就会从这种变化中出现。

第七章　东方的觉醒和
臣属民族的反抗

伊斯兰教的到来是一个伟大的事实,它支配着公元 7、8 世纪的历史,并影响着整个中世纪文明的后续发展,无论是在西方还是在东方。对于完全从世俗和西方的角度看待历史的人来说,伊斯兰教的出现必然始终是一个无法解释的问题,因为它似乎标志着历史发展的完全中断,与之前的任何事情都没有关系。只有当我们透过政治历史的表面,研究东方地下世界的地下活动时,那些决定东方文化未来的新力量的存在才变得明显。

公元 5 世纪的教会和神学争端对普通的世俗历史学家来说意义不大,但涉及东方帝国生活中的一场危机,其影响之深远不亚于西方的蛮族入侵。它意味着臣属民族的复兴和自亚历山大时代以来一直主宰黎凡特的希腊文化的消失。诚然,这种文化实际上只局限于城市,广大农民没有受到影响。但在整个希腊化时代和帝国时代,公民阶级是文化的统治者,土著居民被动地接受了它的统 治。但是,基督教的到来与城市和城市资产阶级的重要性的下降同时发生,伴随着臣属民族的文化活动的巨大复兴。它见证了乡土文学的兴起和东方民族意识的觉醒。在西方,基督教已经在城市中传播开来,人们认为农民必然是异教徒。但在东方,情况并非如此,基督教在农民中的传播似乎与在城镇居民中的传播一样迅速。

叙利亚人的情况尤其如此,他们形成了一个讲阿拉姆语的民族的稳固团体，区域从地中海延伸到库尔德斯坦（Kurdistan）和波斯高地，从金牛山（Mt. Taurus）延伸到波斯湾。在西方，希腊化的影响占主导地位，安提柯、贝雷图斯、凯撒利亚和加沙等沿海地区的富裕城市是希腊文化的大本营。但在幼发拉底河以东，位于罗马帝国和波斯帝国边境的埃德萨（Edessa）是叙利亚本土国家的中心，是东方基督教的起点和叙利亚文学的摇篮。早在公元 3 世纪初，在罗马帝国皈依基督教之前，奥斯若恩（Osrhoene）就成了一个基督教国家，基督教从那里向东传播到了波斯帝国，向北传播到了亚美尼亚（Armenia），后者在公元 4 世纪初也成了一个基督教王国。对于被敌对帝国撕裂、被异族文化统治的叙利亚人民来说，基督教成了民族传统和理想的载体。我们在诸如萨鲁格的詹姆斯（James of Sarug）的诗歌这样的叙利亚文学中看到，人们对其民族教会的古老和纯洁的自豪感非常强烈。当选民被证明没有信仰，异教帝国迫害基督徒时，埃德萨这个"信奉十字架的帕提亚人的女儿"一直被认为是忠实的。"埃德萨写信给基督，让他来启发她。她代表所有的人民向他求情，让他离开憎恨他的锡安（Zion），到爱他的人民那里。"①"她没有从普通的文士那里学到信仰：她的国王教导她，她的殉道者教导她，她坚定地相信他们。"

"埃德萨从年轻时就坚守着这一真理，到她年老时，她不会将其像穷人的女儿一样交易掉。她那虔诚的国王成了她的文士，她从他那里了解到我们的主——他是上帝的儿子，是的，上帝。阿达埃乌斯（Addaeus）戴着新郎的戒指，把戒指戴在她的手指上，把她许配给上帝的独生子。"②

叙利亚基督教是一个臣民的宗教，他们在其中找到了反对以主流文化为荣的理由。

　　"萨穆纳（Shamuna）是我们的财富，你比富人更富有：

---

① *Syriac Documents in Ante-Nicene Christian Library*，Vol.XX，p.129.
② *Syriac Documents*，p.114.

因为主啊！富人站在你门前，你还可以救济他们。

你的村庄很小，你的国家很穷：那么，是谁让村庄和城市的领主讨好你？

主啊！法官们穿着长袍和法衣，

从他们的门槛上取些尘土，仿佛那是生命的良药。

十字架是值钱的，对它的崇拜者来说，它增加了财富；

而它的贫穷藐视世界上一切的富足。

萨穆纳和古里亚（Gulia）是穷人的儿子，主啊！富人在你门前俯伏，只为从你那里获得他们所需。

穷困潦倒的上帝之子向世界表明它所有的财富都是虚无的。

他的门徒，都是渔夫，都很贫穷，都很软弱，

所有默默无闻的人，都因其信仰而变得显赫。

一位渔民，他的村庄是渔民的家园，

他让 12 个人当一家之主。

有一位制作帐篷的人曾经是一位迫害者，

因为信仰，他抓住了他，并把他做成了一个精美的容器。"①

126　　　这个土生土长的，在公元 3 世纪的埃德萨卑微地兴起的叙利亚基督教是基督教向东方大规模扩张的起点，在中世纪，它注定要扩展到印度和中国，以及亚洲内陆的突厥民族。但是，也许是由于它的地理位置偏远，它并没有立即与帝国教会发生冲突。公元 5 世纪的巨大宗教危机起源于希腊化世界的中心——亚历山大里亚。

　　　因为在埃及，就像在叙利亚一样，东方文化的古老传统正在以基督教的形式展现出来。在整个托勒密王朝和罗马时期，埃及人一直保留着古老的宗教和文化。当亚历山大里亚是希腊化文明最辉煌的中心时，在尼罗河谷，埃及人古老的生活方式仍在继续，没有改变。这两股文明潮流并肩而行，没有相互交融，因为本土文化

---

① *Syriac Documents*，p.121.

仍然局限于埃及宗教传统的严格等级形式中。埃及向基督教的皈依改变了这一切。它摧毁了使本地人被人为地隔离在自己的世界里的宗教障碍,使他们与帝国的其他人口接触。然而,它并没有削弱民族主义的力量,也没有导致埃及被希腊-拜占庭文化同化。相反,从这一刻起,希腊元素在埃及的重要性稳步下降,希腊语的使用逐渐被用希腊文字书写古老埃及语的科普特语(Coptic)取代。教会自然取代了旧国教,成为埃及民族的机构,但是,旧的等级制度的首脑是篡夺法老地位的外国统治者,而新教会的首脑是埃及 *127* 牧首。在古埃及衰落的时候,底比斯的阿蒙·拉(Amon Ra)大祭司成为国家的领袖,所以现在埃及民族主义的所有力量团结在牧首周围。他是"最神圣和圣洁的主、教宗、伟大的亚历山大里亚的牧首、利比亚、彭塔波利斯(Pentapolis)、埃塞俄比亚(Ethiopia)和埃及所有土地的牧首、教父之父、主教的主教、第十三位使徒和世界的法官。"他对埃及教会的控制是绝对的——事实上,远远大于教宗对西方教会的控制,因为埃及的所有主教都是由他祝圣的,直接依赖于他的意志。唯一能与他的权力相比的是修道士的权力,相比主教,修道士们在更大程度上是人民的天然领袖。

埃及隐修制度是东方基督教的最高成就,它表达了民族气质中所有最好和最坏的东西,有马卡利乌斯(Macarius)或帕乔米乌斯(Pachomius)的智慧和灵性,也有杀害希帕蒂亚(Hypatia)并使亚历山大里亚的街道充满骚乱和流血的暴民的狂热。但即使是这种狂热也是牧首区的另一个力量源泉,它在修道士中建立起了一支由无畏而热情的信徒组成的武装。当亚历山大里亚牧首参加总理事会时,他身边会有由修道士和 *parabolani*[帕拉波拉尼]组成的保镖,[①]他们有时会用他们的喧嚣和暴力来恐吓整个会议。埃及牧首

---

① *Parabolani*[帕拉波拉尼]最初是一种救护队,其任务是照顾病人和瘟疫患者。但他们通过在每次宗教骚乱中充当亚历山大城暴民的头目来证明他们的称号——"冒险者"或"鲁莽者"——的正确性,他们也是民事当局持续焦虑的根源,参阅 *Codex Theodosianus*,XVI,2。

128 的权力如此之大，以至于他渴望成为整个东方帝国的宗教独裁者。亚他那修曾独自对抗君士坦提乌斯二世和整个东部主教团，[①]他的继任者也不准备接受君士坦丁堡自命不凡的主教的优越感。在公元5世纪上半叶，亚历山大里亚在其伟大的牧首西奥菲勒斯（Theophilus）和西里尔的领导下战无不胜，并三次成功地羞辱了君士坦丁堡和安提柯的对手。但第三次——公元449年在以弗所对弗拉维安的谴责——是它的败笔，因为这导致了与罗马和西方的决裂，而迄今为止它一直依赖它们的合作。公元451年，在卡尔西顿（Chalcedon），罗马和君士坦丁堡、教宗利奥和皇帝马尔基安（Marcian）的联合力量成功地击败了长期主宰东方教会的大教廷。

在所有的会议中，卡尔西顿会议因其引人注目的议题和历史结果而最为耀眼。因为在卡尔西顿的圣尤菲米亚（St. Euphemia）教堂里聚集了日后分裂基督教世界的所有力量。埃及和东方的敌对势力在教堂中殿的两边互相叫嚣和谩骂，而帝国的大官们则坐在圣坛栏杆前，身边是罗马教宗的使节，他们无动于衷地支配着这次动荡的集会，并以坚定的毅力引导它按照皇帝和教宗的意愿做出

129 最后的决定。这个决定不是没有经过斗争就做出的。事实上，直到罗马教宗的使节要求给他们通关文牒，并要求在西方召开一个新的会议，而皇帝也支持他们的最后通牒，大多数人才接受了西方关于基督的两个本性在一个人身上的定义。然而，由此达成的决定对东方和西方的基督教历史都具有不可估量的重要性。如果卡尔西顿会议的结果不同，东西方之间的分裂就会发生在公元5世纪，而不是公元11世纪，作为西方基督教世界形成的基本要素的帝国和西方教会之间的联盟就不可能实现。

---

① 施瓦兹（E. Schwartz）等一些现代历史学家倾向于夸大了亚他那修的政策中的政治动机，并把他主要描述为一个野心勃勃的主教。但毫无疑问，他在埃及民众的民族感情中找到了最有力的盟友。正如杜谢纳所写的："埃及所有诚实的人都支持他。他是信仰的捍卫者，合法的教宗，共同的教父；他也是政府的敌人，是受害者。除了少数只在军人身后露面的持不同政见者，民众都坚定地听从他的指挥。"见 *Histoire ancienru de l'Eglise*，II，268。

东方的敬意

但是，另一方面，这种与西方的 *rapprochement*［和解］扩大了帝国与其东方臣民之间的裂痕。一位伟大的教宗和一位强大的皇帝专横意志所强加的解决方案并不能消除民族分裂的根本原因。在议会面前，埃及的主教们已经宣布，他们不敢带着牧首被废黜的消息回家，以免被愤怒的同胞杀害。他们的恐惧并非空穴来风，因为当消息传到亚历山大里亚时，民众奋起反抗，屠杀了帝国的驻军。政府的有力措施在一段时间内成功地将卡尔西顿派的牧首强加于亚历山大里亚。但一旦马尔基安的强权被解除，他也成为暴民愤怒的牺牲品，并于耶稣受难日在自己的教堂里被撕成碎片。此后，一性论派成为埃及的国教，而少数仍然忠于正统和帝国教会的人则被轻蔑地称为"Melchites"或"Basilici"，意为"国王的人"。埃及的实权不是掌握在帝国总督手中，而是掌握在分裂主义的牧首手中，查士丁尼似乎已经认识到这一点，据说他提出将行政区和牧首区合二为一，条件是分裂主义者必须回归正统。

因此，在公元 5 世纪伟大的东方异端兴起的过程中，政治因素的重要性是无法否认的。如果东部帝国的教会没有与帝国政府产生认同感，那么一性论派和其他东方教派的整个历史就会有所不同。尽管如此，还有比任何民族主义或地方分离主义更深层的原因在起作用。一切的基础是拜占庭世界中两种精神元素之间的根本对立。由于帝国位于亚洲和欧洲的边界，其文化也体现了东方和西方的传统。对我们来说，东方的元素似乎占主导地位，但对本土的东方人来说，帝国仍然是希腊的。它仍然代表着古老的希腊化传统。事实上，这是始于亚历山大时代的东西方相互渗透的最后阶段。希腊主义的最后一次扩张发生在拜占庭时代，因为只有在那时，通过正统派教会的影响，小亚细亚的本地民族和语言才被吸纳进希腊语的统一进程中。尽管基督教本身起源于东方，但它越来越多地吸收了希腊文化的大量元素，正如希腊宗教和哲学同时吸收了东方元素一样。因此，到了公元 4 世纪，基督教和异教之间的斗争不再是东方和西方之间的斗争，而是希腊主义和东方主

义两个相互竞争的综合体之间的斗争。以诺斯替主义为代表的纯
粹的东方精神对奥利金神学的反对不亚于对普罗提诺（Plotinus）哲
学的反对，同样地，拉丁教会的教父们与罗马的异教和东方的蒙坦 131
主义（Montanism）和摩尼教（Manichaeanism）进行着双重的斗争。
尽管朱利安皇帝和他的新柏拉图主义老师们对过去的希腊化历史
十分挚爱，但总的来说，他们的宗教比曾作为拜占庭教会的教父，
伟大的卡帕多西亚人巴西尔和两位格里高利的宗教更具有东方元
素。此外，希腊人把他们传统上对争论和逻辑定义的喜爱带到了
新宗教中，正是在这里，他们在东方世界的思想中引起了最强烈的
抵抗。叙利亚本土教会的伟大领袖，来自尼西比斯的埃弗雷姆
（Ephrem of Nisibis）的诗歌就是对争论者的长篇抨击，他说，"冲突
之子是寻求品尝火，看到空气，操纵光的人。""四面像（诺斯替教或
摩尼教）的可恨景象源自赫梯人，藏有飞蛾的被诅咒的争论源自希
腊人。"对他来说，信仰不是一个可以推理或调查的东西，它是隐藏
的神秘，他称之为珍珠，是半透明的，但不是可理解的，"它的屏障
是它自身的美丽。""我是无边无际的海的女儿。我从海里来的时
候，怀里就有一个巨大的神秘宝库。你要搜查海，但不要搜查海的
主人。"①

　　同样的精神也体现在拜占庭最伟大的神秘主义者身上，他是公
元5世纪的叙利亚人，以大法官狄奥尼修斯的名字写作，在整个中
世纪思想史上产生了非常重要的影响。尽管他受益于新柏拉图主
义者，尤其是普罗克洛（Proclus），但他的基本教义是东方的思想，
即人类的思想和推理绝对不可能接触到神性。它是"超越光明的
神圣黑暗"，是超本质的东西。它既没有心灵，也没有美德，既没有 132
人格，也没有存在，它既不是神，也不是善，也不是统一，它超越了
存在和永恒，超越了人类思想的每一个可以想象的范畴。这两位
作家都是正统派的，但不难看出，同样的精神状态会自然而然地迷

---

　　① *The Rhythms of Ephrem the Syrian*，trans. J. Morris in the *Oxford Library of the Fathers*，pp.102，95，87.

失在纯粹精神的宗教中，并否认身体和物质世界的真实性。这解释了摩尼教和诺斯替派的成功，但它也在一性论中找到了不那么激进的表达，它在道成肉身中看到了神性以身体形式出现在地球上，并否认了基督人性的正统派教义。因此，导致东部省份在这个问题上反抗帝国教会的不仅仅是民族情绪，还有西方遵循两种本性共存和耶稣的完整人性的教义。

在这些力量的影响下，东方民族在公元 5、6 世纪的进程中都脱离了与帝国教会的联盟，埃及、西叙利亚和亚美尼亚成了一性论派，而美索不达米亚和波斯帝国的东叙利亚人仍然忠实于他们从安提柯那里得到的神学传统，成了聂斯托利派（Nestorian）。两者在拒绝卡尔西顿和疏远帝国政府的宗教政策方面意见一致。公元 6 世纪见证了一性论派从一个教派转变为一个有组织的教会，一性论派的修道院和文学也得到了发展。这是一性论文化的经典时代——一性论教会的教父们和医生们的时代。其中最伟大的两个人——安提柯的塞维鲁（Severus）和哈利卡纳苏斯的朱利安（Julian of Halicarnassus）——是来自小亚细亚的希腊人，但占多数的是马布格的费罗塞努斯（Philoxenus of Mabug）、萨鲁格的詹姆斯和来自亚细亚的历史学家约翰，他们用叙利亚语写作，而伟大的医生和学者、来自雷斯凯纳的塞尔吉乌斯（Sergius of Reschaina）则利用他对两种语言的掌握将亚里士多德和盖伦的著述翻译成本国语言。向东方世界传播希腊科学的伟大工作的基础就此奠定，这对中世纪的思想史也产生了深远的影响。

聂斯托利派和一性论派都尽其所能地在外国人民中传播他们的教义，从公元 5 世纪开始，基督教在亚洲和非洲的扩张几乎完全归功于他们的活动。到了公元 6 世纪，聂斯托利派的传教士已经到达锡兰和中亚的突厥人那里，在接下来的一个世纪里，他们一直深入到了中国。阿比西尼亚（Abyssinia）的基督教的起源可以追溯到公元 4 世纪，后来由于亚历山大里亚的影响接受了一性论，到了公元 6 世纪，努比亚人和邻近的沙漠部落在一性论传教士的影响下皈依了基督教。与此同时,基督教也通过许多不同的渠道渗透到了阿拉伯。在位于阿拉伯最南部的希米亚人(Himyarites)的国家,有一个与阿比西尼亚有关的本土阿拉伯教会,它成立于公元4世纪,在公元6世纪经历了一场可怕的迫害。在美索不达米亚,聂斯托利派在波斯湾的阿拉伯人中和独立的希拉国(Hira)建立了教会,而一性论派和帝国教会则与叙利亚沙漠和北阿拉伯的部落有关系,并得到了伽萨尼德(Ghassanid)两位王子哈利斯·伊本·贾巴拉(Harith ibn Jabalah)、阿尔·蒙迪尔(Al Mundhir)的强大庇护。新宗教与旧异教社会的接触对阿拉伯文化产生了深远的影响。它的影响可以从公元6世纪突然蓬勃兴起的阿拉伯文学中得到体现。纳比加(Nabigha)、希拉的阿迪·伊本·扎伊德(Adi ibn Zaid of Hira),尤其是前伊斯兰教时代最伟大的诗人,统治者内贾德 *134* (Nejd)之子,且在查士丁尼时期为拜占庭服务的伊姆鲁尔·卡伊斯(Imru'ul-Qays)等最早期的几位诗人都是基督徒。

但这只是阿拉伯世界正在经历的精神发酵和社会变革的深层运动的一种相对肤浅的表现。一场精神危机迫在眉睫,它将把阿拉伯半岛上分散交战的野蛮部落转变为一个统一的力量,在公元7世纪以不可抗拒的宗教热情浪潮席卷了东方。

第八章 伊斯兰教的崛起

公元 7 世纪阿拉伯人对东方的征服在许多方面与两个世纪前日耳曼人对西方的入侵相似。与后者一样，它标志着希腊-罗马文明数世纪以来的主导地位的终结，以及一种新的混合文化的形成，这种文化是随后的中世纪时期的特征。伊斯兰教的到来是东西方千年互动的最后一幕，是塞琉古王朝垮台以来，一直在逐步蚕食希腊化世界的东方精神的彻底胜利。穆罕默德是东方对亚历山大挑战的回答。

但阿拉伯人的征服与西方日耳曼人的征服有着深刻的区别，因为它起源于一位伟大的历史人物的努力。诚然，正如我们在应对拜占庭文化时看到的那样，东方造反的时机已经成熟，某种大灾难可能是不可避免的。同样，也许是由于气候条件的压力和阿拉伯半岛的逐渐干旱，阿拉伯半岛的部落和北欧的部落一样，也在迁移。但是，如果没有穆罕默德的努力，阿拉伯人永远不可能实现使他们不可抗拒的团结和宗教活动。对拜占庭政府来说，阿拉伯人是一个边境问题，而不是一个巨大的威胁，就像一直被视为真正的东方危险的波斯力量一样。几个世纪以来，帝国一直与纳巴泰亚（Nabathaeans）、帕尔米拉（Palmyra），以及作为拜占庭帝国附庸国的伽萨（Ghassan）王国等阿拉伯国家保持着联系。来自半岛内部的任何危险都是难以想象的。沙漠中游荡的贝都因（Beduin）部落一直处于动荡和自相残杀的状态，而西部和南部的定居社区则将其繁荣归功于与拜占庭世界的贸易。然而，公元 6 世纪的阿拉伯正在经历文化发酵和变化的过程，一个新势力崛起的时机已经成熟。

长期以来，阿拉伯文明的中心一直在遥远的南方——萨巴地区，即现在的也门。这里在史前时代就出现了一种古老的定居文化，源自美索不达米亚，也许甚至可以追溯到苏美尔时代；事实上，他们后来的肖像雕塑显示了苏美尔人的身材体型，而不是闪米特人的。伊什塔尔（Ishtar）、辛（Sin）和沙玛什（Shamash）等巴比伦的神灵在这里受到崇拜，不过他们的性别是相反的，而且这里还存在苏美尔式的神庙国家。在萨巴，最早的统治者拥有一个祭司头衔——穆卡里布（Mukarrib，祝福者），而在马英（Ma'in），国王与祭司团体关系密切。神被认为是这片土地的统治者，他拥有丰富的收入和众多的祭司和眷属。现存的萨巴人（Sabaean）铭文经常记录个人或家庭作为神的奴隶或寺庙仆人的奉献，而统治者和祭司可以说是作为神的孩子或侄子被纳入神的家庭。与北方的游牧部落不同，南方民族是爱好和平的农业主义者，他们修建了大量的灌溉工程，尤其是马里卜（Marib）大坝。他们不是住在帐篷里的人，相反，他们是伟大的建设者，也门到处都是他们的城堡和寺庙的遗址。他们的铭文数量众多，并以精美的对称字母文字进行雕刻，时间或许可追溯到公元前9、10世纪。[①]

然而，萨巴地区的繁荣首先依赖于贸易。它是一片盛产黄金和在埃及、亚洲的寺庙中非常抢手的乳香和没药等贵重香料的土地。从很早的时候起，它就是印度和西方之间贸易的中转站，也是向北通过麦加和麦地那（Medina）到达西奈和巴勒斯坦的伟大商队路线的起点。萨巴人的影响沿着这条道路延伸，位于阿拉伯北部和米甸（Midian）地区的马安国（Ma'an）似乎是南部马英王国的早期分支。

从罗马帝国建立之日起，由于通往印度的新贸易路线的兴起，以及埃及和阿比西尼亚之间海上直接联系的建立，萨巴的繁荣开始衰落。阿拉伯传统将萨巴的衰落归因于马里卜大坝的破裂，这

137

---

① 关于这个南阿拉伯文明的起源可参阅我的著作，见 *Age of the Gods*（1928），pp.78-79，115-116，410。

事确有发生，一次是在公元 450 年，当时有 20 000 人参与了大坝的修复，一次是后来的公元 542 年，但这无疑是繁荣衰落的结果，而不是原因。从公元 3 世纪起，阿拉伯半岛南部越来越受到阿比西尼亚王国的影响，到公元 6 世纪犹太国王杜·努瓦斯（Dhu Nuwas）战败后，它被一位阿比西尼亚总督统治了 50 年，该总督使基督教成为该地区的宗教。最后在 570 年，它被一支波斯远征军征服，并一直处于波斯宗主国的统治下，直到伊斯兰教的胜利。

₁₃₈ 能够与南方的这种定居文明形成完全对比的就只有北方荒野游牧部落的生活方式了，我们习惯于认为这是阿拉伯人的特点。他们的全部生活都是为了战争，为了掠夺他们邻居的羊群和牛群，并向商人的商队征收贡品。

虽然定居民族的社会组织拥有强大的母系元素，正如我们从传说中的萨巴女王比尔克（Bilkis）和历史上帕尔米拉的塞诺比亚（Zenobia）所看到的那样，但游牧民族的社会组织是纯粹的父权制——事实上，它是现存的父权制类型的最纯粹的例子，而且从亚伯拉罕（Abraham）时代到我们的时代，它几乎没有变化。宗教在他们的生活中发挥的作用远远小于定居的民族，但它是同一类型的，在这一点和其他方面，古代萨巴文化对游牧民族产生了相当大的影响。

此外，他们从北方受到了叙利亚和美索不达米亚的高级文化的影响。这里首先出现了以佩特拉（Petra）为中心的纳巴泰人的贸易国，然后是帕尔米拉，它在公元 3 世纪控制了罗马帝国和波斯湾之间的巨大贸易路线，最后是伽萨、希拉等边境国家，它们一个与拜占庭帝国关系密切，另一个与波斯有着密切联系。在伊斯兰教兴起之前的时代，后者是阿拉伯文化的主要中心，早期的阿拉伯诗人就是在他们的宫廷里繁荣起来的，而且语言的古典形式也得到了发展。

因此，穆罕默德出生在阿拉伯历史上的一个关键时刻。南方的古老文明正在全面衰落，这片土地从北方到南方都在遭受外国文明和外来宗教的入侵。他出生的城市麦加是阿拉伯异教最后的据

₁₃₉ 点之一，该城市位于从也门到北方的伟大史前贸易路线上，它的建

立可能与更北边的阿拉（Al Ala）和泰马（Teima）一样归功于萨巴人的殖民运动，但我们对它被古莱什人（Quraysh，公元 4 世纪左右来自阿拉伯半岛北部的一个部落）征服之前的早期历史一无所知。

这是一座原始的寺庙城市，其重要性归功于伟大的卡巴圣堂（Kaaba）、霍巴尔神神殿及其神谕所，以及在几英里外的阿拉法山（Mount Arafa）举行的著名的年度朝圣活动。与萨巴人的神庙一样，卡巴神是城市领土的领主，麦加人是他的客户和臣民，向他支付庄稼的什一税和牛群的头胎，古莱什人的权力依赖于他们作为祭司和神殿守护者的地位。另一方面，朝圣是一种独立起源的仪式，也许是游牧民族的特征，是部落间的休战期间的一种神圣的集会，就像部落文化的民族中常见的那样。

因此，麦加文化具有双重特征。它占据着两种不同的社会类型——阿拉伯南部的古老圣城和沙漠中好战的游牧部落——之间的中间位置。同样，这个时代也是阿拉伯宗教从旧世界向新世界宗教进步过渡的时期。这些影响对穆罕默德的性格和教义的发展起了很大作用。需要重点记住的一点是，他受寺庙城邦和贸易社区传统影响，对沙漠中的阿拉伯人相当蔑视，[①]尽管他毫无疑问地 140 从他的沙漠祖先那里得到了大胆的精神，这种精神在他职业生涯的第二部分越来越明显。交战的异教部落的无政府状态和野蛮行径，以及早期文明已消逝的伟大遗迹都给他留下了深刻的印象。他感到有必要对阿拉伯社会进行道德上的改革，即用一些新的秩序原则来取代原始部落的亲属和血缘法则，同时他也意识到，人凭自己的力量是绝对不能完成任何事情的，因为像所有闪米特人一样，他也认为人类在绝对的神力面前是不重要的，这也许是沙漠环境恶劣条件下的自然心理结果。但是，穆罕默德的全能神性并不类似古老的阿拉伯宗教所神化的自然力量，而是正在阿拉伯半岛彰显力量的新宗教——犹太教和基督教——的神。毫无疑问，穆罕

---

① 可比照 *Sura* IX，90-105。例如，"沙漠中的阿拉伯人在不信和装糊涂方面是最顽强的，他们不太可能知道真主降示给他的使者的法律。"

默德在贸易旅行中接触到了这些新的影响。阿拉伯南部的犹太社区，甚至是靠近麦地那的犹太社区都有许多活跃的传教活动，基督徒也是如此，尽管我们对阿拉伯南部繁荣的教会知之甚少，但在归功于希米亚尔人（Himyarites）的使徒圣格雷根提乌斯（St. Gregentius）的法典中，有许多内容让人想起早期伊斯兰教的严格清规精神。此外，还有一类本土的苦行者，即所谓的哈尼发（Hanifa），他们和穆罕默德一样是一神教和严格道德法则的传道者，其中最著名的一位是扎伊德·伊本·阿姆尔（Zaid ibn ʿAmr），他是麦加的公民，在穆罕默德还是青年时就去世了。然而，如果把穆罕默德看作是他人思想的传播者，而不是原创者，那就大错特错了。他深信自己的直接灵感。像许多宗教神秘主义者一样，他过去常常陷入一种恍惚状态，在这种状态中，他听到一种声音，且总是这种声音，他无力控制或抵制这种声音的表达。这些话语采取了一种有节奏、有韵律的散文形式，无疑与异教徒诗歌中的神谕诗类似，因为穆罕默德经常要为自己辩护，以免被指责为"诗人"或被灵魂附体的人。

当穆罕默德成为一个政党的领袖和一个教派的创始人时，这些简短的狂喜言论让位给了更加平实和说教的语气、指导年轻社区的条例、与对手的争论，以及来源极其广泛的传奇历史——《塔木德》（Talmud）、《天启福音书》、异教阿拉伯的故事，甚至有双角的亚历山大及其对地球边界的远征的故事。然而，《古兰经》对世界历史的影响比其他任何一本书都要大。即使在今天，它仍然是 2 亿人社会生活和思想的最高权威，每一行每一个音节都被认为是神启的。

穆罕默德的宗教的力量首先在于它的绝对简单性。它是一种新型的世界宗教，只保留了最简单的元素。它建立在神的绝对统一和全能以及来世最重要的原则之上。但是，尽管它很简单，但它远不是一些现代辩护者所设想的理性的自然神论。它的基础不是理性，而是严格意义上的预言启示，以及对超自然力量的神奇干预的信仰。未来的生命被生动的物质形象所描绘——地狱之火，不信

者将在其中永远燃烧，以扎库姆树（Zakkoum）的地狱之果为食；天
堂的阴暗花园，信徒们将永远躺在高高的沙发上，穿着锦缎的内
衬，喝着艾斯塞尔比尔泉（Es Selsebil）的水，并由他们的新娘——天
堂的少女——陪同，"她们有着大大的眼睛，带着谦逊的目光，像受
庇护的蛋一样美丽。"

穆罕默德的道德和社会教义与他的神学一样简单明了。与神
的合一相对应的是信徒的团契，它废除了所有种族、部落和社会等
级的区别。首要职责是施舍："赎回俘虏，喂养孤儿和躺在尘土中
的穷人。"一夫多妻制和奴隶制是允许的，但除此之外，道德准则是
严格的清教徒式的，并通过体罚来执行。

另一方面，伊斯兰教的道德和教义的简单性被精心设计的礼仪
规范所平衡；每天的五次祈祷和适当次数的跪拜、诵读《古兰经》、
每年斋月的严格斋戒、关于宗教纯洁和沐浴的严格规定，尤其是麦
加朝圣的所有仪式，使穆斯林成为不同于其他人的种族，其中心是
麦加而不是耶路撒冷。对穆罕默德来说，尽管他放弃了古老的阿
拉伯异教，但仍然忠于他的圣城。卡巴圣堂仍然是神之家，甚至亲
吻神圣的黑石和绕卡巴圣堂七圈的传统仪式也被保留了下来，还
有到阿拉法特山朝圣的原始仪式，以及在米娜（Mina）献羊和剪头
发和指甲的仪式。所有这些做法都被认为是"亚伯拉罕（Abraham）
宗教"的一部分，而亚伯拉罕是卡巴圣堂的创始人和阿拉伯民族的
祖先。

当然，穆罕默德的教义和穆斯林社区组织的全面发展是一个渐
进的过程。当穆罕默德被麦加的异教徒古莱什人驱逐，并与他的
追随者在邻近城市耶斯里布（Yathrib）——现在的麦地那——避难
时，他的事业出现了危机。这就是公元 622 年的赫吉拉（Hegira），它
成为所有穆斯林年表的起始点。正是在麦地那，新的社区形成了一
个政治社会，它将取代旧的部落团结，也正是在那里，穆罕默德派
出了袭击麦加人商队的突击队，这是伊斯兰教世俗权力和圣战制
度的开端。在接下来几年的沙漠小规模战斗中，从第二年的巴德

尔(Badr)战役到第八年的麦加战役和胡奈恩(Hunain)战役，整个西亚和北非的未来都被决定了。

从此，伊斯兰教成为一种征服性的力量，吸收并联合了阿拉伯所有的部落社区。真正的信徒应该彼此和平相处，这是穆罕默德教义的基本原则之一，部落战争的停止解放了一大波好战的能量，涌向了周边国家。先知身后不到两年，对叙利亚和波斯的攻击就开始了。但是，穆斯林扩张的非凡成功和迅速发展不仅仅是由于阿拉伯人的好战精神，它更多的是强烈的宗教热情的结果，这种热情使圣战成为一种最高的奉献和自我牺牲行为，因此，死在"神之路"上是穆斯林的最高理想。

这种战斗的清规戒律是伊斯兰教的精髓，它在第一代哈里发统治下的穆斯林国家得到了最高的体现，一直被穆斯林自己视为的伊斯兰教黄金时代也正是这个时期，而不是阿拔斯(Abbasids)王朝统治下的文化和哲学的伟大时代。《阿尔法克里》(Al Fakhri)的作者在一段著名的话中这样描述道："要知道，这不是一个模仿当今世界的国家，而是类似于未来世界的情况。关于它的真相是，它的方式是按照先知的方式，它的行为是按照圣徒的模式，而它的受害者是那些强大的国王。至于它的风尚，那就是生活艰苦，衣食简朴；他们中的一个人(the Khalif Omar[哈里发奥马尔])会步行穿过街道，只穿一件破旧的只到腿的一半的衬衫，脚上穿着凉鞋，手里拿着一根鞭子，用来惩罚那些罪有应得的人。他们的食物来自最卑微的穷人。信徒的统帅阿里(愿他平安)从他的财产中获得了丰厚的收入，他把所有的钱都用在了穷人身上，而他和他的家人却以粗棉衣和大麦面包为生。至于他们的胜利和战斗，他们的骑兵确实到达了非洲和胡拉山(Khurasan)的最深处，并越过了奥克斯河(Oxus)。"[①]

很容易理解拜占庭帝国的职业军队或波斯的封建军团是如何不敌这种被精神所激发的人的，尤其是在这两个帝国的军事力量

---

① 引自 Browne, *Hist. of Persian Lit.*, I, 188-189。

被彼此间刚刚结束的大规模斗争所耗尽的时候。与叙利亚和伊拉克一样，由于财政压迫和宗教迫害，当地居民与希腊和波斯贵族关系疏远。与帝国教会或琐罗亚斯德教国教的正统性相比，阿拉米（Aramaean）农民与原始伊斯兰教的民主朴素性有更多的共同点，如果他们仍然处于臣民地位，那么一性论派和聂斯托利派至少与他们憎恨的压迫者处于同等地位。但这次征服对波斯民族文化以及北叙利亚和沿海地区繁荣的希腊城市来说是一场无妄之灾，后者从未从这次打击中恢复过来。

　　因此，在奥马尔任哈里发的时期（公元 634—643 年），伊斯兰教已经变成了一个包括叙利亚、伊拉克、埃及，以及阿拉伯半岛在内的庞大的帝国，但这种扩张对原始的神权统治来说是致命的。阿拉伯人已经成为广大臣民的统治者，这些臣民可以保留自己的旧宗教信仰，但必须缴纳人头税，而且不允许携带武器。社会因此被分为两个阶层，穆斯林战士和纳税的基督徒或琐罗亚斯德教的农民和市民，很快又增加了第三个阶层，即非阿拉伯穆斯林皈依者——马瓦里（Mawwali）或保护民。奥马尔试图保持穆罕默德理想中的简朴和平等，他禁止战士获得被征服的土地，并从国库中给他们发放固定工资。主要的驻军建立在泰西芬（Ctesiphon）附近的库法（Kufa）和开罗（Cairo）附近的福斯塔特（Fostat）等营地城市，以守卫新征服的领土，但这些来自遥远的麦地那的狂热分子组成的动荡军队很难控制，旧的部落争斗开始重新出现了。一边是以倭马亚家族（Umayya）为首的旧部落贵族党派；另一边是忠于伊斯兰教原始理想的党派，即先知的帮助者和流亡的同伴，这部分人又分为两派，一派支持他的近亲，即他的表弟和女婿阿里·伊本·塔利布（'Ali ibn Talib）的主张，另一派是严格的清教徒，他们的原则是民主和神权，他们不承认任何人对哈里发能有任何个人主张。这些人是哈瓦利吉派（Kharijites）或出走派，但他们把自己命名为苏拉特（Shurat）或卖身者，即为了真主的事业而出卖自己生命的人，以引喻《古兰经》的一段话："真主确实已向信徒们收买了他们的力量和资财，条件是以天堂作为交换。在真主的大道上，他们必争战，必杀戮，必受杀戮。这是一个应许，在律法上，在福音上，在古兰经上都是如此。谁比真主更忠于他的诺言呢？因此，你们要为你们所缔结的契约欢欣鼓舞，因为这将是伟大的幸福。"①现如今，他们的地位不仅体现在他们的嫡系后裔——阿拉伯南部的伊巴德派（Ibadites）中，而且更体现在现代的瓦哈布派（Wahabite）运动中，该运动试图恢复伊斯兰教的原始朴素性，并几乎再次统一了阿拉伯，将赫杰兹（Hejaz）国王从麦加和麦地那的圣城赶走。

所有的内战和纷争都是从这三个党派开始的，这些内战和纷争破坏了伊斯兰的原始统一，并在未来的历史上留下了深刻的印记。奥马尔的继承人、倭马亚王朝的领袖、麦加贵族、哈里发奥斯曼（Othman）被严守穆斯林传统的信徒杀害。在他的继任者中，阿里放弃了麦地那而选择了库法，而倭马亚家族的代表穆瓦维耶（Moawwiya）则占据了大马士革和叙利亚。公元681年，阿里被一个清教徒狂热者杀害，哈里发落入倭马亚家族之手。同年，倭马亚家族还在卡尔巴拉（Kerbela）击败并杀害了阿里的儿子、穆罕默德的孙子侯赛因（Husain），整个什叶派世界仍然在阿舒拉节上以最强烈的悲痛和最奢侈的道德行为来纪念这一事件。因此，伊斯兰教的世俗原则取得了胜利，大马士革成为倭马亚王朝世袭统治下的伟大东方国家的首都。它的疆域向东延伸，与中国的疆域相接，向西延伸到大西洋沿岸：在公元711年这一年内，信德（Sind）和西班牙都被纳入了哈里发的领地。

147

这种扩张伴随着穆斯林文化的迅速转变。哈里发们沿用了拜占庭和波斯的旧政府方法。下级官员几乎都是本地人，希腊语和波斯语最初是政府部门的语言。大马士革宫廷是灿烂辉煌的文化中心，耶路撒冷的奥马尔清真寺和大马士革大清真寺等伟大建筑标志着伊斯兰建筑和艺术在叙利亚-拜占庭传统基础上的崛起。

---

① *Sura IX*，102. Tr. Rodwell.

因此,倭马亚时期(公元 661—750 年)标志着东方反动势力的最后胜利,我们一直在追踪这一进程。叙利亚、埃及和美索不达米亚已经从他们的希腊和伊朗统治者手中夺回,并成了一个同质的闪米特人的帝国的中心,这个帝国拥有自己的宗教和文化,其力量从大西洋一直延伸到奥克斯河。罗马帝国被带到了毁灭的边缘,整个文明世界似乎都将成为穆斯林。即使在基督教世界,东方的影响也是方兴未艾。在叙利亚哈里发时代,东方帝国由叙利亚王朝统治,[①]西方教会由叙利亚教宗领导,[②]而基督教思想的领袖和最后一位希腊教父是叙利亚人约翰·曼苏尔(John Mansur),他曾是瓦利德一世(Walid I)及其继任者的税务部门负责人。我们必须把古代地中海文明的最后阶段——基督教帝国时代——的结束和中世纪的开端放在公元 7 世纪,而不是公元 5 世纪。

---

① 伊苏里亚人(Isaurians),起源于科马贡的日耳曼西亚(Germanicea in Commagene)。
② 在公元 685 年至 741 年间,有五位叙利亚教宗,他们分别是约翰五世(John V)、塞尔吉乌斯一世(Sergius I)、西辛尼乌斯(Sisinnius)、君士坦丁(Constantine)和格里高利三世(Gregory III)。

第九章　穆斯林文化的扩张

在公元 9、10 世纪,穆斯林文明得到了充分的发展,从西班牙到土耳其斯坦的整个伊斯兰世界见证了有史以来最辉煌的文化盛况。但这种文化并不是纯粹的穆斯林文化,更不是源自阿拉伯。它是一个世界性的产物,在其创造过程中,叙利亚、波斯、西班牙、柏柏尔(Berber)和土耳其等所有民族和文化都做出了贡献。整个结构的基础是由前四个哈里发的征服和大马士革的倭马亚王朝的政治组织奠定的,但直到公元 747 年倭马亚家族的倒台,世界性文化的伟大时代才开始。

建立阿拔斯家族新王朝的运动在很大程度上是由于东部省份对叙利亚哈里发的纯阿拉伯统治的不满。正是在帝国的东部省份呼罗珊(Khorasan),反对倭马亚王朝的叛乱开始了,它的成功标志着伊斯兰文化的纯阿拉伯时期的结束。哈里发从叙利亚转移到了自古以来就是东方文明和帝国中心的美索不达米亚。公元 752 年,曼苏尔在这里建立了新的首都巴格达(Bagdad),它继承了萨珊王朝的威望,并在一定程度上也继承了萨珊王朝的传统。①政权往

---

① 伊本·哈兹姆(Ibn Hazm,994—1064)作为一个西班牙人,对倭马亚家族有所偏爱,他写道:"倭马亚王朝是一个阿拉伯王朝,他们没有坚固的住所或城堡;他们每个人都住在自己的别墅里,在成为哈里发之前就住在那里;他们不希望穆斯林像奴隶对主人一样对他们说话,也不希望亲吻他们面前的地面或他们的脚……相反,阿拔斯王朝是一个波斯王朝,在它的统治下,由奥马尔制定的阿拉伯部落制度土崩瓦解,呼罗珊的波斯人是真正的统治者,政府变得像乔斯罗斯(Chosroes)时代那样专制。"引自 de Goeje, *Encyclopedia Britannica*,Volume 5(11th edition),p.426。

往掌握在有波斯血统的大臣手中,如哈伦·拉希德(Harunar 149
Rashid)时期的巴米吉德(Barmecides)家族和玛蒙(Mamun)时期的
法德尔·伊本·萨赫勒(Fadl ibn Sahl)家族,整个时期的宫廷和首
都的社会生活都受到了波斯人的深刻影响。波斯或半波斯文人在
穆斯林文化中占据了主导地位,例如哈伦·拉希德的宫廷诗人阿
布·纳瓦斯(Abu Nawas,卒于公元 810 年)和哈里发阿尔·玛蒙
(al Mamun)的导师阿尔·基萨伊(al Kisai)。阿尔·玛蒙自己本身
就是一位波斯女人的儿子,在他统治期间(公元 813—833 年),波
斯人在宫廷中的影响最为彻底。然而,这只是新的世界性文明的
一个要素。美索不达米亚基本上是叙利亚文化、波斯文化、阿拉伯
文化和拜占庭文化等不同文化的聚集地,更是不同宗教的聚集地。
它不仅是犹太教和基督教聂斯托利派的中心,而且从基督教一性
论派、摩尼教到诺斯替派的奇特遗迹、巴比伦的曼达教派(Mandae-
ans)和哈兰(Harran)的拜星者的异教传统,各种教派和异端在这里
都有代表。

　　这个国家是一个调色板,从苏美尔人的时代开始,每个文明都
在上面留下了痕迹。

　　在这样的氛围中,占统治地位的人很难保留原始伊斯兰教中毫
不妥协的正统观念和清规戒律。阿拔斯王朝首都奢华而复杂的社
会不仅沉溺于美酒和音乐,还沉溺于无拘无束的求知欲和自由的
宗教讨论。阿尔·玛蒙被戏称为"异教徒的指挥官",而根据冯· 150
克雷默(von Kremer)引用的有趣的隽语所说:"一个人如果不宣称
自己是异教徒,就不能成为时尚人士。"

　　　　"啊!伊本·齐亚德(Ibn Ziyad)贾法尔(Ja'far)之父!
　　　　你在外面宣称的信条与你内心隐藏的信条不同。
　　　　根据你的言辞,你表面上是一个辛迪加(Zindiq,摩尼教),
　　　　但在内心深处,你是一个受人尊敬的穆斯林。

你不是辛迪加，但你渴望被视为时尚。"①

这些条件解释了阿拔斯时期新文明的独特特征。尽管它的语言是阿拉伯语，宗教是伊斯兰教，但它的智力内容却来自被哈里发的世界帝国所吸收的旧文明。在这一时期出现的新的阿拉伯哲学和科学就是如此，它们对整个中世纪世界产生了巨大的影响。世界的知识领导权落到了伊斯兰民族手中超过四个世纪，西欧的科学传统也是从阿拉伯人那里起源的。尽管如此，伊斯兰文化的科学和哲学成就几乎与阿拉伯人或伊斯兰教无关。它不是原创的，而是希腊化传统的发展，并通过阿拉米人和波斯人的工作融入了伊斯兰文化。除了"阿拉伯人的哲学家"阿尔·金迪（Al Kindi）这个重要的例外，阿拉伯人在这场运动中几乎没有发挥作用。它在伊斯兰的边界上结出了最丰硕的果实——在中亚有法拉比（Farabi）、阿维森纳（Avicenna）和阿尔·比鲁尼（al Biruni），在西班牙和摩洛哥有阿维罗伊（Averroes）和伊本·图法伊尔（Ibn Tufayl）。

151　　　该运动的起源可以在巴比伦讲叙利亚语的基督徒和在哈兰的"萨巴人"异教徒中找到，他们是希腊和伊斯兰文化之间的中间人。泰西芬附近的军迪-沙普尔（Jundi-Shapur）聂斯托利派学校是尼西比斯学校的一个分支，它继承了 6 世纪叙利亚学者和翻译家的传统，是科学和神学研究的中心。正是在这里，巴士拉的阿拉伯语言学家首次获得了一些亚里士多德的逻辑知识，它也是一所著名的医学院。从巴格达建立之日起，宫廷医生的职位就由聂斯托利派基督徒担任，这些人是首批将希腊科学著作翻译成阿拉伯语的作者。公元 832 年，在聂斯托利派医生叶海亚·伊本·马萨韦（Yahyah ibn Masawaih）的指导下，阿尔·玛蒙在巴格达建立了被称为"智慧之家"的学校和天文台，为他们的工作提供了官方支持。该学校的活动在雅赫亚（Yahyah）的学生，同时也是叙利亚最伟大

① Von Kremer, *Kulturgeschichtliche Streifzüge*, pp.41-42,引自 E.B. Browne, *History of Persian Literature*, I., 307。

的翻译家和许多原创作品的作者胡奈恩·伊本·伊沙克（Hunayn ibn Ishak，809—877）的领导下得到了最大的发展。①通过他和他的学校，伊斯兰世界接触到了很大一部分希腊科学文献，包括盖伦、欧几里得和大部分柏拉图、亚里士多德及其新柏拉图派的评论家的著述。在同一时期，阿尔·花剌子模（al Khwarizmi）和巴努·穆萨（Banu Musa）家族三兄弟的著作奠定了阿拉伯数学和天文学的基础。②然而，由于印度科学的知识在公元 8 世纪后半叶传到了巴格达，这里对希腊传统的依赖就不那么彻底了。阿尔·花剌子模在阿尔·玛蒙的赞助下写作，他在他的作品中使用了这种新知识，尤其是极其重要的十进制计数系统和零的使用。正是从他那里，中世纪的欧洲人获得了新的数字系统（算法）的名称，以及他们对代数科学的初次了解。③然而，阿拉伯天文学和数学基本上基于希腊传统，这里的传播主要是由叙利亚翻译，尤其是基督教徒胡奈恩·伊本·伊沙克和库斯塔·伊本·卢卡（Qusta ibn Luqa，约公元 835 年），以及"萨巴人"异教徒塔比特·伊本·库拉（Thabit ibn Qurra，835—900）和阿尔·巴塔尼（al Battani，Albategnius，约公元 850—928 年）的努力，后者是伊斯兰世界最伟大的天文学家之一。④

　　这种对希腊传统的吸收和重构当然是片面的和不完整的。它没有考虑到希腊的诗歌和戏剧。它的文学影响仅限于散文，即便如此也不是最首要的影响，尽管在阿拉伯文学中很容易看到希腊修辞传统的痕迹，例如在公元 9 世纪最伟大的文学家和学者，独眼混血儿阿尔·贾希兹（al Jahiz）身上看到的。但是从科学和哲学的

――――――――――

　　①　他在中世纪的欧洲被称为约翰尼提乌斯（Johannitius），他的《盖伦导论》（*Intro-duction to Galen*）是最早被翻译成拉丁语的阿拉伯语书籍之一。

　　②　《三兄弟的书》（*Liber Trium Fratrum*）的作者，译者是克雷莫纳的杰拉德（Gerard of Cremona）。

　　③　他的《代数》论文由切斯特的罗伯特（Robert of Chester）在公元 1145 年翻译，而他的算术作品《花剌子模的印度算术》（*Algorismi de numeris Indorum*）可能是由巴斯的阿德尔哈德（Adelhard of Bath）翻译。他的天文表，即霍拉斯米亚表（翻译于 1126 年）在中世纪科学史上也非常重要。

　　④　他介绍天文学的著作《论天文学》（*De scientia astrorum*）在公元 1116 年由蒂沃利的柏拉图（Plato of Tivoli）翻译。西方人也是从他那里获得了关于三角学的第一手知识。

角度来看，希腊文化遗产的恢复几乎是完整的。在这里，穆斯林继承了雅典和亚历山大学校在公元 6 世纪丢弃的传统，他们追求的是亚里士多德主义和新柏拉图主义的调和或融合的理想，这也是最后一位希腊思想家的目标。尽管这种综合的主要元素已经被提供了，他们还是以一种思想活力和智慧独创性完成了它，使其成为有史以来最完整、最对称的哲学结构之一。现代欧洲人习惯于把宗教、形而上学以及各种自然科学视为独立和自主的知识领域，以至于我们很难理解一个将物理学、形而上学、宇宙学和认识论统一为一个整体的系统。然而，这正是阿拉伯哲学家的理想，而他们也取得了如此巨大的成功，以至于希腊传统的重构不是产生了大量杂乱无章的信息碎片，而是产生了一个完整的知识体系，其中的每个元素都和整体密不可分。

但这种综合的普遍性和一致性使得它不可避免地与伊斯兰教的正统教义发生冲突。《古兰经》中宣扬的严谨、简单的宗教教义认为人的责任不是去讨论上帝的本质，而是要服从他的法律，这与哲学家彻底的智识主义毫无关系。希腊人对普遍的宇宙法则的看法对人类智力来说是明智的，它没有给闪米特人对以东方君主的专制统治着世界和人的命运的人格神的信仰留下任何空间。后者最终导致了对因果关系原则和宇宙状态中任何必要秩序存在的否定，而前者则导致了科学决定论，其典型的表达是亚里士多德的宇宙论。正如杜亨所写的那样："亚里士多德及其最精确的评论家（如阿弗罗迪西亚的亚历山大、阿维罗伊）教导说，每个神都是一个永恒的不动的智慧，一个与自身同样永恒的第一物质的简单动力，必要且永恒的天体运转的第一和最终原因；他们还教导说，这些运转在永无止境的循环出现中决定了月球下的世界的所有事件；被插入这个绝对决定论的链条中的人只有自由的幻觉；并且他没有不朽的灵魂，或者更确切地说，他只是被一种不可毁灭的，但同时不是个人的，而是整个人类共有的智慧暂时赋予了活力。"①

---

① Duhem，*Le iysleme du Monde*，IV，p.314.

　　但是,尽管这一理论与基督教和伊斯兰教一样不可调和,但它在伊斯兰世界并非没有支持者。在公元 9 世纪,西亚的占星异教仍然是一个活生生的传统,它的信徒仍然为他们的古老文化感到骄傲,正如我们从塔比特·伊本·库拉的豪言壮语中看到的那样:"我们是异教的继承人和后代,异教已经光荣地传播到世界各地。为了异教而承担重任而不疲倦的人是幸福的。除了异教的首领和国王,还有谁使世界变得文明? 谁建造了世界的城市? 谁建造了港口,开凿了运河? 光荣的异教徒建立了这一切。正是他们发现了治愈灵魂的艺术,也是他们使治愈身体的艺术为人所知,并使世界充满了文明的制度和智慧,这是最伟大的财富。如果没有异教,世界将变得空虚,陷入贫困。"①

　　正如阿拉伯人所知道的那样,科学的创始人确实是异教徒,现在他们把在希腊人中长期逗留的古代智慧带回了它最初诞生的地方——圣城巴比伦。因为塔比特是哈兰人,迦勒底的乌尔(Ur of the Chaldees)的女儿,她的神庙仍然保持着传统,这些传统可以一直追溯到遥远的苏美尔人的过去。要理解阿拔斯时期的文明,就必须认识到它不是纯粹的伊斯兰创造,而是延续了 3000 多年的文化进化过程的顶峰阶段。一个又一个的帝国兴起又衰落,但古老的美索不达米亚文化一次又一次地重申了它的力量,并将它的传统强加于征服者的头脑。

　　诚然,正统的伊斯兰教意识到了它面临的危险,并尽其所能遏制这一外来传统的影响。因为新哲学对中世纪伊斯兰教的危害甚至超过了阿维罗伊主义对中世纪基督教的危害,而且在东方,没有阿奎那(Aquinas)来调和亚里士多德和神学的正统。有一段时间,穆塔齐勒学派(Mutazilite school)的自由派神学家确实试图弥合传统正统与哲学思想之间的鸿沟。但这一运动的起源归因于基督教神学的影响,而不是希腊科学的影响,而像安·纳扎姆(an Nazzam)

---

　　① Carra de Vaux, *Les Penseurs de I'Islam*, II, pp.145-146.

这样的思想家试图与希腊思想达成妥协，这比其他任何事情都更能败坏这场运动的名声。公元 834 年，哈里发阿尔·穆塔瓦基尔（Al Mutawakkil）统治下的正统派的回应导致了曾受到玛蒙及其直接继承人青睐的穆塔齐勒派的倒台，并致使像阿尔·金迪（al Kindi）那样的哲学家被迫害。此后，伊斯兰正统派退回到严格的传统主义，拒绝接受哲学，并以公式——比拉凯夫（Bila kayf，不问缘由地相信）——来回应理性主义者的所有反对意见。

156 然而，神学家的胜利纯粹是神学的胜利。它无力检视伊斯兰文化中的世界主义倾向，这种倾向摧毁了阿拉伯元素至高无上的地位，解放了东方世界的外来力量和离心力量。在公元 9 世纪，所有这些被淹没的旧文化力量——希腊主义和哲学家的异教信仰、诺斯替派的光照主义，以及马兹达基特人（Mazdakites）的革命社会主义——都浮出了水面，并威胁要颠覆伊斯兰教的基础，而这些基础已经被穆斯林社会的内部分裂所动摇。

自公元 7 世纪以来，哈里发的合法继承权问题一直是伊斯兰教中的一个纷争和分裂的根源。很大一部分人始终忠于穆罕默德的堂弟和女婿阿里的主张。他们认为，他是先知在其生命的最后一年于库姆池（Pool of Quum）亲自任命的，是先知的受托人和继承人，因此，所有不属于他的后裔和不属于先知的圣殿的哈里发都是冒牌货，他们不能合法地要求穆斯林的服从。这就是什叶派——阿里党——的起源，该党在波斯、印度和伊拉克仍有约 7000 万信徒，他们只承认阿里的后代——十二位伊玛目（Imams）——是真正的哈里发。这个什叶派政党首先在被征服民族的后裔中得到支持，他们把古老的东方信仰带入伊斯兰教，认为王权是神圣的，其权利是不可剥夺的，即君权是神授的，而不是原始伊斯兰教理论中的社区权力衍生。此外，这种思想还与更具超越性的传统和信仰相融合，如诺斯替派或摩尼教关于神灵以人类形式显现的学说，以及伊
157 朗人关于救世主国王萨奥斯亚特（Saoshyant）降临的信仰。在这些思想的影响下，阿里这个平淡无奇的人物被宗教情感的光环所包

围。他变成了一个半神的圣人和英雄，是人类最伟大和最聪明的人，是真主之光。因此，阿里的房子成了一种奉献的对象，它融合了雅各布派的浪漫忠诚和宗教狂热者的救世主信仰。

然而，他们的历史是不应该有的不幸的不间断记录。他们每次坚持自身主张的尝试都希望渺茫，最终以灾难告终，甚至当他们默默无闻地生活时，也成了毒药和暗杀的受害者。阿拔斯王朝利用他们作为推翻倭马亚王朝的爪牙，然后在胜利的时刻将他们推到一边。最后，在公元 873 年，阿里血统随着第十二任伊玛目穆罕默德·伊本·哈桑（Mohammed ibn Hassan）——哈里发阿尔·穆塔米德（Al Mutamid）试图杀害的一个十岁男孩——的失踪走向终结。

但即使这样也没有熄灭什叶派的希望。他们拒绝相信伊玛目真的死了，因为他们认为，如果没有真正的伊玛目，"世界连眨眼的瞬间都不可能持续"。他并没有死，只是被"隐藏"了起来，他在隐蔽处仍然监视着这个世界，指导着信徒们的事务，直到有一天，他将凯旋，恢复伊斯兰国家，让地球充满正义，就像现在充满不公正一样。因此，一千多年前神秘消失的那个不幸的孩子已经成为世界历史上最著名的人物之一。在今天七千多万人的眼里，他是马赫迪（Mahdi），是时代的主宰，是合法的主，是恳求者，是期待者，是真主的拯救者。自公元 16 世纪以来，波斯的统治者一直作为他的代理人和下属掌握着权力，并出于表示他们的依赖性，他们习惯于保持一匹马的马鞍和辔头，为它预期的归来做好准备。

158

尽管这是现代什叶派绝大多数人的信仰，但这绝不是该运动的唯一形式。还有无数其他声称继承自阿里的人，许多穆斯林王朝，包括摩洛哥的伊德里斯王朝（Idrisids of Morocco）和今天也门的扎伊德伊玛目（Zaydite Imams），都可以追溯到这个源头。但所有这些运动中最伟大、对伊斯兰世界产生最深远影响的是伊斯玛仪教派（Ismailia），即"七人教派"，它的基础是第七代伊斯曼（Isman）——贾法尔·萨迪克（Jafar as Sadiq）——的后裔的主张。

这一教派的创始人阿卜杜拉·伊本·马蒙（Abdullah ibn

Mamun）似乎已经构想出一种想法，即将知识分子和社会不满的所有力量结合起来，形成一个巨大的地下阴谋，反对阿拔斯王朝的哈里发和正统的伊斯兰教。它的教义和宣传方法主要是从其对手的报告中得知的，但很明显，该运动本质上是混合主义的，它将哲学家的新柏拉图思想与摩尼教和较小的教派（如曼达教派和巴德萨教派［Bardesanians］）所保留的诺斯替传统结合在了一起。与诺斯替派一样，伊斯玛仪教派教导说，宇宙是未知且不可触及的神格通过发出层次分明的连续信号演进的。神格在数量上是七个，对应于时间进程的七个时代或周期，在每一个周期中，宇宙智慧都以人类形态重现自己，具体呈现出来的是七位代言人（Natiq），分别是亚当、诺亚、亚伯拉罕、摩西、耶稣、穆罕默德和伊斯玛仪教派的弥赛亚（Ismaili Messiah），他们都是时代的主宰。与此相对应的是宇宙灵魂（帮助者或源泉）的七种显现形式，他们的作用是向选民揭示演讲者教导的深奥含义，于是亚伦辅佐了摩西，彼得辅佐了耶稣，阿里辅佐了穆罕默德。

所有这些启示先后体现在不同的世界宗教中，最后在伊斯玛仪教派的教义中得到了总结和实现，所有的面纱都被揭开。但这一教义本质上是深奥的，只传授给那些已经通过七级启蒙的人，这七级启蒙构成了伊斯玛仪教派的等级制度。只有当门徒把自己的身体和灵魂交给伊玛目及其代表——达伊（da'i）或传教士——时，秘密的教义——塔里姆（Ta'lim）——才会被揭示。此时，娴熟的门徒就能从所有的正面教义和所有的道德和宗教法律中解放出来，因为他学到了隐藏在所有正面宗教的教条和仪式的面纱下的内在意义。因为所有的宗教对"诺斯替派"（唯一理解神圣统一的最高秘密的伊斯玛仪启蒙者）来说都是同样真实和同样虚假的：神是唯一的，因为神是一切，现实的每一种形式都只是神圣的存在的一个方面。

但这种深奥的神学思想只是伊斯玛仪运动的一个方面。它还体现了一种革命的社会趋势，类似的社会趋势曾激发了公元7世纪的马兹达克（Mazdak）和公元 9 世纪著名的"红军"（阿尔·穆罕米拉［al Muhammira］）领袖库拉米特人巴巴克（Babak the Khurramite）的早期运动。事实上，这是神秘的"白色宗教"以新的形式重新出现，它已经造成了大量的流血和社会动荡。然而，这次的运动不是由像巴巴克和阿尔·穆坎娜（Al Muqanna，"呼罗珊的蒙面先知"）这样无知的狂热者指挥的，而是由有远见和敏锐的头脑指挥的。伊斯玛仪的大宗师们从他们在叙利亚一个不起眼的小镇上的藏身之处①控制着一个巨大的秘密组织的运转，并向各个方向派 *160* 出他们的使者。

　　在公元 9 世纪的最后三十年里，这一运动在伊斯兰世界广泛传播。伊斯玛仪教派的一个分支以卡尔马提亚人（Carmathians）的名义在波斯湾阿拉伯岸边的巴哈林（Bahrein）建立了一个引人注目的半共产化的强盗国家，并在公元 10 世纪期间对整个阿拉伯实行恐怖统治。巴士拉（Basra）在公元 924 年被他们洗劫，库法在公元 930 年被他们洗劫，最后他们占领了麦加，屠杀了那里的居民，带走了大量战利品，包括卡巴圣堂的神圣黑石，震惊了整个伊斯兰世界。

　　与此同时，大宗师在他的总部被发现后，于公元 907 年将他的活动转移到突尼斯，并在那里自称马赫迪，建立了法蒂玛王朝（Fatimid）的哈里发国家，其疆域逐渐了包括整个北非。公元 967 年，在征服埃及并将首都迁往开罗之后，法蒂玛帝国成为穆斯林世界中最富有和最强大的国家，叙利亚和西西里岛也依附于它，且由于伊斯玛仪教派的宣传，它在伊斯兰世界的每个地方都有追随者和秘密特工。埃及的前两位法蒂玛统治者阿尔·穆伊兹（al Mo'izz，公元 953—975 年）和阿尔·阿齐兹（al 'Aziz，公元 976—996 年）是明智且有远见的统治者，他们使埃及成了东方最繁荣的国家。但该王朝最著名的成员是阴险的阿尔·哈基姆（al Hakim，公元 990—

---

　　①　萨拉米亚（Salamiyya），靠近霍恩斯（Horns）。

1021 年），他既是一个残忍的怪物，又是一个开明的学术赞助人。尽管哈基姆有很多暴行，但他比王朝的其他任何成员都更全心全意地拥护极端的伊斯玛仪教义。他宣称自己是神，他的追随者则

161 向他致以神圣的敬意。直到今天，黎巴嫩山的德鲁兹人（Druse of Mount Lebanon）仍然崇拜他，认为他是神圣智慧的最高体现，是启示的最终总结。[①]

在哈基姆之后，法蒂玛王朝史是一部治国无方和衰落的历史。然而，它的外部声望从未像弱小的阿尔·穆斯塔西尔（al Mustansir，公元 1030—1094 年）统治时期那样高，他在阿拉伯的圣城被承认为哈里发，甚至有一段时间在阿拔斯王朝的首都巴格达也被承认。伟大的波斯诗人，曾为法蒂玛王朝的事业付出了大量劳动和艰辛的纳赛尔·伊·霍斯鲁（Nasir-i Khusraw）用他的诗句展示了这个王朝在许多什叶派教徒中所激发的虔诚：

"主啊，荣耀归于他的名！我在这绝大多数人都追逐的事物导致的烦扰生活中得到了豁免和解脱。

我感谢万能的主，他为我指明了通向信仰和智慧的道路，并打开了恩典之门，他在这个世界上以他无尽的慈悲使我成为一个对神圣家族［法蒂玛］的爱像正午的太阳一样清晰的人。"[②]

著名的哈桑-伊-萨巴赫（Hasan-i-Sabbah）同样致力于法蒂玛的事业，他于公元 1090 年占领了波斯的阿拉穆特（Alamut）岩石堡垒，并以穆斯塔西尔长子尼扎尔（Nizar）的名义组织了所谓"新宣传"的有条不紊的暗杀活动。伊斯玛仪教派的这一分支由于山中老人及其使者菲达斯（Fidais）于十字军东征期间在叙利亚实行的恐怖主义而臭名昭著。它在法蒂玛王朝的主要分支后来以霍贾教派

---

① 根据德鲁兹人的说法，哈基姆骑驴的习惯是他与早期启示有关的典型特征。驴代表前几代的演讲者或先知！

② Browne，*Literary History of Persia*，II，235.

(Khoja)的形式继续存在,其首领阿加·汗(Aga Khan)是英国社会
的一个著名人物,他是阿拉穆特最后一位大宗师和法蒂玛王朝本
身的直系后裔。

　　与此同时,阿拔斯的哈里发王朝正经历着一个政治解体的过
程。自9世纪中叶以来,哈里发越来越依赖土耳其奴隶和雇佣兵,
而边远省份则在当地王朝的统治下保持独立。早在公元755年,
西班牙就在倭马亚王朝的一位幸存者的领导下宣布了独立,同样
的过程在伊斯兰教的每一个地区逐渐发生,直到哈里发失去了所
有实权,只保留了一种作为正统逊尼派伊斯兰教统一代表的宗主
地位。然而,在公元10世纪,即使是这种名义上的霸权也因什叶
派的发展而受到威胁,这些什叶派包括最重要的东方王朝——从其
首都博卡拉(Bokhara)统治呼罗珊(包括现代土耳其斯坦)的萨曼人
(Samanids)、里海省份的扎伊德人(Zaidites)和齐亚里德人(Ziyarids)
以及西波斯和摩苏尔(Mosul)的布瓦伊德人(Buwayids)。公元945
年,布瓦伊德人甚至成为巴格达的主人,在一个多世纪里,哈里发们
只不过是波斯和什叶派王朝手中的傀儡。这同一个世纪不仅见证了
法蒂玛王朝在北非的建立,还见证了第三个哈里发王朝在西班牙的
崛起,该政权由西方倭马亚王朝最伟大的人物,来自科尔多瓦的阿卜
杜拉赫曼三世('Abdurahman III of Cordova)于公元929年建立。

　　尽管如此,这种政治统一的丧失并没有影响穆斯林文化的进
步,哈里发王朝的衰落时期也是文学和科学的黄金时代。新王朝
的崛起促进了当地文化中心的发展,在公元10世纪,波斯文艺复
兴于博卡拉的萨曼王朝宫廷兴起,新的西班牙-阿拉伯文化也在西
方崛起,而阿勒颇(Aleppo)的哈姆丹王朝(Hamdanids)的宫廷是阿
拉伯文化在叙利亚更加辉煌发展的中心。哲学和科学在阿拔斯王
朝哈里发时期受到正统派的阻挠,但在什叶派王公的大力赞助下
得到了蓬勃发展。这是阿尔·法拉比(al Farabi,约公元950年)和
所有东方哲学家中最伟大的伊本·西纳(Ibn Sina,或称阿维森纳,
980—1037)的时代,也是医生阿尔·拉齐(al Razi,或称拉泽斯

［Rhazes］，865—925）和天文学家、年代学家阿尔·比鲁尼（973—1048）的时代，后者关于印度文化和古代国家年代学的著作是那个时代最举世瞩目的科学成就。一个奇怪的事实是，希腊化思想在中世纪的复兴应该以古希腊的巴克特里亚（Bactria）王国为中心，因为除了阿尔·拉齐，我们提到的所有作家都是奥克苏斯河附近地区、博卡拉、希瓦（Khiva）和撒马尔罕（Samarkand）地区的居民。也正是在这里，新柏拉图主义传统与伊斯兰教的结合在中世纪晚期伟大的波斯诗人，来自巴尔赫的贾卢丁（Jalaluʿddin of Balkh）和赫拉特的贾米（Jami ʿof Herat）身上产生了最崇高的表达。

然而，公元 10、11 世纪首先是一个世界性的时代，在这个时代，地方王朝在资助文学和学术方面的竞争、学校和图书馆的数量、贸易活动、伟大的苏菲（Sufi）派兄弟会的兴起等就像中世纪基督教世界的宗教秩序一样促进了伊斯兰文化的相互交融和多元统一。学者和文人游历了东方世界的每一个角落，如阿尔·比鲁尼，他是第一个对印度宗教和文化进行科学研究的人，还有马苏迪（Masʿudi），他对知识的渴望引导他从里海到达桑给巴尔（Zanzibar），从锡兰到达地中海。

164　　　这个时代的文化具有百科全书式的特点，这不仅可以从塔巴里（Tabari，838—923）和马苏迪（约公元 956 年）的伟大的世界史中看出，而且从伊布努尔·纳迪姆（Ibnuʾl Nadim，约公元 955 年）的《群书类述》（*Fihrist*）最能看出，"这是一本所有国家的书籍索引，涉及每一门知识，包括作者和编纂者的传记细节，从每一门科学发明之初一直到本时代为止。"这是一个显著的证据，它不仅证明了阿拉伯文化在其最高发展时期的文学财富，而且也证明了它后来所经历的贫乏和退化。

从历史的角度来看，更有趣的是百科全书式地收录了大约 50 篇关于哲学和科学论文的论文集，名为《纯洁兄弟会文集》（*Tracts of the Brethren of Purity*），这些论文是大约在公元 10 世纪末于巴士拉编写的。它们似乎代表了伊斯玛仪教派高级别的深奥教义，不然我们就只能主要从他们的反对者的报告中得知。尽管从科学的角度来看，它们远不如阿维森纳和其他伟大哲学家的著作，但它们显示了希腊化思想和东方宗教的更完整的融合。它们有意将伊斯兰教从迷信和非理性中净化出来，并揭开隐藏在正统教条面纱背后的奥义。根据它们的教导，所有的事情都是由于宇宙灵魂的作用，它通过天体的代理对所有的地球生物行使其权力。"这种力量被哲学家们命名为自然，但宗教给它的名字是'天使'。宇宙灵魂是单一的个体，但它拥有许多力量，这些力量散布在每一颗星球、每一种动物、每一种植物、每一种矿物、四种元素以及宇宙中存在的一切事物中。"我们所说的个体灵魂只不过是宇宙灵魂的力量，它通知并指引着个体。因此，神学家所说的复活只不过是宇宙灵魂从它与物质身体的暂时联系中分离出来；换句话说，就是那个身体的死亡。同样，普遍的复活是宇宙灵魂与其与物质宇宙的联系的分离，即世界的死亡。基于这些学说，他们结合了对循环运动的信仰，认为世界跟随天体的循环运动，并在 36 000 年后回到它开始的地方。只有智者才有可能返回，留下的兄弟们的使命是引导人们获得最终的解脱。他们写道："要知道，我们是纯洁兄弟会，真诚、纯洁、慷慨；我们以前一直在我们父亲的洞穴里；后来时代改变了，时期轮转了，应许的时刻到来了。在沉睡者完成他们的周期之后，我们已经觉醒，在被分散到各地之后，我们已经按照承诺在大法师的国度里重新聚集在一起。我们已经看到了我们的精神之城，它悬在空中，我们的父母和他们的后裔由于宿敌的欺骗被赶出了那里。"他们还引用毕达哥拉斯（Pythagoras）的话："如果你践行了我的忠告，那么当你与你的身体分离时，你将在空气中生存，不再寻求回归人类，也不再经历死亡。"[①]

　　这些思想在公元 10、11 世纪的伊斯兰世界广泛传播，构成了

　　① Carra de Vaux, *Les Penseurs de l'Islam*, IV, 102-115, 引自 Dieterici, *Die Abhandlungen der Ikwân es-Safâ in Auswahl*, Leipzig, 1883—1886, esp. pp.594-596。参见 Dieterici, *Die Philosophie bei dem Arabern*, Part VIII, pp.85-115。

166　更高级的哲学和科学文化的神秘或宗教背景。它们出现在阿维森
　　纳高尚的《灵魂颂》（*Ode on the Soul*）里，出现在纳赛尔·伊·霍斯
　　鲁《日记》（*Diwan*）中，甚至在盲人诗人阿布-阿拉·阿尔·马阿里
　　（Abu'l-'Ala al Ma'arri，973—1057）的作品中也能找到它们的踪
　　迹，他将毕达哥拉斯的思想和纯洁兄弟会的科学宿命论与深刻的
　　悲观主义和怀疑主义结合在一起，这在阿拉伯文学中是没有先
　　例的。

　　　　在西方，科尔多瓦的神秘主义者伊本·马萨拉（Ibn Masarra，
　　883—931）的学派代表了类似的思想倾向，而纯洁兄弟会的论文本
　　身在很早的时候就通过西班牙旅行家和天文学家，来自马德里的
　　马斯拉马（Maslama of Madrid，约公元 1004 年）和萨拉戈萨的阿
　　尔·基尔马尼（al Kirmani of Saragossa）传到了西班牙，得益于此，
　　它们对中世纪西班牙的思想产生了巨大的影响。

　　　　但是，这个辉煌而复杂的文明已经包含了衰败的苗头。它的奢
　　华和怀疑主义对激进的清教主义精神是致命的，而这种精神正是
　　早期穆斯林的力量所在，它的离心倾向削弱了伊斯兰的政治团结。
　　阿拉伯人和波斯人作为伊斯兰文化的领导者正在把他们的权力让
　　给更粗鲁和更有男子气概的民族，如土耳其人，他们于公元 10 世
　　纪末在阿富汗建立了加兹纳（Ghazna）王国，并在随后的一个世纪
　　里建立了伟大的囊括了波斯和小亚细亚地区的塞尔柱（Seljuk）苏
　　丹国。这并不完全是一种不幸，因为新的民族为衰败的伊斯兰教
　　力量注入了新的活力，并掀起了新的征服浪潮，向东扩展到印度北
　　部，向西蔓延到小亚细亚，但这种外部扩张伴随着伊斯兰文化的降低
　　而缩小。像加兹纳（Ghazna）的"偶像破坏者"马哈茂德（Mahmud）这
　　样的野蛮君主的嫉妒专制和僵化正统与作为其附庸的阿维森纳和
167　阿尔·比鲁尼等波斯学者的自由思想和世界性文化格格不入。因
　　此，逊尼派的正统主义战胜了什叶派的宗教混合主义，科学和哲学运
　　动也逐渐衰落，土耳其在伊斯兰教中的霸权随之而来。波斯文化在
　　塞尔柱苏丹统治下仍然繁荣了一段时间，这得益于他们的波斯大臣

的开明政策,例如著名的尼扎姆・乌尔・穆尔克(Nizam-ul-Mulk,1017—1092),他是巴格达尼扎米亚(Nizamiyya)学院的创始人,也是诗人兼天文学家奥马尔・海亚姆(Omar Khayyam)的资助者。但东方思想的创造时期已经结束。只有在遥远的西方,在西班牙和摩洛哥,穆斯林的哲学和科学在公元13世纪最后黯然失色之前,享受了短暂的辉煌扩张时期。

尽管如此,在整个中世纪早期,伊斯兰文化仍然保持着其卓越地位,这不仅体现在东方,在西欧也是如此。就在基督教世界似乎要屈服于萨拉森人(Saracens)、维京人和马扎尔人(Magyar)的同时攻击时,西地中海的穆斯林文化正进入其发展的最辉煌阶段。在公元10世纪,科尔多瓦的哈里发统治下的西班牙南部是西欧最富裕和人口最多的地区。它的城市及其宫殿、学院和公共浴室类似于罗马帝国的城镇,而不是法国和德国在修道院或封建堡垒的庇护下成长起来的可怜的木屋群。科尔多瓦本身是欧洲仅次于君士坦丁堡的最大城市,据说有20万间房屋,700个公共浴室,以及雇佣了13 000名织工的作坊,还有军械师和皮革工人,他们的技术在整个文明世界都享有盛名。穆斯林西班牙的知识文化也同样先进。穆斯林王公和总督们竞相资助学者、诗人和音乐家,据说哈里发在科尔多瓦的图书馆里收藏了400 000份手稿。 *168*

我们习惯于把我们的文化本质上看作是西方的文化,以至于我们很难意识到,曾经有一个时代,西欧最文明的地区是一种外来文化的领地,而我们文明的摇篮地中海则面临着成为阿拉伯海的危险。事实上,在小亚细亚仍然是基督教的土地,西班牙、葡萄牙和西西里岛是繁荣的穆斯林文化的发源地的时候,将基督教视为西方,将伊斯兰教视为东方是很不准确的。然而,这就是公元10世纪的情况,它对中世纪世界的发展产生了深刻的影响。西方文化是在更先进的伊斯兰文明的阴影下成长起来的,中世纪的基督教世界正是从后者而不是从拜占庭世界恢复其对希腊科学和哲学的继承的。直到公元13世纪,在十字军东征和蒙古人入侵的大灾难之后，西方基督教的文明才开始达到与伊斯兰教相对平等的地位，而且即使在那时，它仍然渗透着东方的影响。只有到了公元 15 世纪，随着文艺复兴和欧洲国家规模庞大的海洋扩张，西方基督教才获得了文明的领导地位，我们今天将其视为一种自然规律。

第十章　拜占庭文艺复兴和东方帝国的复兴

　　当伊斯兰世界正在创造公元9、10世纪的辉煌文明时,拜占庭文化既不颓废也不停滞。尽管有一段时间,帝国确实存在着可能屈服于东方复兴的胜利力量的危险,但它的纪律和公民秩序的传统,以及它的宗教基础的力量使其能够度过危机。拜占庭帝国逐渐恢复了其在公元7世纪失去的地位,直到它再次成为东地中海地区最重要的军事和经济强国。

　　但在许多方面,它是一个新的帝国。它的文化、政治和社会组织都受到了它所经历的危机的深刻影响。戴克里先和君士坦丁建立的官僚国家在查士丁尼之后的一个世纪里消亡了,许多古老的文化传统也随之消失。正是在这一时期,而不是在日耳曼人入侵的时代或土耳其征服的时代,古代世界的许多知识遗产丢失了。虽然查士丁尼的同时代人仍然保留着亚历山大时代的许多知识传统,但除了一些历史学家和百科全书编纂者外,公元9世纪的人所掌握的希腊古典文学比我们今天所掌握的多不了多少。这部分是由于失去了亚历山大里亚和加沙等一些叙利亚沿海城镇,这些都是古典研究的主要中心,但变化的根本原因是拜占庭文化的东方化,其发展已经被描述过。这个过程在公元7世纪达到高潮,当时东部和南部省份被阿拉伯人占领,巴尔干地区被保加利亚人和斯拉夫人占领。当帝国在公元8世纪重建时,它是一个主要由亚洲人组成的国家,以安纳托利亚和亚美尼亚省的士兵和农民为基础。

旧的省级组织已经消失，取而代之的是新的军区制，其指挥官整合了民事和军事权力。在伊苏里亚和亚美尼亚军人皇帝的统治下，尤其是在利奥三世（Leo III，公元 717—740 年）、君士坦丁五世（Constantine V，公元 740—775 年）和亚美尼亚人利奥（Leo the Armenian，公元 813—820 年）的统治下，拜占庭文化中的军事和东方元素都取得了完全的主导地位。旧文官制度所保持的学术和希腊主义传统几乎完全消失，教会也像西方一样成为文学文化的主要代表。

此外，帝国的宗教生活也表现出同样的倾向。东部省份的丧失使帝国摆脱了与基督一性论派的长期斗争，它现在比以往任何时候都更加是一个统一的教会国家，其世俗和宗教层面几乎无法区分。但在帝国的宗教生活中，东方因素和希腊因素之间仍然存在着潜在的对立，新的东方王朝试图将其宗教信仰强加给拜占庭教会，这导致了一场激烈而深远的冲突。对西方历史学家来说，圣像崇拜的争论更甚于之前的基督教异端，它总是表现为关于教会琐事的毫无意义的冲突，而这样一个问题竟然有能力深层次地撼动拜占庭社会，这似乎很荒谬。不过，这个表面问题的背后是两种文化和两种精神传统之间同样根深蒂固的对立，这在我们在讨论基督一性论运动时已经描述过了。事实上，圣像之争涉及的基本原则甚至比先前的争论还要多。它的背后不是一个神学流派的明确教义，而是一种东方宗派主义的模糊且无形的精神，它拒绝整个希腊教义体系。

从很早的时候起，东方边疆就存在着一种与西方正统教义毫无共同之处的基督教派别。它不接受尼西亚的"道成肉身"教义，而是将基督视为通过圣灵的降临而获得神性的创造物。它摒弃了教会的圣事教义，并拒绝使用外在的形式和仪式，支持纯粹的精神和内在的宗教理想。物质是邪恶的，所有对物质对象的崇拜本质上都是偶像崇拜。洗礼的水"仅仅是洗澡水"，物质的十字架是被诅咒的工具，唯一真正的教会是无形的和精神的。所有这些思潮并非源自摩尼教，尽管摩尼教本身也毫无疑问受到了它的影响。它源自一个更古老的传统,以巴德萨尼斯和一些诺斯替派和禁戒派 (Encratites)为代表,也以梅萨林派(Messalian)为代表。

后来,它以中世纪天主教运动的形式出现在西方,甚至在今天,它仍然存在于莫洛哈尼(Molokhani)、杜克霍博尔(Dukhobors)和赫利斯蒂(Khlysty)等不知名的俄罗斯教派的奇怪教义中。

这一伟大的宗教运动的早期和后期阶段之间的联系可以在保罗教异端中找到,该异端大约在公元 7 世纪中叶出现在拜占庭帝国的亚美尼亚,并在两个多世纪的时间里一直是帝国东部边境上的一股活跃的好战力量。新王朝正是在这一地区诞生的,而且利奥三世本人也可能受到了他们思想的影响。此外,他与穆斯林斗争,并试图通过强迫犹太人和蒙坦教徒皈依来完成帝国的宗教统一,这个过程使他意识到,东方人何其厌恶在东正教崇拜中起着巨大作用的圣像崇拜。 *172*

因此,公元 725 年,皇帝开始了他的教会改革的圣像破坏政策,并开始了与教会的斗争,这场斗争持续了一个多世纪(公元 725—843 年)。一边是皇帝、军队和东部各省,另一边是僧侣、教宗和西方;事实上,欧洲各省对帝国政策的敌意是如此强烈,以至于在意大利和希腊都引起了不满和叛乱。因此,这场争论一方面涉及拜占庭文化中东方和西方元素之间的斗争,另一方面涉及世俗和教会权力之间的斗争,迪尔(Diehl)教授将其与西方公元 11 世纪的授职争议相提并论。宗教反对派在圣像破坏运动中看到了与基督一性论异端背后相同的精神——东方人拒绝承认物质创造物的尊严及其成为精神载体的能力,尤其是在道成肉身中——神圣的逻各斯(Divine Logos)在人类肉体中的可见表现。用圣保罗的话来说,基督不就是看不见的神的形象吗?难道神圣的逻各斯在肉体中的可见显现不涉及物质事物的神圣化和精神现实的可见表现吗?这一原则是希腊基督教的核心,希腊文化的最后力量聚集在 *173* 一起捍卫圣像。他们的领袖是僧侣,但同时也是艺术家、诗人和文学家;事实上,反对圣像破坏运动的党派的拥护者,如大马士革的约翰、历史学家塞奥法尼斯(Theophanes)、乔治·辛塞洛斯(George Syncellos)、牧首尼基弗鲁斯(Nicephorus)，尤其是斯图迪姆的西奥多(Theodore of Studium)，实际上是这个黑暗时代拜占庭文学的仅有代表。[①]

因此，圣像崇拜者的最后胜利伴随着艺术和学术的复兴，这不仅仅是一种巧合，因为他们的胜利是希腊文化在宗教层面的普遍复兴，也是兴起近三个世纪的东方影响在宗教层面的衰落。学术不再局限于修道院，因为文官制度恢复了其作为古典传统和世俗学术代表的旧地位。君士坦丁堡大学于公元863年由巴尔达斯(Bardas)重建，并成为希腊复兴的中心。从公元9世纪到12世纪，一系列伟大的学者热衷于研究经典和恢复古代学问——公元9世纪的佛提乌斯(Photius)和阿瑞萨斯(Arethas)，公元10世纪的百科全书编纂者苏伊达斯(Suidas)和《希腊文选》(Greek Anthology)的编辑君士坦丁·塞法拉斯(Constantine Cephalas)，以及公元11世纪的迈克尔·普塞卢斯(Michael Psellus)、约翰·莫洛普斯(John Mauropus)、约翰·塔勒斯(John Italus)，米蒂莱尼的克里斯托弗(Christopher of Mytilene)，等等。这是拜占庭文艺复兴的顶峰，其最伟大的代表是普塞卢斯(Psellus)，他具有意大利人文主义者的所有特征——他们对古代的浪漫崇拜，尤其是对古代雅典的崇拜，他们对荷马和柏拉图的虔诚，对古典风格模式的刻意模仿，尤其是文学上的虚荣与争吵。但这并不是一个创造天才的时代。它的典型产品是伟大的词典和百科全书，如佛提乌斯的"图书馆"、苏伊达斯的词典和君士坦丁·普菲洛杰尼图斯(Constantine Porphyrogenitus)的汇编，这些作品类似于中国的文学百科全书，而不是现代文学的任何东西。然而，尽管缺乏原创性，这却是一个精致和复杂的文化时代，我们很容易理解像公元9世纪的佛提乌斯，或公元12世纪像

174

---

① 我们必须把西奥菲勒斯排除在外，他是最后一位支持圣像破坏运动的皇帝，他对艺术和文化有真正的兴趣，是塞萨洛尼卡的利奥(Leo of Thessalonica)及其兄弟、牧首约翰这两位支持圣像破坏运动的学者的赞助人。

安娜·科姆内娜（Anna Comnena）这样学识渊博的公主对西欧当代文明的粗俗和野蛮的蔑视。

激发拜占庭学术复兴的回归希腊传统的趋势在艺术领域也同样明显。东方艺术的抽象象征主义向希腊传统的自然主义和表现主义的转向就是一种反响。绘画和象牙雕刻都显示出强烈的古典主义影响的痕迹，著名的"巴黎诗篇（Paris Psalter）"等手稿的插图在风格上纯粹是希腊化的。更令人称奇的是，在公元11、12世纪的一些手稿中，人们倾向于用异教神话中的场景来为教父们的著作配插图，如阿耳忒弥斯（Artemis）和亚克托安（Actaeon）的传说，或宙斯（Zeus）和塞墨勒（Semele）的传说，或库雷特斯（Guretes）的舞蹈。除了这些直接模仿古代题材和模式的例子外，新时代的艺术中也不乏古典主义的灵感。即使是教会的宗教艺术也不能免于这种影响，哪怕自圣像破坏者失败之后，它就被神学理想所支配，并服从于严格的礼拜仪式和教义计划，这一时期最好的马赛克——埃勒乌斯（Eleusis）附近的达夫尼教堂（Ghurch of Daphni）的马赛克——在构图的对称性以及态度和姿态如雕像般的庄严方面完全是希腊式的。

另一方面，东方的影响在建筑上仍然是至高无上的，在拜占庭 175后期的发展中，新的教堂风格仍然是可能起源于亚美尼亚的带有五个圆顶的十字形结构。但即使在这里，我们也可以找到希腊精神的影响，因为装饰不再局限于东方时尚的建筑内部，而是向外流向门廊和外墙，正如我们在威尼斯的圣马可教堂（St. Mark's Basilica）看到的那样，这也许是这一时期拜占庭建筑现存的最好例子。在西方能找到如此宏伟的拜占庭艺术标本是帝国文化重新焕发活力的有力证明。事实上，没有其他哪个时代使拜占庭艺术的影响得到如此广泛的传播，连查士丁尼时代也不例外。它以许多不同的形式，通过许多不同的渠道到达欧洲，从黑海延伸到基辅和俄罗斯内陆，通过亚得里亚海到达意大利东部和北部，从卡拉布里亚（Calabria）的希腊修道院到蒙特卡西诺（Monte Cassino）和罗马。

拜占庭文化的这种复兴伴随着相应的政治复兴。帝国再次转向西方，成为一个伟大的欧洲强国。伊苏里亚皇帝已经遏制了伊斯兰教的发展，并恢复了拜占庭的军事力量，但其欧洲各省的恢复却因西方加洛林帝国（Carolingian Empire）的崛起和巴尔干地区出现强大的蛮族力量而受到阻碍。保加利亚人和马扎尔人一样是芬兰人和匈奴人的混血儿，他们在公元 5、6 世纪时曾是南俄罗斯匈

176 奴人部落联盟的一部分。在公元 6 世纪帝国衰落期间，他们在多瑙河以南以前的摩西西亚省（Moesia）确立了自己对斯拉夫人的霸主地位。伊苏里亚皇帝遏制了他们的发展，并在亚美尼亚建立了由保罗派异教徒组成的军事殖民地来守卫边境。然而，在公元 9 世纪初，保加利亚人的可汗克鲁姆（Krum）利用查理曼大帝摧毁阿瓦尔（Avar）政权的机会，在那里建立了一个新的帝国，控制区域从黑海延伸到贝尔格莱德，从多瑙河延伸到马其顿。此后的两个世纪里，保加利亚人是帝国不得不面对的最严重的威胁。他们一次又一次地击败了拜占庭军队，并威胁到君士坦丁堡本身。然而，他们无法避免因征服而接触到的更高等文化的影响，公元 864 年，保加利亚人的沙皇鲍里斯（Boris）接受了基督教信仰。

斯拉夫基督教的建立归功于"斯拉夫人的使徒"圣西里尔（S. Cyril）和美多迪乌斯（Methodius），他们致力于摩拉维亚的皈依；但尽管有教廷的支持，他们还是无法克服加洛林教会和国家的反对，而正是在巴尔干地区，尤其是在保加利亚，他们的工作结出了真正的果实。正是在这里，特别是在保加利亚最伟大的统治者沙皇西蒙（Simeon，公元 893—927 年）统治期间，一种斯拉夫文学通过希腊文的翻译形成了，并创造了一种新的随后在俄罗斯和其他巴尔干民族中广泛传播的基督教斯拉夫文化。①但新的基督教保

---

① 同时，保利希亚（Paulician）异端从菲利波利斯（Philippopolis）附近的亚美尼亚殖民者那里传到了保加利亚人那里，并诞生了博戈米尔（Bogomils）的斯拉夫教派。它迅速传遍了整个巴尔干地区，特别是波斯尼亚（Bosnia），在那里它一度成为民族宗教，也传到了俄罗斯（早在公元 1004 年），并在后来传到了西欧。

加利亚国家并没有强大到足以抵御马其顿皇帝日益增长的权力。
保加利亚东部于公元963—972年被尼基弗鲁斯·福卡斯（Nice-
phorus Phocas）和约翰·齐米塞斯（John Zimisces）征服，他们的工
作由他们伟大的继任者"保加利亚屠夫"巴西尔（Basil）完成，他于
公元1018年通过吞并西部王国（或称马其顿王国）消灭了保加利
亚独立的最后残余。

因此，拜占庭帝国再次收复了自查士丁尼时代以来失去的欧洲
旧疆域，但这一领土的扩张使它再次与多瑙河对岸的好战民族发
生联系，这些民族继续袭击巴尔干各省，就像他们在公元5、6世纪
所做的那样。马扎尔人取代了在匈牙利的阿瓦尔人（Avars），确实
正在迅速成为一个定居的基督教国家，但占据俄罗斯大草原的游
牧民族帕齐纳克人（Patzinaks）却像过去的匈奴人一样，成为巴尔干
地区的永久祸害。然而，由于俄罗斯西部新势力的崛起，这些游牧
民族的威胁有所缓解。这个俄罗斯国家起源于斯堪的纳维亚的一
个冒险家（Ros）团队，他们在斯拉夫部落中定居，并控制了从波罗
的海到黑海的贸易路线。每年夏天，他们的船从基辅沿着第聂伯
河而下，装载着奴隶、毛皮和蜡，前往拜占庭的市场或控制着从伏
尔加到亚速海的东方贸易路线的哈扎尔（Khazar）王国的市场。像
西方的维京人一样，他们既是海盗又是商人，在整个公元10世纪，
他们多次袭击黑海海岸和君士坦丁堡。其中最可怕的是基辅王子
伊戈尔（Igor）在公元941年和公元944年的伟大远征，之后新的条
约缔结，俄罗斯人与拜占庭帝国之间恢复了友好关系。在整个公
元10世纪下半叶，在伊戈尔的妻子，信奉基督教的公主奥尔加
（Olga）及其儿子斯维亚托斯拉夫（Svyatoslav），以及弗拉基米尔大
帝（Vladimir the Great，公元980—1015年）的领导下，俄罗斯的力
量以牺牲邻国为代价不断发展，直到它取代伏尔加河畔的哈扎尔
帝国，成为北方最大的政治和商业力量。公元967—971年，拜占
庭帝国成功地阻止了斯维亚托斯拉夫征服保加利亚并在多瑙河以
南建都的企图，此后两国关系日益密切友好。最后，在公元988

年，斯维亚托斯拉夫的儿子弗拉基米尔与皇帝巴西尔二世（Basil II）签订了一份条约，根据该条约，他同意在与鲍里斯的妹妹安娜（Anna）成婚的前提下接受洗礼，并向帝国提供 6000 名辅助部队，这就是著名的"瓦兰吉（Varangian）"卫队的起源。但直到俄国人占领了黑海以北古希腊定居点的最后幸存地赫尔松，对帝国施加了压力，巴西尔才履行了他在条约中的责任。这就为北斯拉夫人的皈依开辟了道路，俄罗斯也成了东正教世界的一部分。

在接下来的一个世纪里，拜占庭对俄罗斯社会产生了深远的影响。新教会的主教和教师都是希腊人（其中许多人是赫尔松的本地人），他们把拜占庭教会的宗教和艺术传统以及基督教斯拉夫文字和文学带到了北方，这些都将成为俄罗斯文化的基本要素。基辅的教堂和修道院及其纯正的拜占庭壁画和马赛克见证了这一运动在公元 11、12 世纪的力量，它的影响不仅扩展到北方古老的俄罗斯中心，如诺夫哥罗德（Novgorod）和普斯科夫（Pskov），而且在公元 12 世纪期间还扩展到东北部新定居的土地——苏兹达尔（Suzdal）和莫斯科地区，该地区后来成了俄罗斯民族生活的中心。

179　　　拜占庭影响力的这种外部扩张是拜占庭中期的杰出成就。不幸的是，对斯拉夫世界的精神征服被拜占庭在西方的影响力的减弱和东西方教会之间日益严重的分歧所抵消。马其顿时期的结束见证了拜占庭帝国和教廷之间分裂的完成。这一过程的种子深藏在拜占庭历史中。分裂的真正原因不是迈克尔·塞鲁拉利乌斯（Michael Cerularius）和利奥九世（Leo IX）之间的争论，甚至也不是佛提乌斯时代出现的关于圣灵降临的神学争论，而是东西方之间日益严重的文化分歧。拜占庭复兴时期新的希腊式爱国主义使东部帝国的统治阶级将罗马人和法兰克人视为纯粹的蛮族，而罗马和总督区逐渐从对帝国的政治依赖中剥离出来为这种态度提供了新的理由。早在公元 8 世纪，皇帝利奥三世就剥夺了教廷对伊利里库姆（Illyricum）和南意大利的管辖权，并没收了罗马教会在东方的财产。因此，拜占庭牧首辖区与帝国教会相提并论，君士坦丁堡的普世牧首与旧罗马的教宗之间的竞争比以往任何时候都更加尖锐。

这种竞争并不是什么新鲜事。它可以追溯到拜占庭牧首制的起源。圣格里高利·纳齐安森讽刺了东方主教于公元 381 年君士坦丁堡会议上为东方对西方的宗教优越性辩护的爱国热情,[1]在那次会议和卡尔西顿会议上,人们都试图将新罗马的教会地位同化为旧罗马的教会地位。在之前的几个世纪里,罗马和君士坦丁堡在教义问题上一直存在分歧。事实上,从公元 4 世纪到 9 世纪,他们分裂的时间并不比他们彼此交流的时间少。[2] *180*

然而,这些分裂本身有助于维护罗马在东方的威望,因为从亚他那修的时代到西奥多的时代,正统的捍卫者都把教廷视为他们事业的堡垒,反对帝国政府将其神学理想强加给教会的企图。只是在神学争论的时代结束和正统观念的明确确立之后,这种联合的纽带才被放松,文化和教会惯例的分歧才被更敏锐地感受到。也正是在这个时期,罗马失去了与拜占庭帝国的政治联系,转而与法兰克人的敌对势力紧密联系在一起。拜占庭人接受教宗作为信仰问题的最高仲裁者和帝国教会内使徒权威的代表,但他们不准备承认一个外国的、"野蛮的"教会对帝国教会的优越性。在拜占庭看来,接受法兰克人在意大利的统治和查理曼加冕为罗马皇帝是一种世俗分裂的行为,这种行为在宗教上得到了自然的实现。*181* 虽然公元 8 世纪的罗马在文化和思想上几乎还是拜占庭式的,但法兰克人的教会已经拥有了不同的传统。引起拜占庭敌意的西方

---

① 他们说,在教会中,事情应该遵循太阳的轨迹,它们应该在世界的同一个地方有自己的源头,在那里,上帝自己屈尊以人类的形式显现,这些言论是正确的,见 S. Greg. Naz., *Carmen de vita sua*, 1690—1693。

② Viz., "the Arian schisms", 343-398;涉及"St. John Chrysostom", 404-415;"the Acacian schism", 484-519;"MonethcUtism", 640-681;"the conoclasts", 726-787 and 815-843. 因此,纷争的种子既不是在公元 11 世纪也不是在公元 9 世纪发现的,而是远在阿里乌派之争时期就已经存在了,正如杜谢纳所说,"那场可恶的自相残杀的战争分割了从西班牙到阿拉伯的整个基督教世界,在 60 年的丑闻之后结束,只给后世留下了分裂的胚胎,而这些分裂的胚胎,教会仍然能感受到其影响"。(*Histoire ancienne de l'Eglise*, II, 157.)

独特习俗,如在信条中增加和子句(filioque clause),以及在圣餐中使用无酵饼,都源于法兰克人,并首次出现在更西边的西班牙和英国。

除了在后来的争论中逐渐有了重要意义的圣灵降临问题,所有争论的问题都是仪式要点的问题,在现代人看来,这些问题的重要性是微不足道的。①但拜占庭的宗教在很大程度上是与礼仪的虔诚和仪式的神秘主义联系在一起的,所以,仪式的统一性是最重要的。西方教会是一个仪式多样、管辖权单一的教会,而东方教会的统一则首先是仪式的统一。甚至早在公元 7 世纪,特鲁洛(Trullo)大公会议就曾试图强制西方教会遵守其教规,而且这种要求从未被完全放弃。事实上,迈克尔·塞鲁拉利乌斯在公元 1054 年回顾了公元 692 年的特鲁乌会议,认为这标志着教会之间分裂的开始。

法兰克人这边也同样不妥协,查理曼和他的主教们对拜占庭教会采取了非常咄咄逼人的态度。另一方面,罗马在旧的拜占庭文化和新的西方世界的文化之间占据了一个中间位置,教宗起初试图充当两者之间的调解人;但随着罗马越来越多地被卷入加洛林帝国及其文化的轨道,坚持这一立场变得不再可能了。

在公元 9 世纪下半叶,中世纪伟大教宗的先驱尼古拉一世(Nicholas I)与拜占庭文艺复兴的典型代表佛提乌斯发生冲突,这是第一次严重的决裂,尽管由此产生的分裂相对短暂,但统一的恢复是表面的,不可靠的。它不再建立在精神统一的理想上,而是建立在帝国政策的脆弱基础上。在公元 8 世纪,东部教会的修道士团体曾把罗马作为他们争取教会自由、反对圣像破坏者皇帝的政教合一制度的主要支持者,但他们再也不能指望从公元 10 世纪的教宗那里得到任何东西,因为教宗已经成为地方派系或德国皇帝

①　这种对仪式要点的坚持有一个更极端的例子,那就是出现在旧版本的大斋节三部曲中关于七夕节前的星期日的祷文。"在这一天,三次被诅咒的亚美尼亚人保持他们令人厌恶的禁食,他们称之为'Artziburion'。但我们每天都吃奶酪和鸡蛋,以反驳他们的异端。"见 N. Nilles, *Kalendarium Utriusqtie EccUsiae*, II, p.8。近代的俄罗斯教会也有同样的倾向,其最大的危机来自于牧首尼康的礼仪改革。

的傀儡。①它现在能够依靠自己的资源了,且拜占庭的隐修制度也
重新兴旺起来了,这不仅体现在君士坦丁堡、比提尼亚的奥林匹斯
山(Mount Olympus in Bithynia)和阿托斯山,还体现在意大利本身,
在那里,圣尼卢斯(St. Nilus)在离罗马仅几英里的地方建立了圣巴
西勒修会的格罗塔费拉塔(Grottaferrata)修道院。如果说修道院的
修道士群体不再保留其对教宗的旧有同情,那么世俗的官僚群体
(拜占庭教会的许多领导人都来自这个群体②)则是积极的敌对者。
只是皇帝们出于政治原因希望与教宗保持友好关系,才维护了教
会的统一。加洛林帝国的衰落使拜占庭在意大利的野心死灰复
燃,自教宗约翰八世(John Ⅷ)时代以来,教宗在拜占庭外交中具
有相当重要的地位。因此,教会之间的关系随着政治局势的变化
而波动,皇帝反对罗马和东方之间像公元 1009 年可能发生的那样
完全决裂,因为他在恢复拜占庭在意大利的权力的计划中需要教
宗的支持。

183

然而,在这样的条件下,分裂最终是不可避免的,它于公元
1054 年由塞鲁拉利乌斯的行动促成,塞鲁拉利乌斯的个人威望和
野心足以凌驾于皇帝的意愿之上。然而,如果不是恰逢诺曼人
(Norman)势力的崛起和拜占庭在南意大利的属地的丧失,即使这
次决裂也不可能是最终结果。此后,东方不得不面对西方侵略的
日益严重的威胁,拜占庭和拉丁教会之间的宗教争论成为拜占庭
爱国主义的缘由和政治上继续残存的动机。

然而,在公元 11 世纪初,没有人能够预见拜占庭世界的命运。
东部帝国从来没有像皇帝巴西尔二世统治的最后几年那样显得更
加强大和繁荣。它在财富和文明方面远远超过西欧,对保加利亚
的征服和对俄罗斯的改造又为文化扩张提供了新的机会。东欧新

---

① 教宗不仅没有支持东部教会的改革运动,反而对任命孩童牧首泰奥菲拉克特
(Theophylact)负有部分责任,这是公元 10 世纪拜占庭教会史上最令人不齿的事件之一。

② 例如牧首佛提乌斯、塔拉西乌斯(Tarasius,公元 784—806 年)、西辛尼乌斯(Sis-
innius,公元 996—998 年)和迈克尔·塞鲁拉留斯本人。

的拜占庭-斯拉夫文化的发展已经奠定了基础,它的未来前景似乎不亚于西方相应的罗马-日耳曼文化的发展。然而,实际上,前者被过早地遏制和阻碍,而后者则注定要孕育出现代西方文明的世界性运动。

184 　　这种反差部分是由于外部原因造成的。公元 10 世纪末以后,西欧的文化尽管落后,但仍能自由地走自己的发展道路,而东欧的文化则不断受到来自外部的猛烈干扰。在巴西尔二世去世后的 50 年内,拜占庭帝国的东部省份被塞尔柱土耳其人占领,而它与俄罗斯的交通又受到了来自北部草原的帕齐纳克人和库曼鞑靼人(Kuman Tartars)的新一轮入侵的威胁。在接下来的一个世纪里,这些入侵几乎摧毁了基辅充满希望的基督教俄罗斯文化,并将斯拉夫俄罗斯的重心转移到了东北部的弗拉基米尔和莫斯科地区,而一个世纪后,这些领土也被蒙古人的征服所淹没。最后,在公元 14 世纪,奥斯曼土耳其人进入欧洲,在结束了中世纪塞尔维亚的短暂事业之后彻底摧毁了拜占庭政权的最后残余,这些残余势力曾躲过了南意大利的诺曼人和安茹人(Angevin)统治者的进攻,以及法国十字军和意大利商业冒险家的征服。

　　但是,这些外部原因虽然重要,却不足以解释东欧文化的过早停滞和衰落。拜占庭文化比拉丁西方文化更完整地保留了古典文明的传统,但他们未能传播这些传统,也未能将这些传统传给新的民族。高等文化仍然是与宫廷和首都有关的少数受过高等教育的阶层所拥有的,而斯拉夫民族只继承了拜占庭文化中的宗教和艺术元素。因此,当末日来临时,希腊思想和文字的知识遗产不是被东欧的子代文化所继承,而是被他们在拉丁西方的宿敌和对手继承了。

185 　　拜占庭文化忠实地保留了其原有的传统,但它无力创造新的社会形态和新的文化理想。它的精神和社会生活是按照拜占庭教会国家的固定模式铸造的,当这种模式崩溃时,就没有新的社会努力的基础。另一方面,西方在中世纪早期并不存在这种固定的文化政治框架。社会被缩减到只有最基本的元素,国家是如此贫穷和野蛮,以至于它无法维持更高形式的文明生活。人们寻求文化领导的是教会而不是国家,且由于教会的精神独立性,它拥有东方所缺乏的社会和道德主动性。因此,尽管西欧的文明程度远远低于拜占庭帝国,但它是一种动态而非静态的力量,对新民族的社会生活产生了变革性影响。在东方,有一个包罗万象的文化机构,那就是帝国;但在西方,每个国家或几乎每个地区都有自己的文化生活中心,即当地的教堂和修道院,它们不像东方那样完全致力于禁欲主义和沉思,而是也作为社会活动的机构。拜占庭理想的典型是阿托斯山那令人崇敬的孤立,那是一个独立于人类共同生活之外的世界;西欧理想的典型是伟大的本笃会(Benedictine)修道院,它们像圣加尔一样是西方文化的主要中心,或者像克鲁尼一样是对中世纪社会产生深远影响的新运动的源头。

第三部分　西方基督教的形成

第十一章　西方教会与蛮族的皈依

西方帝国在公元 5 世纪的衰落并没有导致西欧立即形成一个独立的文化统一体。在公元 6 世纪，西方基督教仍然依赖于东方帝国，西方文化是蛮族和罗马元素的混乱混合物，尚未拥有精神统一和社会秩序的内在原则。公元 6 世纪文明的暂时复兴之后是第二个衰落期和蛮族的入侵，这使欧洲文化降到了比公元 5 世纪时低得多的水平。危机再次发生在多瑙河上。在查士丁尼统治的后半期，边境防御逐渐削弱，巴尔干各省遭到了一系列破坏性入侵。与哥特人结盟的东日耳曼民族格皮德人（Gepids）取代了东哥特人在潘诺尼亚的地位，而库特利古（Kutrigur）匈奴人则占据了多瑙河下游，并将他们的袭击带到了君士坦丁堡的大门口。紧随其后的是斯拉夫人，他们现在第一次从笼罩着他们起源的史前黑暗中走出来。面对如此多的危险，帝国政府发现自己无法通过军事手段来保卫其边境，于是又采取了外交手段。它怂恿库班草原的乌蒂古尔人（Utigurs of the Kuban）攻击科特里古尔人，赫鲁勒人（Herules）和伦巴第人（Lombards）攻击格皮德人，阿瓦尔人攻击格皮德人和斯拉夫人。因此，在公元 567 年查士丁尼死后，阿瓦尔人联合伦巴第人摧 毁了格皮德王国，而查士丁二世的政府希望为帝国收复锡尔米乌姆，让格皮德人听天由命。但在这里，拜占庭人自不量力，因为阿瓦尔人的巴彦可汗（Bayan Khan）不是帝国外交的小首领，而是阿提拉和成吉思汗那种无情的亚洲征服者。帝国现在不得不与好战的，疆域从亚得里亚海一直延伸到波罗的海的游牧民族打交道，而不是之前相对稳定的日耳曼国家。在它的压力下，多瑙河的边界终于让步了，近400年来一直作为帝国军事力量的基础，以及帝国士兵和统治者的摇篮的伊利里亚省被依附于阿瓦尔人的斯拉夫民族占领了。

　　但帝国并不是唯一的受害者。整个中欧都成了亚洲征服者的猎物。他们的袭击最远延伸到法兰克王国的边境。北方的苏维人被迫撤离易北河和奥得河之间的土地，而东日耳曼则被阿瓦尔人的斯拉夫臣民殖民。因此，曾经统治过从波罗的海到黑海的东欧的东日耳曼民族只剩下了伦巴第人，他们太聪明了，没有试图终结与他们的亚洲盟友的关系。格皮德王国灭亡后，他们立即撤离了多瑙河畔的土地，向意大利进军。在那里，帝国再次无力保护其臣民。伦巴第和整个半岛的内陆都被入侵者占领了，拜占庭人只保留了他们对沿海地区的控制——威尼斯群岛（Venetian Islands）、拉文纳和潘塔波利斯（Pentapolis）、罗马公国（Duchy of Rom）、热那亚（Genoa）、阿马尔菲（Amalfi）和那不勒斯（Naples）。

191　　这是对衰落的意大利文明的最后一击，我们不会奇怪，对那个时代的人来说，万物的末日似乎就在眼前。伟大的圣格里高利的著作反映了那个时代令人震惊的苦难和深刻的悲观主义。他甚至欢迎正在肆虐西方的瘟疫，将其作为躲避包围他的恐怖的避难所。"当我们思考其他人的死亡方式时，我们在反思威胁我们的死亡形式中找到了安慰。我们看到人类遭受了怎样的残害，怎样的残酷，身处其中的生命是一种折磨，而死亡是唯一的治疗方法！"①他看到以西结（Ezekiel）关于沸腾的锅的预言在罗马的命运中应验了："关于这座城市，有句话说得好：'肉被煮掉了，骨头在其中'。元老院在哪里？人民在哪里？骨头都溶解了，肉也被吃光了，这世界上所有尊贵的东西都不见了。所有一切都被煮掉了。"

　　"然而，即使我们这些剩下的人，像我们这样的少数人，仍然每天被剑击打，仍然每天被无数的苦难所压。因此，应该说：'把锅也

---

　　①　Ep. X，20，tr. Dudden, *Gregory the Great*，II，38.

空架在炭火上。'因为元老院已不复存在,人民也已灭亡,但在剩下的少数人中,悲伤和叹息却与日俱增。可以说,罗马已经空空如也,正在燃烧。但是,当毁灭的工作蔓延时,我们看到建筑物正在毁灭,还有什么必要谈论人类呢?因此,关于已经空了的城市,有一句话说得很恰当,'让它的铜变热并融化。'锅里的肉和骨头已经被吃光了,连锅都没了……"①

　　但最糟糕的情况还没有到来。在公元 7 世纪,阿拉伯人征服了 192 拜占庭非洲这个西方最文明的省份,伟大的非洲教会,拉丁基督教的荣耀,从历史上消失了。到公元 8 世纪初,穆斯林的入侵浪潮席卷了基督教的西班牙,并威胁到了高卢本身。基督教世界已经成为孤立于南方的穆斯林和北方的野蛮人之间的一个岛屿。

　　然而,正是在这个普遍毁灭和破坏的时代,像圣格里高利这样的人正在奠定新欧洲的基础,他们没有建立新的社会秩序的想法,而是在一个垂死的世界中为拯救人类而努力,因为时日无多。而正是这种对世俗结果的不重视,使天主教会有能力在欧洲文明的普遍衰落中成为生命力量的集结点。用教宗约翰三世(John III)在至圣使徒教堂(Church of the Most Holy Apostles)设立的铭文中的话说,"在一个拮据的时代,教宗表现得更加慷慨,尽管全世界都失败了,他也不屑被打倒。"②

　　就在西部帝国灭亡的那一刻,圣奥古斯丁在他的宏伟巨著《上帝之城》(the City of God)中提出了激励新时代理想的方案。他认为所有的历史都是两种对立原则的演变,体现在两个敌对的社会中,如天上的城市和地上的城市,锡安和巴比伦,教会和世界。一个在地球上没有最终的实现,它只是一个"通道",源头在天堂,并且永恒;另一个在尘世的繁荣中,在人类的智慧和荣耀中得以实

① Hom, in *Ezech.*, II, vi, 22-23. Trans. Dudden, *op. cit.*, II, 19-20. 参阅圣高隆邦(St. Columban)给教宗博尼法斯四世(Boniface IV)的书信(*Ep. V*)。

② "Largior existcns angusto in tempore praesul, Despcxit mundo deficiente premi." H. Grisar, *Rome and the Popes in the Middle Ages*, Vol. III, p.185(Eng. trans.)。

现；它既是自己的归宿，也是自己的称义。诚然，国家不会这样被责难。只要它是基督教的，它就要服务到天堂之城的尽头。但它是一个从属的社会，是仆人而不是主人：精神社会才是至高无上的。当国家与更高的权力发生冲突的时候就是它走向终结的时候，它会等同于地上的城市，并失去比武力和自我利益法则更高级的制裁权力。没有正义，所谓王国的伟大，难道不是大规模的抢劫——*Magnum latrocinium*［大抢劫］？征服或被征服对任何人都没有好处或坏处。这纯粹是浪费精力，是傻瓜们为了一个空洞的奖品而进行的游戏。地上的世界是虚无缥缈的，唯一值得为之奋斗的现实是永恒的"天堂的耶路撒冷"——"和平的愿景"。

　　这种精神力量至高无上且独立的观念尤其在天主教会找到了表达的器官。[1]早在帝国灭亡之前，罗马主教作为圣彼得的继承人和代表就已经拥有了独特的地位。罗马是卓越的"使徒教廷"，凭借这一权威，它在公元4、5世纪的教义斗争中对君士坦丁堡和亚历山大进行了决定性的干预。帝国在西方的衰落自然提高了它的威望，因为主教在被征服省份成为罗马传统的代表的过程在这个古都的情况下更加突出了。旧的帝国传统被带到了宗教领域。在公元5世纪，圣利奥大帝（St. Leo the Great）在圣彼得和圣保罗殉难纪念日对他的人民讲话时说："这些人带给了你们这样的荣耀：隶属一个神圣的国家，作为一个选民，身处一个皇家和祭司的城市，以至于你可以通过圣彼得的教廷成为世界的领袖，并可以通过神圣的宗教获得比世俗领地更广泛的统治。"[2]

---

　　① "圣奥古斯丁的上帝之城理论是中世纪没有罗马之名的教宗制的萌芽。在罗马这个城市，人们很容易就能提出这样的主张，并设想一个仍然在古代政府的宝座上行使着的、同帝国一样具有世界性和权威性的统治权。由于世俗君主的退出，罗马帝国传统的继承权似乎落到了基督教主教的手中。"出自特纳教授的《剑桥中世纪史》，见 C. H. Turner, *Camb. Med. Hist.*, Vol. I, p. 173。

　　② 见 S. Leon. Mag. *Sermones*, 82, 亦可参阅 Prosper, *de Ingratis*, 51 ff。高隆邦（Columbanus）将基督教罗马的广泛影响与异教帝国的影响进行了对比。他写道："我们爱尔兰人特别受彼得教廷的约束，无论罗马本身多么伟大和光荣，只有这个教廷对我们来说才是伟大和著名的。这座伟大城市的名声传遍了世界其他地方，但只有当教会的战车越过西方的波涛来到我们这里，以基督为战车，以彼得和保罗为迅捷的骑手时，它才能到达我们这里。"见 *Epistle to Pope Boniface*（ep. v.）。

　　教宗仍然是皇帝的忠实臣民，认为帝国的事业与基督教的事业密不可分。礼拜仪式将"罗马确定的敌人和天主教信仰的敌人"联系在一起，罗马弥撒仍然包含为罗马帝国祈祷的内容，"愿上帝使所有蛮族国家都被我们的皇帝征服，使我们永久和平。"但是在伦巴第人入侵和圣格里高利时代之后，帝国政府在意大利的实际权威被削弱得大不如前，罗马的安全和居民的饮食责任就落在了教宗身上。罗马就像威尼斯或赫尔松一样，成为拜占庭国家的一种半独立的成员。它仍然是文明的东方和野蛮的西方之间的一扇敞开的大门；它是双方的共同聚会场所，但又不完全属于任何一方。

　　这种反常的地位非常有利于教宗在西方的蛮族王国中施加影响，因为教廷享有与东方帝国联系的威望，而没有被视为帝国政策的工具的危险，因此法兰克国王不反对阿瑞斯主教（Bishop of Arles）担任高卢教会的宗座代牧。然而，教廷的权力，以及普世教会的权力由于地方教会的固有弱点而受到极大的限制。尤其是法兰克王国的教会同样经历了影响整个社会的野蛮化和文化堕落的过程。

　　主教就像伯爵一样成了领地大亨，他的财富和权力越大，这个职位世俗化的危险就越大。君主制没有直接干预教会特权的意图，但它自然要求有权任命一个在王国管理中占有如此重要份额的职位，而且其候选人往往是令人相当质疑的人物，如有"强盗主教"之称的萨洛尼乌斯（Salonius）和萨奇达利乌斯（Sagittarius），图尔的格里高利（Gregory of Tours）描述了他们的事迹（*Lib. IV, cap.* 42；V, *cap.* 20）。此外，国家向农业社会的转变和城市的逐渐衰落对教会产生了极为有害的影响，因为野蛮的、半异教的乡村的影响开始超过城市的影响。在东方，基督教从一开始就渗透到农村，而且农民比城镇居民更信奉基督教，而在西欧，教会是在城镇中成长起来的，因此未能给农民和乡下人留下深刻的印象。他们是 *pagani*［异教徒］，他们以农民的方式坚持他们古老的习俗和信仰，坚持播种和收获的仪式，坚持对他们的圣树和圣泉的敬仰。

然而，这个新宗教的基本精神与农民的生活毫不相干。它最初是在加利利（Galilee）的渔民和农民中开始的，福音书的教导中充满了田野、圈舍和葡萄园的意象。基督教只需要在城市主教团之外有一个新机构就可以渗透到农村。现在，就在帝国的皈依将教会与城市政体紧密联系在一起的时候，一场新的运动正在吸引人们离开城市。基督教第二个时代的英雄，作为殉道者的继承者的是苦行僧——他们故意与城市文化的全部遗产隔绝，以便在尽可能简单的条件下过着劳动和祈祷的生活。

在公元 4 世纪，埃及和叙利亚的沙漠中充满了修道士和隐士的聚集地，它们成为帝国所有省份和东方邻国人民的宗教生活学校。但在西方，尽管其基本理想相同，但社会条件的差异迫使修道院对其周围的社会采取了不同的态度。

在西部的农村地区，修道院是基督教生活和教义的唯一中心，而使异教徒或半异教徒农民皈依的任务最终落在了修道士身上，而不是主教及其神职人员身上。这一点甚至早在公元 4 世纪高卢修道院的创始人，伟大的图尔的马丁（Martin of Tours）的生活中就很明显，但它的巨大发展归功于约翰·卡西安（John Cassian）的工作，他使高卢与埃及沙漠中的修道士的传统直接接触，也归功于圣霍诺拉图斯（St. Honoratus），他是莱林斯（Lerins）修道院的创立者，该修道院在公元 5 世纪成为西欧最大的修道院中心和深远影响的来源。

但是，在遥远的西部新皈依的凯尔特人的土地上，修道院的影响变得非常重要。这个地区的修道院运动可以追溯到公元 5 世纪，它的起源可能要归功于莱林斯的影响，圣帕特里克在成为使徒之前的几年里曾在那里学习，在公元 433 年，一位叫福斯图斯（Faustus）的英国修道士曾在那里担任院长。但是，尽管圣帕特里克将修道院生活引入了爱尔兰，他的教会组织还是遵循了主教组织的传统路线，就像威尔士的英国教会一样。然而，由于罗马主教始终是一个城市的主教，正常的教会组织体系在凯尔特土地上没有自然的社会基础,那里的社会单位不是城市,而是部落。因此,在公元6世纪,修道院的影响和文化的极大扩展导致了修道院取代了主教区成为教会生活和组织的中心。这场运动始于南威尔士,在那里,卡尔代岛(Caldey)的圣伊尔蒂德(St. Illtyd)修道院成为一所伟大的修道院生活学校,以公元6世纪初的莱林斯修道院为榜样。从这个中心出发,通过圣萨姆森(St. Samson)、兰卡万的圣卡多克(St. Cadoc of Lancarvan)、圣吉尔达斯(St. Gildas)和圣大卫(St. David)的工作,修道院的复兴在整个英国西部和布列塔尼(Brittany)传播开来。此外,爱尔兰隐修制度于公元6世纪在"第二品级圣徒"的领导下发生的巨大发展也与这一运动密切相关。①克洛纳德的圣芬尼安(St. Finnian of Clonard,卒于公元549年)是新型修道院的主要开创者,他与兰卡万的圣卡多克和圣吉尔达斯关系密切,正是通过他和他的弟子,尤其是克朗马克诺斯的圣夏兰(St. Ciaran of Clonmacnoise,卒于公元549年)、克朗弗特的圣布伦丹(St. Brendan of Clonfert),以及德里和爱奥那岛的圣科伦巴(St. Columba of Derry and Iona),圣伊尔蒂德的修道院传统及其学校得以在爱尔兰传播。这场运动的重要性既是文学的,也是禁欲主义的,因为圣伊尔蒂德和圣卡多克的学校培养了古老的修辞学学校的传统,以及那些纯粹的教会学习,并鼓励对古典文学的研究。

　　这就是文化运动的起源,它产生了克洛纳德、克朗马克诺斯和 198
班戈(Bangor)的伟大的修道院学校,并使爱尔兰从公元6世纪末开始成为西方文化的领导者。然而,它的发展很可能也归功于本土传统,因为爱尔兰人与其他蛮族不同,他们拥有本土的学习传统,以诗人或 *Filid*[诗人]的学校为代表,享有相当大的财富和社会声望。新的修道院学校在某种意义上继承了这一本土传统,并能够

---

　　①　还有一股外国影响的潮流,源于圣尼尼安在加洛韦(Galloway)建立的惠特恩(Whithern)修道院,在爱尔兰的以阿兰的圣恩达(St. Enda of Aran)为代表,但它的重要性次于兰卡万和克洛纳德(Clonard)的传统。

取代旧的德鲁伊和吟游诗人学校，成为爱尔兰社会的知识机构。渐渐地，基督教修道院引进的古典文化与本土文学传统相融合，出现了部分受基督教影响但部分建立在本土异教传统之上的新白话文学。虽然这种文学作品主要是通过中世纪的爱尔兰版本流传下来的，但毫无疑问，其最初的创作可以追溯到公元7、8世纪，那是爱尔兰基督教文化的黄金时代，而且中世纪爱尔兰的文学传统深深植根于史前时代。这方面最突出的例子是伟大的散文史诗或传奇故事《泰恩·波·库阿尔涅》（*Tain Bo Cualgne*），它将我们带回到中世纪和古典传统的背后，带回到凯尔特文化的英雄时代，并保留了与荷马史诗世界相类似的社会阶段的记忆。因此，古老的野蛮传统和教会传统之间并没有像其他地方那样突然断裂，教会和凯尔特人部落社会之间发生了一种独特的融合，这与西欧的其他地方完全不同。在基督教世界其他地方常见的教会等级主教组织在这里完全服从于隐修制度。主教当然继续存在并授予教令，但他们不再是教会的统治者。修道院不仅是宗教和知识生活的伟大中心；它们也是教会管辖的中心。修道院院长是一个教区或 *paroechia*［教区］的统治者，他的社区里通常会保留一个或多个主教，以履行必要的主教职能，除非他自己就是主教。更不寻常的事实是，这种准主教的管辖权有时是由妇女行使的，因为基尔代尔（Kildare）教廷是圣布里奇特（St. Bridget）大修道院的附属机构，由主教和女修道院院长共同统治，因此用她的传记作者的话来说，它是"既是主教又是处女的教廷。"①

修道院与部落社会紧密相连，因为从创始人所属的部族中挑选修道士即便不是普遍的习俗，也是流行的做法。因此，据《阿玛书》（*Book of Armagh*）于公元9世纪的记载，部落酋长在圣帕特里克时代资助建造了特里姆教堂（Church of Trim），而他的后代对这座教堂的统治已经历九代。同样地，爱奥那的早期修道士也属于圣

① Ryan，*Irish Monaslicism*，pp.179-184.圣布里奇特的地位是如此独特，以至于有些传说甚至断言她自己也接受了主教的命令！

科伦巴家族,即北方乌伊·尼尔(Ui Niall)王族。①

　　在组织和生活方式上,爱尔兰修道士与他们的埃及原型非常相似。他们在纪律的严格性和生活的禁欲主义方面能与沙漠中的修道士相媲美。他们的修道院并不像后来的本笃会修道院那样是巨大的建筑,而是由一群小屋和小礼拜堂组成,就像埃及的劳拉一样,②并由一些 *rath*[山寨或堡垒围挡]或土墙环绕。此外,他们还保留了东方的隐士生活观念,将其作为修道士生活的最高境界和目标。然而,在爱尔兰,这种理想呈现出一种在其他地方找不到的特殊形式,修道士们投身于自愿流放和朝圣的生活是很常见的。据《盎格鲁-撒克逊编年史》(*Anglo-Saxon Chronicle*,不含公元 891年)记载,有三个修道士"坐着一条没有船桨的船偷偷离开了爱尔兰,因为他们要为了上帝的爱而生活在朝圣状态中,他们不知道要去哪里",这个例子就是这一进展的典型。它导致了一场旅行和探险运动,这在航海家圣布兰登(St. Brendan the Navigator)的冒险中以一种传奇的形式反映出来。当维京人首次到达冰岛时,他们发现爱尔兰"帕帕斯"("papas")在他们之前就已经在那里了,而且北海的每个岛屿都有其苦行僧的聚居地。加洛林王朝地理学家迪奎尔(Dicuil)的线人甚至航行越过了冰岛,到达了冰冻的北冰洋。

　　但这场运动的真正重要性在于它对传教活动的推动,而凯尔特修道士正是作为传教士对欧洲文化作出了最重要的贡献。圣科伦巴在爱奥那岛的修道院殖民地,以及与他同名的高隆邦在吕克瑟伊(Luxeuil)的修道院殖民地是基督教大扩张的起点。一个是由于苏格兰和诺森伯利亚王国的皈依,另一个是由于修道院的复兴和

200

---

　　① 也有证据表明非修道院的部落主教的存在,因为法律似乎认为,每个部落都应该拥有一个自己的主教,他的地位仅次于国王。(Ryan, *Irish Monaslicism*, p.300, n.2.)这些部落主教区是后来中世纪爱尔兰教区的起源,但在早期,他们的重要性远远低于大修道院的管辖区,而且他们的权威因为众多流浪主教的存在而削弱,例如圣博尼法斯在公元 8 世纪所抱怨的大陆的那些主教。

　　② 这里是指埃及修道院的劳拉式管理模式,即修道士们平日各自分开居住、互不交谈,只有在周末时才聚集在一起祈祷和做礼拜。——译者注

爱尔兰基督教艺术：圣加尔(St. Gall)福音书

法兰克王国中剩余异教徒的皈依。拥有 600 名修道士的吕克瑟伊成为西欧的修道院大都市，也是大规模殖民和传教活动的中心。不仅在法国，而且在佛兰德斯（Flanders）和德国的许多大型中世纪修道院都归功于它的工作——例如，法国的瑞米耶日（Jumièges）修 *201* 道院、圣凡德里（St. Vandrille）修道院、索利尼亚克（Solignac）修道院和科比修道院，比利时的斯塔沃洛（Stavelot）修道院和马尔默迪（Malmedy）修道院，瑞士的圣加尔（St. Gall）修道院和蒂森提斯（Dissentis）修道院，以及高隆邦建立的最后一处修道院，位于意大利的博比（Bobbie）修道院。在整个中欧，流浪的爱尔兰修道士留下了他们的足迹，德国教会仍然以其创始人中的圣基利安（St. Kilian）、圣加尔、圣弗里多林（St. Fridolin）和圣科比尼安（St.Corbinian）的名字为荣。

这场运动对农民的影响是不难理解的。它主要是在农村，避开城镇，寻找森林和山地的最荒凉地区。比起来自遥远城市的主教和牧师的说教，这些黑袍苦行僧的存在一定给农民的心灵留下了深刻的印象，让他们感觉到一种比旧的农民宗教的自然精神更强大的新力量。此外，爱尔兰修道士本身就是对大自然和野生事物有深厚感情的乡下人。据科伦巴的传记作者叙述，当科伦巴穿过森林时，松鼠和鸟儿会来接受他的爱抚，并且"会四处搜身，欢呼雀跃，就像小狗在向主人摇尾乞怜。"①事实上，修道院圣徒的传说中充满了对自然的近乎方济会式的感情。凯尔特人理想的修道院是建在沙漠，他们也喜欢森林，或者更好的是无人居住和难以接近的岛屿，如斯凯利格·迈克尔（Skellig Michael），这是最令人印象深刻的修道院选址之一，就像今天的东方修道士仍然选择阿托斯山或迈泰奥拉（Meteora）一样。尽管如此，修道院的修道士们在居住地还是不得不承担起农民的任务，清理森林，耕种土地。墨洛温王朝 *202* （Merovingian）时期的修道院圣徒，无论是高卢人还是凯尔特人，他

---

① Jonas，*Vita Columbani*，I，17.

们的生活都充斥着农业劳动——清理森林和使在入侵期间被遗弃的土地恢复耕种的工作。他们中的许多人，如索姆河畔圣瓦莱里修道院（St. Valery-sur-Somme）的建立者圣瓦拉里克（St. Walaric）本身就是农民出身。还有一些人，虽然出身高贵，却一生都在当农民，比如兰斯（Rheims）附近的圣蒂埃里（St. Thierry）修道院院长圣西奥杜尔夫（St. Theodulph），他从不停止劳动，他的犁被农民作为遗物挂在教堂里。

农民的皈依真正归功于这些人，因为他们离农民文化如此之近，以至于他们能够将新宗教的精神注入其中。正是通过他们，对自然界精神的崇拜被转移到了圣徒身上。圣井、圣树和圣石保留了人们的虔诚，但它们被献给了新的力量，并获得了新的关联。兰斯附近的农民向一棵圣树致敬，据说这棵树是由圣西奥杜尔夫插入土中的赶牛棒上奇迹般地长出来的。在西方，圣徒的石质十字架取代了异教的竖石纪念碑，①就像卡纳克（Carnac）的大坟墓被圣迈克尔（St. Michael）的小教堂所覆盖，普卢克雷（Ploucret）的石像变成了七圣的礼拜堂。教会只有在克服了困难之后才成功地废除了古老的异教习俗，它通常是通过提供一个基督教仪式来取代异教徒的仪式。《教宗之书》（*Liber Pontificalis*）中关于圣利奥为了结束牧神节（Lupercalia）而设立圣烛节（Candlemas）仪式的说法也许是错误的，但 4 月 25 日的伟大呼吁和圣灵降临似乎已经取代了罗比加利亚（Robigalia），以及卢迪·阿波利纳雷斯（Ludi Apollinares）开幕式的募捐或 *Oblatio*［献祭］盛宴。更值得注意的是四季节（Ember days）与异教徒的丰收节、葡萄酒节和播种节等季节性节日的关联。特别是降临节余烬日的礼拜仪式充斥着播种时间，它将播种期与上帝诞生的神秘联系在了一起。"上帝的种子降临了，田野的果实支撑着我们尘世的生活，而这颗来自高处的种子给了我们的灵魂以不朽的食物。大地已经产出了玉米、葡萄酒和油，而现

203

---

① 在布列塔尼（Brittany）的一些案例中，竖石纪念碑本身通过增加一个小十字架而被基督教化。

在,那通过他的怜悯将生命之粮赐给上帝之子的不可言喻的诞生即将降临。"①

但是,这种礼仪性的植物崇拜精神的转化太过精神化,无法触及农民的心灵。尽管教会做出了种种努力,但旧有的异教仪式仍然存在,整个欧洲的农民继续在圣约翰节前夕点燃仲夏篝火,并在春天举行神奇的丰产仪式。②即使在今天,正如莫里斯·巴雷斯(Maurice Barrès)在《灵感之山》(La Colline Inspirée)中所展示的那样,旧的自然宗教的邪恶力量仍然潜伏在欧洲的乡村,并有可能在新秩序的控制松懈时重新出现。然而,值得注意的是,恰恰是在那些异教习俗的外部残余最明显的地区,例如布列塔尼和蒂罗尔(Tirol),基督教精神对农民的生活影响最深。因为基督教成功地改造了农民文化,旧神祇消失了,他们的圣地被重新奉献给了新教的圣徒。当然,对当地圣地的崇拜和朝圣给各种奇怪现象的残存提供了机会,就像我们今天在布列塔尼的赦罪节(Breton Pardons)中所看到的那样。但正是这种文化的连续性——这种旧与新的结合——使农民的思想受到了基督教的影响,而这种影响是农民无法以任何其他方式接受的。在后来的时代,旧的农民习俗的消失往往伴随着比考古遗迹中的异教更深层次的异教的回归。

但在墨洛温王朝时期,欧洲农村的福音化只是修道院为欧洲文明提供的服务之一。它还注定要成为教廷进行教会改革的主要代理人,并对欧洲社会的政治和文化复兴施加重要影响。在同一时期,凯尔特人的修道院在爱尔兰兴起,意大利的修道院也有了新的发展,这将具有更大的历史意义。这要归功于有"西方修道士的宗

---

① 引自格里萨(Grisar)的《李安纳圣礼》(Leonine Sacramentary),见 Grisar, Rome and the Popes in the Middle Ages, Vol.III, p.285。格里萨还提请注意降临节星期三的弥撒中以赛亚的课程与奥维德(Ovid)在播种节上写给瑟雷斯(Ceres)的诗句之间的显著巧合。
② 盎格鲁-撒克逊人为贫瘠的土地精心设计的咒语中保留了一个旧有的丰产魔法披着基督教的外衣保存下来的显著例子。弥撒在田地四方的四块草皮上被吟唱,熏香和受祝福的盐被放置在犁身中,当第一条犁沟被开出时,农夫会向女神母亲重复着以下的祈祷:"向您致敬,大地,人类之母! 您在上帝的怀抱中孕育出无尽的食粮,以供养人类所需。"见 Anglo-Saxon Poetry, trans. R. K. Gordon(Everymans Library), pp.98-100。

主"之称的圣本笃的工作,他于公元520年左右建立了蒙特·卡西诺(Monte Cassino)修道院。正是他首次将拉丁世界秩序和法律的精髓应用于隐修制度,并完成了由圣帕乔米乌斯和圣巴西尔开始的修道院生活的社会化。沙漠修道士的理想是个人禁欲主义,他们的修道院是隐士的社区。本笃会的理想本质上是合作性的和社会性的:它的目的不是要创造禁欲主义的英雄壮举,而是培育共同生活,即"侍奉上帝的团体"。与帕乔米乌斯和圣科伦巴的规则相比,本笃会的规则显得温和而简单,但它涉及更高程度的组织性和稳定性。本笃会修道院是一个国家的缩影,有固定的等级制度和宪法,有组织的经济生活。从一开始,它就是一个拥有土地,并占有别墅、农奴和葡萄园的群体,而且修道院的经济在本笃会的规则中占有比任何早期规则都要高的地位。合作劳动占据了本笃会修道士生活的很大的比重,因为圣本笃受到了圣奥古斯丁在他的论文《论修道士的工作》(De opere monachorum)中提出的理想的启发,并对那些游手好闲和"古怪"的修道士有着同样的厌恶,就是这些修道士的所作所为使西方的隐修制度声誉受损。

但修道士的主要职责不是体力劳动,而是祈祷,尤其是共同诵读圣训,圣本笃称之为"上帝的工作"。学习也没有被忽视。正是修道院在帝国灭亡后保留了古典传统。事实上,罗马文官制度学术传统在西方的最后一位代表——卡西奥多罗斯——也是修道院的创始人和修道院第一个研修计划的编写人。诚然,维拉维兰(Vivarium)修道院的老修辞学家的炫耀式文学文化与启发了本笃会规则的极简主义和精神性格格不入,但西方的修道士却继承了这两个传统。在教廷的影响下,圣本笃的规则成为罗马修道生活的标准,最终成为西方隐修制度的普遍类型。①凯尔特人扩张之后,拉丁

---

① 根据查普曼大师(Dom Chapman)的说法,圣本笃在教宗霍尔米斯达斯(Hormisdas)和狄奥尼修斯·埃克西古斯(Dionysius Exiguus)的建议下起草了他的规则,并作为西方修道院的官方准则,查士丁尼(诺维拉[Novella])的修道院立法和卡西奥多罗斯的著作中都能看到了这个准则的影响痕迹。不过,这种观点受到了严重的非议。参见Chapman, *St. Benedict and the Sixth Century*(1929),亦可参阅查普曼大师的评论,见*Dublin Review*,July,1930。

组织出现了。

本笃会的世界使命的开始是由于圣格里高利的行为，他本人就是本笃会的修道士。圣奥古斯丁和他的修道士们正是从凯里山（Caelian）上的本笃会修道院出发，开始了他们使英格兰皈依的使命，而坎特伯雷（Canterbury）的本笃会修道院可能是本笃会在意大利以外最早建立的修道院，它成了宗教组织和统一运动的起点，在西方创造了一个新的基督教文明中心。

公元 7 世纪新的盎格鲁-撒克逊文化的出现也许是查士丁尼时代和查理曼时代之间最重要的事件，因为它对整个大陆的发展产生了深刻的影响。就其起源而言，它同样得益于我们所描述的两种力量——凯尔特人的修道院运动和罗马的本笃会传教团。英格兰北部是这两种力量的共同点，正是在这里，由于两种不同元素的互动和融合，新的基督教文化在公元 650 年至 680 年间兴起了。基督教是由罗马人保利努斯（Paulinus）引入诺森伯利亚的，他在公元 627 年为埃德温国王（King Edwin）施洗，并在古罗马城市约克（York）建立了大主教教廷（Metropolitan See），但埃德温被异教徒彭达（Penda）和威尔士人卡德瓦隆（Cadwallon）击败，导致盎格鲁教会（Anglian Church）暂时毁灭。公元 634 年，奥斯瓦尔德国王（King Oswald）在圣艾丹（St. Aidan）和他从爱奥那岛带到林迪斯法恩（Lindisfarne）的凯尔特传教士的帮助下重建了它，在他的整个统治期间，凯尔特的影响至高无上。直到公元 664 年的惠特比（Whitby）主教会议，由于圣威尔弗里德（St. Wilfrid）的干预，罗马党才最终取得了胜利，圣威尔弗里德将他漫长而又多灾多难的一生奉献给了罗马统一事业。本笃会修道院在英格兰北部的建立正是归功于他和他的朋友兼同事圣本笃·比斯科普。他们的活动也不仅只有教会意义上的重要性；因为他们是文化和宗教的传教士，他们还是新英格兰艺术崛起的原因。他们从罗马和高卢的多次旅行中带回了能工巧匠和建筑师，以及书籍、图画、礼服和音乐家，而他们在里彭（Ripon）和海克瑟姆（Hexham）、韦尔茅斯（Wearmouth）和加罗(Jarrow)等地的修道院则成了新文化的伟大中心。与此同时，在南方，公元 668 年从罗马派来的希腊-叙利亚大主教西奥多(Theodore)和非洲修道院院长哈德良也在进行类似的工作。在他们身上，我们可以追溯到来自东方的新一轮高等文化的出现，这在很大程度上解释了盎格鲁-撒克逊学术的兴起，以及比德和阿尔古因的拉丁语优于图尔的格里高利或《西方讲演录》(*Hisperica Famina*)的凯尔特人作者的野蛮风格。较高的文化在非洲和东方的拜占庭行省保存得更多，阿拉伯人的入侵风暴使大批难民涌入西方，他们在公元 7 世纪发挥的作用与公元 15 世纪君士坦丁堡的希腊难民发挥的作用相同。从公元 685 年到 752 年，罗马教廷被一连串的希腊人和叙利亚人所占据，其中许多人都具有相当的品格，而东方的影响不仅在罗马，而且在整个西方都达到了顶峰。在这一时期的盎格鲁艺术中，东方的影响尤其明显。大约从公元 670 年起，可能是由于圣本笃·比斯科普的活动，我们发现一种新的雕塑和装饰流派取代了古老的日耳曼艺术，其灵感纯粹来自东方，并以叙利亚的藤蔓卷轴与鸟类或野兽的形象交织在一起为主题，正如我们在一系列伟大的盎格鲁十字架中所看到的那样，尤其是在鲁斯韦尔(Ruthwell)和贝卡斯特尔(Bewcastle)的著名十字架，其年代或可追溯到公元 8 世纪初。在诺森伯利亚还存在着一个爱尔兰艺术流派，这一点可以从宏伟的《林迪斯法恩福音书》(*Lindisfarne Book of Gospels*)中得到证明，但没有任何迹象表明它对建筑或雕塑的影响。①另一方面，撒克逊英格兰的艺术更具综合性，在其诺森伯利亚和法兰克墨洛温王朝的形式中不仅显示出东方风格的影响，而且还显示出爱尔兰艺术的影响。

208

然而，在所有这些外来影响的背后都有一个本土文化的基础。产生盎格鲁十字架的同一时代和地区也见证了盎格鲁-撒克逊文学

---

① 这是布伦斯泰兹(Bröndsted)的观点，见 Bröndsted, *Early English Ornament*, p.92。另一方面，鲍德温·布朗(Baldwin Brown)教授将《林迪斯法恩福音书》归功于盎格鲁本土的天才。

盎格鲁基督教艺术：林迪斯法恩福音书（Lindisfarne Gospels）

的兴起。在那个时代,贝奥武夫的古老异教故事获得了文学形式,而更具有时代特征的是基督教诗人,惠特比修道院的牧师凯德蒙(Caedmon),他的浪漫故事被比德保存了下来,还有基内伍尔夫(Cynewulf),他是几首现存诗歌的作者,包括《安德烈亚斯》(*Andreas*)、《艾琳》(*Elene*),《朱莉安娜》(*Juliana*),也许还有崇高的《十字架之梦》(*Dream of Rood*),鲁斯韦尔十字架上雕刻着其中的一段引语。这种方言文学的兴起无疑要归功于爱尔兰的影响,正如我们所看到的,此时爱尔兰的方言基督教文化正在发生着显著的发展。但是,盎格鲁-撒克逊文学有一个非常独特的特点,它既不是凯尔特人的,也不是日耳曼人的,而是完全属于它自己的。它以一种特有的忧郁为标志,与文学传统中的"凯尔特人的忧郁"毫无共同之处。这是一个生活在死亡文明废墟中的民族的忧郁,他们的思想停留在过去的荣耀和人类成就的虚荣上。①

209　　但这种本土传统并不一定是盎格鲁撒克逊的,它可以追溯到更早的时候。柯林武德先生曾解释说,盎格鲁艺术的突然繁荣是由于被征服民族的天分的复兴,②这似乎更有可能发生在宗教和文化领袖身上。在圣奥斯瓦尔德(St. Oswald)时代的诺森伯利亚权力中心伯尼西亚(Bernicia)的提斯河(Tees)以北,几乎没有任何异教徒的盎格鲁人定居点的遗迹,这一点尤其值得注意。它暗示了本土元素在泰恩赛德(Tyneside)和罗马城墙的东端等盎格鲁文化历史中起重要作用的地区幸存的可能性。③

　　这在较小程度上同样适用于威塞克斯(Wessex),阿尔德海姆

---

① 例如《流浪者》(*Wanderer*)里的这段话:"人类的造物主就这样荒废了这片土地,直到巨人以前的努力付之东流,并从城堡居民的狂欢中解脱了。那么,对事物的基础有明智思考的人,对这黑暗的生活有深刻思考的人,心中有智慧的人,常常把他的思想转向过去的许多屠杀,并说这些话:马到哪里去了?骑手到哪里去了?赐予财宝的人到哪里去了?宴会的地方到哪里去了?厅堂的欢乐到哪里去了?唉,明亮的杯子!唉,穿着胸甲的勇士!唉,勇士的荣耀!王子的荣光啊!那时间是如何过去的,在夜的阴影下变得黑暗,就像它从未出现过一样。"见 Anglo-Saxon Poetry, trans. R. K. Gordon(Everymans Library), p.82,另见 *The Ruin*, *Deor*, *The Seafarer*,等等。
② R. G. Collingwood, *Roman Britain*(first ed.), p.101.
③ 参见 Thurlow Leeds, *The Archaeology of the Anglo-Saxon Settlements*, pp.70-71.

（Aldhelm）和博尼法斯都是早期未被撒克逊人占领的地区的原住民。新皈依的盎格鲁-撒克逊人对拉丁文化和罗马秩序的热情不可能只是偶然的。像比德这样的人代表了帝国灭亡到公元 9 世纪之间西方文化的最高水平，他不可能是意大利传教团向日耳曼野蛮人传教的人为产物；例如，在丹麦出现这种类型，即使在其皈依之后，也是不可想象的。盎格鲁-撒克逊人的皈依在英国产生的变化是如此至关重要，因为它意味着在野蛮人的暂时胜利之后，旧的文化传统得到了重新确认。这是英国向欧洲和她的过去的回归。

　　正因为如此，基督教和修道院文化在英格兰获得了独立和自治，这种情况除了有一段时间发生在西班牙外，在欧洲大陆都是没有的。在法兰克的领土上，王国仍然保持着古代国家的一些威望，并且如我们所见，对教会进行着相当大程度的控制。在英格兰，与弱小而野蛮的部落国家相比，教会体现了罗马文化的全部传承。正是教会而不是国家通过其共同的组织、年度宗教会议和行政管理的传统引领了国家统一的道路。在政治领域，盎格鲁-撒克逊人的文化毫无建树。早在盎格鲁艺术和文化衰落之前，诺森伯利亚国家就陷入了虚弱和无政府状态。将盎格鲁-撒克逊人作为一种中世纪约翰牛（John Bull）的流行观念与历史完全不符。在物质方面，盎格鲁-撒克逊的文明是失败的，它的主要产业似乎是圣徒的制造和出口，甚至比德也开始抗议修道院的过度建造，这严重削弱了国家的军事资源。[①]

　　但是，另一方面，从来没有哪个时代如这个时代一样使英格兰对大陆文化有如此大的影响。在艺术和宗教、学术和文学方面，公元 8 世纪的盎格鲁-撒克逊人是他们那个时代的领导者。在大陆文明处于最低潮的时候，盎格鲁-撒克逊人的皈依标志着潮流的转变。撒克逊人的朝圣者涌向作为基督教世界中心的罗马，教廷在

---

　　① *Epistola ad Egbertum*. 比德在这封信中提到的平信徒修道院可能是凯尔特人的机构，但在公元 6 世纪的西班牙也很常见，布拉加的圣弗诺索斯（St. Fructuosus of Braga）在他的修道院规则中提到了他们。

盎格鲁-撒克逊修道士和传教士中找到了它最忠诚的盟友和仆人。新时代的基础是由他们中最伟大的，来自克雷迪顿的圣博尼法斯（Boniface of Crediton，St.）奠定的，他是"德国的使徒"，是一个对欧洲史的影响比有史以来的任何英国人都要深的人。与他的凯尔特人前辈不同，他不仅只是一位传教士，还是一个政治家和组织者，他首先是罗马秩序的仆人。中世纪德国教会的建立和位于德国领土中心地带的黑森（Hesse）和图林根（Thuringia）的最终皈依都要归功于他。在他的盎格鲁-撒克逊修道士和修女的帮助下，他摧毁了日耳曼异教的最后据点，并在古老的福克堡（Folkburgs）和异教徒避难所，如布拉堡（Buraburg）、阿莫内堡（Amoneburg）和富尔达等地建立了修道院和主教区。在公元739年从罗马归来后，他利用自己作为教宗在德国的监护人的权力重组了巴伐利亚教会，并建立了在德国历史上具有重要意义的新教区。因为莱茵河以外的德国仍然是一片没有城市的土地，而新主教区的建立意味着新的文化生活中心的诞生。正是通过圣博尼法斯的工作，德国第一次成为欧洲社会的活跃成员。

这种盎格鲁-撒克逊人的影响是德国本土文化发端的原因。[①]这不仅仅是因为盎格鲁-撒克逊传教士带来了他们为拉丁文本提供方言注释的习惯，甚至也不是因为德国文学最早的丰碑——古老的撒克逊《创世纪》（Genesis）和宗教史诗《赫利安》（Heliand）——似乎源自盎格鲁-撒克逊文学传统，而是因为这个本土文化的概念与欧洲大陆教会的传统格格不入，是爱尔兰和英格兰新基督教文化的典型产物，通过公元8世纪的传教运动传播到欧洲大陆的。

但除此之外，博尼法斯还是整个法兰克教会的改革者。腐朽的墨洛温王朝已经将其实权交给了宫相，但尽管他们的军事才能使法国在公元735年免于被阿拉伯人征服，但他们在文化上毫无建树，只是进一步加剧了法兰克教会的堕落。查理·马泰尔（Charles

---

① 参见 W. Braune. *Angelsdchsisch und Althochdeutsch*，*in Beitrdge zur Geschichte der deutschen Sprache*，ed. Paul and Braune，XLIII，361-445（1918）。

Martel)曾利用修道院和主教区来奖励他的世俗教友,并对教会财产进行了大规模的世俗化。正如博尼法斯在写给教宗的信中所说:"宗教被践踏在脚下。圣俸给了贪婪的平信徒或不贞洁和收税的牧师。他们的所有罪行都并不妨碍他们获得神职;最后,随着他们罪孽的增加,他们的地位也在不断提高,成为主教,而他们中那些可以夸耀自己不是通奸者或私通者的人,都是放弃了追求的酒鬼和不惜让基督徒流血的士兵。"①尽管如此,查理·马泰尔的继任者丕平(Pepin)和卡洛曼(Carloman)还是对博尼法斯的改革表示赞同。作为罗马教廷的代表和教宗的个人代表,博尼法斯拥有特殊的权力,他对法兰克人的教会进行了去世俗化改革。

　　在公元742至747年间举行的一系列重大会议中,他恢复了法兰克教会的纪律,并使其与罗马教廷建立了密切的关系。诚然,博尼法斯未能实现他的全部计划,即建立一个地方当局向罗马上诉的常规制度,以及承认教廷对主教们的权利。但是,尽管丕平不愿意交出对法兰克教会的控制权,他还是协助圣博尼法斯对教会进行了改革,并接受了他关于法兰克国家与教廷之间合作与和谐的理想。从此,加洛林王朝成为教会改革运动的资助者,并在教会和修道院文化中找到了它在政治重组工作中所需的力量。正是盎格鲁-撒克逊的修道士,尤其是圣博尼法斯首先意识到日耳曼人的主动性和拉丁人的秩序的结合,这是整个中世纪文化发展的源泉。

213

---

① *Abridged from Ep. XLIX* (to Pope Zacharias, ed. Giles, I, 101-105).

第十二章　西部帝国的复辟与加洛林文艺复兴

加洛林时代的历史重要性远远超越了它的物质成就。查理大帝的庞大帝国在其创始人去世后并没有存活多久，而且也从未真正构建文明国家的经济和社会组织。尽管如此，它标志着欧洲文化第一次出现从胚胎的成熟到鲜活生命的觉醒。迄今为止，蛮族一直被动地生活在他们从所掠夺的文明中继承的资本上，现在他们开始与文明合作，进行创造性的社会活动。中世纪文明的中心不是在地中海沿岸，而是在卢瓦尔河（Loire）和威悉河（Weser）之间的北部地区，那里是法兰克人领地的中心。这里是新文化的形成中心，也是影响中世纪文化史的新情况的起源所在。中世纪帝国的理想、教宗的政治地位、德国在意大利的霸权及其向东方的扩张、中世纪社会在教会和国家中的基本制度，以及古典传统在中世纪文化中的融入，所有这些都是在加洛林王朝的历史中奠定的。

215　新文化的本质特征是其宗教性。墨洛温王朝主要是一个世俗王朝，而加洛林帝国则是一个神权国家——宗教统一的政治表现。新王朝建立的实际情况表明了君主制的这一变化，因为丕平获得了教宗的授权，将旧王室搁置一边，并在公元 752 年由圣博尼法斯根据宗教加冕仪式被选定为国王，该仪式是在盎格鲁-撒克逊英格兰和西哥特西班牙的教会影响下发展起来的，但直到此时为止在法兰克人中并不存在。因此，加洛林家族统治的合法化使法兰克人的君主和教廷之间建立了联盟，圣博尼法斯为此做了大量工作，从此法兰克人的君主成为罗马教廷公认的支持者和保护者。因为伊苏里亚皇帝的圣像破坏政策,教廷已经被拜占庭帝国驱逐,又由于公元751年伦巴第人在拉文纳消灭了拜占庭最后的残存势力,教宗被迫要从其他地方寻求支持。公元754年,斯蒂芬二世(Stephen II)前往丕平的领地拜访了他,并从他那里获得了一份条约,该条约使教宗获得了拉文纳总督区和前拜占庭在意大利的属地,以及斯波莱托(Spoleto)和贝内文托(Benevento)公国。作为回报,教宗重新祝圣丕平为法兰克国王,并授予他罗马贵族的尊严地位。这是一个划时代的事件,因为它不仅标志着持续到1870年的教皇国的建立,而且也标志着加洛林王朝在意大利的摄政,以及他们作为西方基督教世界的领导者和组织者的帝国使命的开始。

　　加洛林人自然适合承担这一使命,因为他们本身就是欧洲传统两个方面的代表。他们的血统来自高卢-罗马的主教、圣徒以及法 216 兰克战士,他们将查理·马泰尔的好战精神与宗教理想主义相结合,卡洛曼为进入修道院而放弃他的王国,以及丕平对教会事业的真诚奉献就是具体的体现。在丕平的继任者查理大帝身上,这两种元素同时得到了体现。他首先是一名军人,具有战争和军事事业的天赋,这使他成为他那个时代最伟大的征服者。尽管他冷酷无情,野心勃勃,但他并不是单纯的野蛮战士,他的政策是由理想和普世的目标激发的。他的征服不仅是为了实现法兰克人传统的军事扩张计划,也是为了保护和统一基督教世界而进行的十字军远征。通过消灭伦巴第王国,他使教廷摆脱了威胁其独立达200年之久的敌人,并把意大利纳入了法兰克帝国的版图。与撒克逊人的长期斗争是由于他决心消灭日耳曼异教的最后残余,并结束撒克逊人的独立地位。他在公元793年至794年征服了阿瓦尔人,摧毁了恐吓整个东欧的亚洲强盗国家,同时在多瑙河省恢复了基督教,而他与萨拉森人的战争和他的西班牙远征是基督教对伊斯兰教胜利扩张的反应的开始。在30年连绵不断的战争中,他将法兰克王国的疆域扩展到易北河、地中海和多瑙河下游,并将西方基督教世界统一为一个大帝国。

公元 800 年,查理加冕为罗马皇帝,并恢复了西方帝国,这标志着西方基督教国家重组的最后阶段,并实现了因博尼法斯和丕平的努力而形成的法兰克君主与罗马教会之间的联盟。然而,如果认为查理统治中的神权因素是基于他的帝王头衔,或者认为他从罗马帝国的传统中获得了他的权威的普遍性,那就错了。

他的盎格鲁-撒克逊顾问阿尔古因对他产生了影响,其影响不亚于博尼法斯在前一时期的决定性影响,在这种影响下,他已经获得了一种崇高的权力观,认为自己是上帝任命的基督教人民的领袖。但这种理想是基于《圣经》和圣奥古斯丁的教导,而不是基于罗马帝国的古典传统。因为对阿尔古因和《加洛林书》(*Libri Carolini*)的作者来说,即使是拜占庭时期的罗马仍然是预言中的最后一个异教徒帝国,是世俗王国的代表,而法兰克君主则拥有更高的尊严,是上帝子民的统治者和指导者。查理是新的大卫和第二个约西亚(Josias),由于后者恢复了上帝的律法,查理也是教会的立法者,并掌握着精神之剑和世俗权威之剑。[①]

这种神权理想主导了加洛林王朝政府的方方面面。新的法兰克国家相比拜占庭帝国在更大程度上是一个教会国家,其世俗和宗教方面不可分割地交织在了一起。

国王既是教会的管理者,也是国家的统治者,他的立法为神职人员的行为以及教义和仪式的管理制定了最严格和最细微的规则。礼拜日的仪式,教会圣歌的表演,以及接收新人进入修道院的条件都在教规中有所规定,丝毫不亚于边境防御和皇家财产的经济管理。有一次,查理甚至要求每个教区的牧师就其主持洗礼的方式提供书面答复,这些答复由主教们转交至查理的宫殿,供他亲自检查。

---

① *Libri Carolini*,I,1,3;II,19;III,15. etc. Alcuin,*Ep*. 198,etc.他写道,世界上有三种最高权力——罗马的教廷、君士坦丁堡的帝国和查理的王室尊严,其中最后一种是最高的,因为查理被基督任命为基督教人民的领袖。参见 *Cambridge Mediaeval History*,II,p.617。根据这些想法,阿尔古因在修订礼书时用基督教帝国替代了罗马帝国。

　　整个帝国的政府在很大程度上是教会性质的，因为主教与伯爵平等地分担帝国所划分的 300 个郡的地方行政管理，而中央政府则主要掌握在大教堂和皇室小教堂的教会人士手中；①首席牧师是国王的首席顾问，也是帝国的最高权贵之一。对地方行政的控制和监督是由加洛林王朝特有的 *Missi Dominici*［钦差］机构确保的，他们在帝国各郡巡回检查，就像英国的巡回法官一样，在这里，最重要的使命也被委托给了主教和修道院院长。

　　激励加洛林王朝政府的神权精神从保存下来的查理的一位大臣的奇特讲话中得到了很好的体现。他开始说："我们被我们的主查理皇帝派到这里来是为了你们永恒的救赎，我们赞成你们按照上帝的法则有德行地生活，并按照世界的法则公正地生活。我们首先要让你们知道，你们必须相信有一位上帝，就是圣父、圣子和圣灵……""你们要一心一意爱上帝。爱你们的邻舍如同爱自己。根据你们的能力向穷人施舍。"在叙述了从妻子和儿子到修道士、伯爵和公职人员的每个阶层和生活状态的义务之后，他得出结论："没有什么能瞒过上帝。生命是短暂的，死亡的时刻是未知的。因此，你们要时刻准备着。"②

　　这个讲话更像是一个穆斯林卡迪（Kadi）的风格，而不是罗马官员的风格，事实上，奥古斯丁的上帝之城的理想已经被粗暴地简化成了一种危险的东西，类似于由查理担任信徒指挥官的基督教版本的伊斯兰教。他们同样认同政教一体，同样试图通过法律手段强制推行道德，同样试图通过战争传播信仰。正如阿尔古因所抱怨的那样，撒克逊人的信仰被什一税所摧毁，查理的传教士是 *praedones*［掠夺者］而不是 *praedicatores*［传道者］。查理的宗教就像伊斯兰教一样，是一种剑的宗教，而他的私生活，尽管他真诚虔

---

　　①　在加洛林王朝时期，卡佩拉（Capella）成为一种神圣的会议，并在世俗管理中占有重要份额。卡佩拉原本是一个神职人员团队，专门守护作为法兰克王国的守护神而密切关注法庭的圣马丁（St. Martin）的斗篷。

　　②　Fustel de Coulanges, *Les transformations de la royaué franqut*, p.588.

诚，却像一个穆斯林统治者。尽管如此，他还是声称对教会有直接的权威，甚至在教条问题上也进行干预。用他给利奥三世的第一封信的话说，他是"上帝的代表，必须保护和管理上帝的所有成员"，他是"主和父亲，国王和牧师，所有基督徒的领袖和向导"。

显然，这些主张与教廷的传统权威很难调和。因为查理将教宗视为他的牧师，并直截了当地告诉利奥三世，治理和捍卫教会是国王的事，而为教会祈祷则是教宗的职责。因此，伦巴第王国的毁灭
220 似乎只是增加了教廷的困境。它使罗马孤立于法兰克王国和拜占庭帝国这两个帝国势力之间，而这两个帝国均不尊重罗马的独立性。在公元787年第二次尼西亚大公会议之后的争端中，这种情况所固有的危险很快就显现出来。这次会议标志着罗马和希腊主义联军对圣像破坏者的东方异端的胜利。但是，查理的宗教信仰与伊苏里亚皇帝激进的愚蠢有一些共同之处，他拒绝接受大公会议的决定。法兰克人很难理解圣像崇拜问题对希腊传统民族的重要性。因为正如斯特日戈夫斯基（Strzygowski）所指出的那样（尽管并非没有夸张），北方民族的艺术在其抽象的象征性特征方面基本上与东方的艺术是一致的。此外，《旧约》的影响在加洛林圈子里是如此之大，以至于他们在圣像崇拜问题上采取清教徒的态度，就像在遵守礼拜日仪式一样。因此，查理本人进入了反对拜占庭和罗马的神学名单。他让他的神学家们编写了一系列反对理事会的论文，并以他的名义出版，名为《加洛林书》。他派了一位钦差到罗马，向教宗提交了一份议事录，内容是对教宗的教导提出的85条谴责意见。最后，在公元794年，他召集所有西方主教在法兰克福（Frankfurt）召开了一次大会，会上谴责了尼西亚会议，并驳斥了圣像崇拜者的教义。①

---

① 晚年的查理及其继任者虔诚者刘易斯（Lewis the Pious）都保持了这种态度，后者在公元824—825年试图在拜占庭帝国和教廷之间扮演调解人的角色。即使到了公元870年，辛格玛（Hincmar）仍然拒绝接受第二次尼西亚大公会议，并认为法兰克福大公会议是全基督教的和正统的。

教宗哈德良的处境非常困难,他被迫妥协。他发现自己与拜占庭帝国达成一致,反对法兰克王国和西方教会,但拜占庭人却抢走了他在东方的财产,并把他视为异类。在东西方发生分裂的情况下,他将被孤立,无能为力。在政治上,哈德良完全依赖法兰克的力量,在他于公元795年去世后,他的继任者向查理致敬,并将其视为领主。 *221*

教宗承认查理为罗马皇帝,并于公元800年的圣诞节在罗马为其加冕,从而结束了这种反常的状态。很难说教宗在多大程度上是主动采取行动的,还是作为查理及其法兰克顾问的工具。查理的传记作者艾因哈德(Einhard)的证词支持前一种选择,但它几乎没有得到现代历史学家的支持,至少在法国和英国是如此。当然,查理是受益者,因为他在西方的普遍权威现在得到了罗马法律和传统的认可。然而,对教廷来说,其好处也同样明显。法兰克君主制的至高无上曾经威胁到了罗马的地位,现在则与罗马联系在一起,因而也与教廷联系在一起。教宗的政治效忠不再被君士坦丁堡皇帝在法律上的权威和法兰克国王在事实上的权力所分割。作为国王,查理站在罗马传统之外;作为皇帝,他与教会领袖建立了明确的法律关系。他的权力仍然像以前一样强大,但它不再是不确定和不可估量的了。此外,罗马帝国的概念对教会来说仍然是不可或缺的,它是基督教文明的同义词,而蛮族的统治则与异教和战争相提并论,以至于礼拜仪式将"罗马人的敌人和天主教信仰的敌人"联系在一起。因此,作为罗马普世主义的代表,教廷在公元 *222* 800年引领帝国的复兴也不是不可能,就像它在75年后帮助秃头查理称帝时所做的那样。

无论如何,可以肯定的是,罗马帝国的恢复,或者说新的中世纪帝国的建立,从政治角度来看,具有的宗教性和象征性的价值远远超过了其直接的重要性。毫无疑问,查理用它作为他与拜占庭帝国谈判的外交筹码,但他的加冕对他的生活和政府没有任何影响。他从未像奥托三世(Otto III)和其他中世纪皇帝那样试图模仿罗马或拜占庭的凯撒的行为方式,而是在服饰、举止和政治理想上完全保留了法兰克风格。他甚至在公元 806 年按照法兰克人的旧俗将领土分给了他的子嗣们，而不是遵循罗马人的不可分割的政治主权原则，从而危及了他的整个帝国统一工作；同样的传统在他的后继者中重新确立，并证明对加洛林帝国的统一和延续是致命的。

信奉神圣罗马帝国理想的是教士和文人，而不是王公贵族和政治家。对他们来说，这意味着几个世纪以来的野蛮状态的结束和文明秩序的回归。对艾因哈德来说，查理是一位新的奥古斯都，他从奥古斯都的理想的角度来看待他的成就，而欧塞尔（Auxerre）的主教莫多因（Modoin）则将他的时代描述为古典时代的复兴：

> "在古代，你将永远死去；
> 金色的罗马将重生于世，焕然一新。"

事实上，尽管加洛林时代的学问与伟大的意大利人文主义者的学问相比似乎不足挂齿，但它是真正的文艺复兴，其对欧洲文化发展的重要性并不亚于 15 世纪的更辉煌的文艺复兴运动。将古典传统和教父传统的零散元素聚集起来，并将其重组为新文化的基础，这是加洛林时代最伟大的成就。这场运动归因于我们已经描述过的两种力量的合作——盎格鲁-撒克逊和爱尔兰传教士的修道院文化和法兰克君主制的组织天分。在公元 8 世纪初，欧洲大陆文化达到了最低潮，而潮流的转变是由于盎格鲁-撒克逊传教士的到来。博尼法斯本人是阿尔德海姆式的学者和诗人，他的改革活动扩展到了神职人员的教育和惩戒方面。他是基于多纳图斯（Donatus）、查里修斯（Charisius）和狄奥梅得斯（Diomedes）的语法论文的作者，他在富尔达建造的伟大的本笃会修道院是文学文化和书法复兴的中心，对整个法兰克领土东部地区产生了广泛的影响。①

---

① 加洛林时期最伟大的学者，除了阿尔古因和西奥杜尔夫，都是富尔达修道院的修道士或学徒，例如，艾因哈德、拉巴努斯·莫鲁斯（Rabanus Maurus，公元 822—842 年担任修道院院长）和他的学生瓦拉弗里德·斯特拉波（Walafrid Strabo）和塞尔瓦图斯·卢普斯（Servatus Lupus）。

　　但是,正是查理大帝的个人影响拓展了这一运动的范围,没有什么比这位几乎不识字的军人君主以极大的热情投入恢复学习和提高其统治区教育水平的工作中去更能显示出他性格的真正伟大。加洛林的文艺复兴,无论是文学还是艺术,都在皇宫的学校里找到了中心,然后通过富尔达、图尔、两个戈尔比(Gorbies)、圣加尔、莱切诺(Reichenau)、洛尔什(Lorsch)、圣万德里耶(St. Wandrille)、费里耶(Ferrières)、奥尔良(Orleans)、欧塞尔和帕维亚(Pavia)等修道院和主教中心传播到整个帝国。查理从他的王国的各个地方聚集了学者和神学家——从南高卢来的西奥杜尔夫和阿戈巴德(Agobard);从意大利来的执事保罗(Paul the Deacon)、比萨的彼得(Peter of Pisa)和阿奎利亚的保利努斯(Paulinus of Aquileia);从爱尔兰来的克莱门特和邓加尔(Dungal);以及从他自己的法兰克土地招来的安吉尔伯特(Angilbert)和艾因哈德。但与早期的教会改革运动一样,新运动首先是从盎格鲁-撒克逊文化传统中衍生其特性的。在法国和意大利,拉丁语是一种活生生的语言,但由于与野蛮的方言的接触,它已经被污染了。在英格兰,它是一种建立在对古典模式研究基础上的学术语言,对它的培养受到了对罗马传统的热情的鼓励,这种热情自圣威尔弗雷德(St. Wilfred)和圣本笃·比斯科普的时代就一直激励着盎格鲁-撒克逊文化。

　　正是这种盎格鲁文化的主要代表——约克学校的校长阿尔古因——成为哈尔芬(M. Halphen)所称的盎格鲁-撒克逊"前文艺复兴"和新加洛林运动之间的纽带。他于公元782年进入查理麾下,担任宫廷学校的校长,从此对查理的教育政策和整个文学运动产生了决定性的影响。阿尔古因不是文学天才,他本质上是一位校长和语法老师,根据波伊修斯、卡西奥多罗斯、伊西多尔和比德的传统,以七门文科的古老古典课程为基础进行教学。但正是这个时代需要这样的校长,而且由于他的皇家学生的支持,他能够在帝国的范围内实现他的教育理念,并使宫廷学校成为西欧大部分地区的文化标准。显然,查理把修订《圣经》和礼拜书的工作交给了

加洛林王朝皇帝：秃头查理(Charles the Bald)

他,从而启动了加洛林式的礼仪改革,这是中世纪教会礼仪的基
础。在本笃会的影响下,盎格鲁-撒克逊教会(Anglo Saxon Church)
已经采用了罗马仪式,现在它成为加洛林帝国的普遍仪式,取代了
古老的高卢人仪式,后者与安布罗西亚(Ambrosian)和莫札拉伯
(Mozarab)联合仪式一起在整个西方普及,但罗马及其郊区管辖区
除外。不过,新的加洛林礼拜仪式仍然保留了高卢影响的痕迹,如
此一来,相当多的高卢元素就进入了罗马的礼拜仪式本身。

　　阿尔古因和盎格鲁-撒克逊文化的影响还体现在文字改革上,
这也是加洛林时代的典型成就之一。英格兰和爱尔兰的新基督教
文化的存在得益于手稿的传播和增加,并达到了很高的书法水平。
因此,比起意大利,加洛林王朝的学者更愿意去英国寻找更正确的
文本,文本不仅包括《圣经》和罗马礼拜仪式,还包括古典作家的作
品,而盎格鲁-撒克逊和爱尔兰的学者和抄写员都涌向了宫廷学校
和欧洲大陆的大修道院。①

　　查理曼本人特别煞费苦心地确保手稿的增加和正确文本的使
用。在他给的钦差的指示中,有一条指出"书吏不能写污秽的东
西",他经常抱怨使用使人堕落的手稿会给教会的服务带来混乱。
正是由于他和阿尔古因的努力,墨洛温时代的各种难以辨认的草
书才在很大程度上被一种新的书写风格所取代,这种风格成为西
班牙、爱尔兰和意大利南部以外的整个西欧的标准。这就是所谓
的"加洛林小写体",它似乎起源于公元8世纪下半叶的科比修道
院,并在阿尔古因位于图尔的修道院著名的字体室中达到了最高
的发展水平。它的普遍传播无疑是由于阿尔古因和他的同事们将
其用于在帝国权威下发行的礼仪书籍的修订本中。

　　在这方面,加洛林文艺复兴是公元15世纪文艺复兴的一个有
价值的先驱。事实上,它对后者的成就产生了直接的影响,因为意
大利文艺复兴时期的"人文主义手稿"只不过是加洛林小写体的复

---

　　① 例如,富尔达的修道院在很大程度上是盎格鲁-撒克逊人的聚集地和欧洲大陆
上最重要的抄写学校之一,它仍然使用英式的岛屿字体。

兴,从而成为现代拉丁文印刷字体的直接来源。此外,正是由于加洛林王朝的抄写员,我们才保存了大部分的拉丁文学,现代的经典文本批评在很大程度上仍然是基于从这个时期流传下来的手稿。

在艺术和建筑领域,人们同样感受到了加洛林复兴的影响。在这里,帝国传统的影响再次占据了主导地位,据说查理曼是"神圣罗马"建筑和神圣罗马帝国的创始人。但古典传统在艺术方面甚至比在文字方面更加萎靡不振。加洛林王朝的艺术家们一方面受到东方-拜占庭甚至东方-穆斯林的影响,另一方面又受到盎格鲁-凯尔特混合艺术的影响,热衷于几何装饰和精致的螺旋和格纹设计。即使是查理曼著名的艾克斯-拉-沙佩勒(Aix-la-Chapelle)宫殿教堂也是完全按照东方的八角形平面图建造的,不知是直接来自东方,还是通过拉文纳的圣维塔莱教堂(Church of S. Vitale at
227 Ravenna)的媒介;这种中央规划成了在德国的加洛林王朝建筑师们最喜欢的模式。然而,即使是这座建筑也在其建筑、柱子、青铜喷泉和门上显示出古典的特征,类似的还有其他一些教堂,诸如艾因哈德在斯坦巴赫(Steinbach)建造的教堂就保留了传统的罗马长方形教堂的设计,带有半圆形后殿和木质屋顶。①后来的德国罗马式教堂就是从这些教堂中衍生出来的,教堂两端都有半圆形后殿,还有四座塔楼,这成了莱茵兰地区(Rhineland)和伦巴第地区建筑的典型特征。

但是,加洛林时期的混合艺术在微缩画和图书彩图方面表现得最为突出。从莱茵兰地区到德国修道院,再到梅斯(Metz)、图尔、兰斯和科比,众多的绘画流派以不同的比例体现了我们所提到的东方和盎格鲁-爱尔兰元素。但它们最大的特点是在处理人物形象和使用刺叶装饰方面都有回归古典传统的趋势。这种新古典主义倾向在所谓宫廷派的手稿中表现得最为充分,比如著名的《维也纳福音书》(Vienna Gospels),后来的德国皇帝曾用这本书举行加冕宣

---

① 在英格兰,威尔弗雷德和本尼迪克特·比斯科普已经建造了类似的大教堂,在墨洛温王朝时期的高卢,这是最常见的类型。

誓。它显然是受到了拜占庭文艺复兴的影响，并且可能是由来自意大利南部的抄写员引入北方的。①加洛林艺术是公元 10、11 世纪在德国，尤其是在莱茵兰地区发展起来的精美画派的直接祖先，因此是影响中世纪早期艺术风格形成的主要因素之一。

加洛林文艺复兴在查理曼去世后的那一代人中得到了充分的 *228* 发展，他们是阿尔古因的学生和继承人，如伟大皇帝的传记作者艾因哈德、富尔达的拉巴努斯·莫鲁斯及其学生，莱切诺修道院院长瓦拉弗里德·斯特拉波、费里耶尔修道院院长塞尔瓦图斯·卢普斯。所有这些人都是古典文学的伟大学者和学生，正是通过他们和他们的同类人，修道院的图书馆和抄写学校才得到了充分的发展。查理曼的继承者，尤其是秃头查理，接续了他对学术的资助，在后者的领导下，西法兰克王国的宫廷学校由中世纪最有创意的思想家之一，爱尔兰学者约翰尼斯·斯科图斯（Johannes Scotus，或称埃里吉纳[Erigena]）指导。他的哲学受到了大法官狄奥尼修斯著作的启发，并通过他受到新柏拉图主义者的启发，类似于公元 10、11 世纪的阿拉伯和犹太哲学家的哲学，而不是西方学派的哲学。已故的法国学者皮埃尔·杜亨已经追溯到他对西班牙犹太人伊本·格比罗尔（Ibn Gebirol）的哲学的直接影响。

约翰尼斯·斯科特斯也因其希腊语的学识而著名，尽管在这一方面他并不孤独。在某种程度上，他的几个同胞也拥有这种学识，首先是塞杜利乌斯·斯科图斯（Sedulius Scotus），他是那个时代最吸引人的学者和诗人之一，曾于公元 9 世纪中期在列日（Liège）任教。此外，与拜占庭世界文化的接触仍然使意大利的希腊学术界保持着一定的活力，正如我们从图书馆长阿纳斯塔修斯（Anastasius Bibliothecarius）的翻译文献和历史著作中看到的那样。阿纳斯塔修斯是《教宗之书》后期部分的作者，也是尼古拉一世和约翰八世 *229* （John VIII）时代（公元 858—882 年）在罗马发生的短暂的文化和

---

① 参见 A. Goldschmidt，*German Illumination*（*Garolingian period*），pp.7-10。

文学活动复兴的核心人物。这场运动的另一位主要代表是阿纳斯塔修斯的朋友，执事约翰·海莫尼德斯，他把对古典文化和罗马作为拉丁传统继承者热情奉献带到了教廷服务中。他的作为"罗慕路斯的人民"的代表作献给教宗约翰八世的《格里高利传》(*Life of St. Gregory*)受到了这些观念的启发，以至于他把圣格里高利转变为利奥十世(Leo X)那样的人文主义教宗！他写道，"在格里高利的时代，智慧显然在罗马为自己建造了一座圣殿，而七艺就像七根珍贵的石柱支撑着教廷的前庭。追随教宗的人，从最伟大的到最微不足道的，没有一个在言语或服饰上表现出丝毫野蛮的痕迹，而穿着古典长袍的拉丁天才在拉丁的宫殿安了家。"①

作为对圣格里高利时代的罗马的描述，没有什么比这更拙劣的了，但它仍然是有趣的，因为它预示了教宗作为古典文化的守护神的人文主义理想，这一理想在六个世纪后的文艺复兴时期的罗马得到了了实现。然而，在公元 9 世纪的罗马，这种理想几乎没有存在的空间，因为它受到了来自外部的萨拉森人的威胁，并被当地的派系争斗所撕裂。约翰八世被谋杀后，罗马文化的短暂复兴结束了，古典传统只在南部城市那不勒斯、阿马尔菲和萨勒诺(Salerno)幸存下来，罗马文化的最后代表在那里找到了避难所。正是在这里，在公元 9 世纪末，一位罗马流亡者创作了关于罗马衰落的奇特挽歌，这也是中世纪文学中常见的对罗马社会的贪婪和腐败进行谩骂的最早例子。②然而，与大多数这类诗歌不同的是，它并没有受到宗教思想的启发。它完全是世俗的，甚至是反教会的基调，与北方的加洛林文艺复兴的精神相比，它与公元 15 世纪的意大利文艺复

230

---

① 原文见"*Sed togata quiritum more seu trabeata latinitas suum Latium in ipso laliali palatio singulariter obtinebat.*"引自 Johannes Diaconus, *Vita Gregorii*, II, 13, 14, 参见 J. H. Dudden, Gregory the Great, I, 283。

② 挽歌原文见"*Nobilibus quondam fueras constructa patronis; Subdita nunc servis heu male Roma ruis. Deseruere tui tanto te tempore reges. Cessit et ad Graecos nomen honosque tuus. In te nobilium rectorum nemo remansit. Ingenuique tui rura Pelasga colunt. Vulgus ab extremis distractum partibus orbis Servorum servi nunc tibi sunt domini.*"引自 Poetae Aevi Carolini, td. Traube, III. 555。

兴的精神有更多共同之处。

　　事实上，只有在意大利的半拜占庭式的城邦中，一些独立的世俗文化传统才得以幸存。至于其他地方，在整个中欧和北欧，高级文化完全被限制在教会圈子里。城市几乎没有参与其中。所有的知识生活都集中在修道院和皇室或主教的宫殿里，而这些宫殿本身就像修道院。虽然贸易和城镇生活还没有完全停止，但它们已经退化为一种原始的形式，社会几乎完全变成了农业社会。帝国和教会的经济都是以土地所有权为基础的。大庄园或别墅被组织成一个小型自给自足的社会，由一名执行官根据古老的农村管理制度进行管理，这种制度主要传承自帝国后期的元老院的遗产。这类庄园的产品可以促使领主及其随从定期的到访，就像撒克逊人和诺曼人特许状里的“一夜农场”一样，但更多的时候，它满足了领主中心住宅的需要，而中心住宅是这个经济大厦的顶点。正如德国在英格尔海姆（Ingelheim）和其他地方的发掘所揭示的那样，加洛林王朝的宫殿是一个巨大的漫无边际的建筑，旨在容纳皇室的全部随从。它有门廊、教堂和大厅，类似于修道院或古老的拉特兰宫，而不是现代类型的皇室住宅。最重要的是，它在经济上是自给自足的，周围是工匠和劳工的住所和作坊。工匠和劳工包括酿酒师和面包师、织工和纺工、木匠和金属匠，他们的手艺也是满足宫廷需求所必需的。

　　加洛林王朝的修道院也是如此。它不再是一个自食其力的苦行僧的聚居地；它是一个伟大的社会和经济中心，是大片地产的拥有者，是被征服领土的开化者，也是多方面和激烈的文化活动的场所。加洛林王朝时期的德国大修道院，其起源直接或间接地归功于博尼法斯的工作，就像小亚细亚的古代寺庙国家一样，在人民的生活中发挥着类似的作用。在公元8世纪，仅富尔达的修道院就拥有15 000块耕地；洛尔什的修道院后来在莱茵兰地区拥有911块地产。在科比，除了300名修道士外，还有一大批工匠和附属人员聚集在修道院周围。我们在著名的圣加尔教堂的公元9世纪规

231

划图中看到了一幅理想的加洛林修道院的图景——一种微型城市，在其围墙内包括教堂和学校、工坊和粮仓、医院和浴室、磨坊和农场建筑。

加洛林王朝时期的修道院在中世纪早期文明史上的重要性怎么强调都不过分。这是一个以纯农业经济为基础的机构，但却体现了那个时代最高的精神和智力文化。诸如圣加尔、莱切诺、富尔达和科比的这些大修道院不仅是欧洲的知识和宗教领袖，而且是物质文化、艺术和工业活动的主要中心。在这些地方，学识和文学、艺术和建筑、音乐和礼仪、绘画和书法的传统得到了发展，这些都是中世纪文化的基础。因为这种文化的起源基本上是礼拜式的，且以日课——Opus Dei［每日的祈祷］①——为中心，这是修道院的源头和终点。同样，修道院的巨大财富并不像我们所认为的那样只是修道院院长和社区的财产；它是这个教堂所供奉的圣徒的教产。修道院的所有土地及其所有经济活动都受制于一个超自然的管理者，并享有超自然的保护。因此，教会的农奴与其他领主的农奴不同，我们发现自由人自愿放弃自由，以成为所谓的"'圣徒'的人（Saints' Men，Homines Sanctorum，Santeurs）"。

在这种情况下，我们很容易理解为什么修道院能够清除森林，排干沼泽，并在以前是荒地的地方建立繁荣的定居点，例如马尔梅斯伯里的威廉（William of Malmesbury）在一个著名的文章段落中描述的桑尼岛（Isle of Thorney），它像天堂一样矗立在沼泽的荒地上，那里有树林和草地，葡萄园和果园，是自然和艺术的奇迹。

修道院不仅是大型农业中心，也是贸易中心。而且，由于他们享有豁免权，他们能够建立市场，铸造货币，甚至发展信贷系统。它们以一种原始的方式实现了银行和保险协会的功能。土地所有者可以购买养老金，或以献身修道院的方式成为修道院的永久

---

① 特指在一定时间内背诵指定的祷文，即申正经、晨经、晨祷、辰时经、午时经、申初经、晚课、晚祷。——译者注

加洛林主教

居民。①

233　　因此，加洛林文化的存续远远超过了帝国本身，当西欧正陷入可能有史以来最深的无政府状态和困境时，加洛林文化继续在诸如四位埃克哈德（Ekkehards）和两位诺特克尔（Notkers）的故乡圣加尔修道院这样的修道院中心存活。正是由于修道院的努力，加洛林文化才得以在加洛林帝国的衰落中幸存下来。在从公元850年到950年的百年无政府状态的黑暗和苦难中，诸如圣加尔修道院、莱切诺修道院、科维修道院（Corvey）等中欧的大修道院一直维系着文明的薪火，因此，从加洛林王朝时期到撒克逊人的帝国时期的文化传播没有中断。②

---

①　参见 Berlière，*l'Ordre Monastique*，pp.103-106 and notes。

②　埃克哈德四世在其著名的《圣加尔编年史》（*Chronicle of St. Gall*，写于公元11世纪）非常生动地描绘了这一时期一个大修道院的社会和知识生活。它表明，在整个西欧条件最差的时代，即在公元892—920年，该修道院及其学校正处于繁荣的顶峰。

第十三章　维京人的时代
和北方的皈依

我们已经看到西欧如何在加洛林王朝时期首次实现文化统一。加洛林帝国的崛起标志着作为入侵时代特征的文化二元论的结束,西方的野蛮人完全接受了罗马帝国和天主教会所代表的统一理想。因此,在新的文化中,构成欧洲文明的所有元素——罗马帝国的政治传统、天主教会的宗教传统、古典学术的知识传统和野蛮人的民族传统——都已经得到了体现。

然而,这是一种不成熟的综合,因为帝国内部和外部的蛮族势力仍然过于强大,无法被完全同化。在加洛林世界本身的范围内,塞尔瓦图斯·卢普斯和瓦拉弗里德·斯特拉波等人的伪人文主义与贵族战士或农奴的心态之间存在着几乎不可估量的差距,而在域外的土地上,仍然有新的民族没有受到基督教和罗马-基督教文明的影响。因此,在加洛林王朝的统一时代之后,随之而来的是一场激烈的反响,新一轮的蛮族入侵有可能摧毁查理大帝及其前任的所有努力,并使欧洲陷入甚至比四个世纪前罗马帝国灭亡后的状态还要彻底的无政府和混乱状态。

这种外部危险的主要来源是在斯堪的纳维亚半岛,从遥远的史前时代起,那里就是一个活跃而独立的文化运动的中心。北欧的文化中心总是倾向于与世隔绝,自公元4、5世纪的民族迁徙时代以来,它与欧洲其他地区的隔绝就更加突出了。这种孤立的原因有些模糊不清,但毫无疑问,罗马帝国时期存在的积极贸易关系的停止是主要因素之一。而更难解释的是，突然的变化导致了侵略能量的猛烈爆发，这也是维京人入侵时期的特点。北方民族在波罗的海周围狭小的土地上沉寂了几个世纪之后突然掀起了一股征服扩张的浪潮，使他们远远越过了欧洲世界的界限。在公元9、10世纪期间，他们的活动从北美延伸到里海，从北极延伸到地中海。他们袭击了君士坦丁堡、比萨、北波斯和穆斯林西班牙，而他们的定居点和征服地则包括了格陵兰岛、冰岛和俄罗斯，以及诺曼底和英格兰、爱尔兰和苏格兰的大部分地区。

这一非凡成就的原因必须主要从北欧社会和文化的特殊条件中寻找。这是一种古老的、在某些方面高度发达的文化，但很少有机会进行和平扩张。在它与世隔绝的几个世纪里，它将战争的艺术和道德发展到了一个独特的高度。战争不仅是权力、财富和社会声望的来源，也是文学、宗教和艺术的主要关注点。社会机体的中心是战争领袖或"国王"，他的权力与其说是建立在领土的基础上，不如说是建立在他的个人能力和吸引战士追随者的能力上。没有固定的长子继承法，每一个有王室或主要血统的人的野心都是聚集一批家臣，并像贝奥武夫那样，通过战争和冒险，以及对其追随者的无限慷慨为自己赢得声誉。

"贝奥武夫是斯凯尔德（Scyld）的儿子，他在斯堪的纳维亚半岛上享有盛誉，声名远扬。年轻人应该用他父亲所拥有的精美礼物来传递美好，这样，当战争来临时，愿意支持他的同志就会在他年老时再次支持他，人们也会跟随他。在各族中，人必因爱而成功。"①

诚如奥利克（Olrik）教授所坚称的，②北方社会还有另一个因素，即农民和富有的地主的建设性劳动，"他们耕种土地并崇拜神明"。这一因素在对古老的大地之神和生育能力的崇拜中找到了它的精神对应物，即瓦尼尔（Vanir）——弗雷（Frey）、芙蕾雅（Freya）和尼约德尔（Njordr），他们被认为是与国王之神奥丁和好

① *Anglo-Saxon Poetry*，trans. R. K. Gordon，p.4.
② A. Olrik，*Viking Civilization*，pp.102-103.

战的埃西尔（Aesir）不同的种族。①也许是由于它与乌普萨拉（Upsala）的古代祭礼圣地的联系，瑞典君主制才能在瑞典东部肥沃的土地上如此早且如此牢固地建立起自己的权力。然而，在其他地方，特别是在挪威，小部落王国似乎一直在进行持续的只有适者才能生存的战争，正如我们在《贝奥武夫》（Beowulf）中看到的那样，他们的生存取决于他们的战士国王的个人能力和声誉。

我们没有直接的历史证据来说明斯堪的纳维亚半岛在蛮族入侵和维京人运动之间的时代发生了什么。毫无疑问，这是一个政 237治和军事活动激烈的时代，在这个时代，强大的王国逐渐以牺牲邻国为代价来巩固自己的权力。因此，盖特人（Geats）的王国被瑞典人的王国所摧毁，而朱特人和希思巴德人（Heathobards）则被丹麦人所征服，后者在公元 8 世纪已经在国王哈罗德·沃图斯（Harold Wartooth）的领导下建立了一个强大的王国。在挪威，由于该国的特点，较小的部落群体将其独立保持到很晚的时期，但考古证据表明，挪威东部的罗马里克（Romarike）、赫德马克（Hedemark）、林格里克（Ringerike）等一些小部落王国也有同样的趋势。还有韦斯特福尔（Vestfold），那里有罗马里克（Romarike）的拉克内豪格（Raknehaug）、赫德马克（Hedemark）的斯维（Svei）和韦斯特福尔的博勒（Borre）等史前国王的大墓或坟冢，它们是欧洲最壮观的古迹之一，见证了王权的日益强大和威望。

毫无疑问，这一发展对标志着维京时期的移民和殖民运动产生了一些影响，而且没有理由质疑智者阿里（Ari the Wise）在其关于冰岛定居点的杰出著作中详细记录的冰岛传统的实质真实性。②但挪威西部，尤其是罗加兰（Rogaland）和霍达兰（Hordaland）的王国

---

① 然而，我们必须记住，在维京时代，被视为农民之神的不是弗雷而是战士索尔（Thor）。

② 诺曼人的历史学家杜多（Dudo）将维京人的运动归结为一夫多妻制造成的过度人口危机。毫无疑问，这确实有一定的影响，正如我们在埃里克·布拉德克斯（Eric Bloodaxe）和哈罗德·费尔海尔（Harold Fairhair）的其他儿子之间的斗争中所看到的那样，但这只限于国王和酋长的统治阶层，维京人的领袖通常都是从他们中产生的。

或贵族联盟，在哈罗德·费尔海尔（Harold Fairhair）国王于哈夫尔
峡湾战役中打破西部 *hersir*［自由民战士］的领袖或部落酋长的权
238 力之前的一个世纪里，一直是维京人的活动中心。这一地区长期
以来拥有自己的文化传统，在公元 5、6 世纪以其贵族特征和与盎
格鲁-撒克逊英格兰文化，尤其是英格兰中部地区文化的惊人相似
性而著称。根据谢特利格（Shetelig）[1]教授的说法，这些特点是由
于挪威西部受到了日耳曼人入侵浪潮的影响，这股浪潮将盎格鲁-
撒克逊人带到了英国，将法兰克人和勃艮第人带到了高卢。这些
来自南方的入侵者征服了当地居民，并形成了一个统治阶级，该阶
级保留了自己的丧葬仪式，并与西方的其他日耳曼民族，尤其是盎
格鲁-撒克逊英格兰的民族保持着联系。因此，在维京人的时代之
前，挪威西部已经与不列颠群岛接触了几个世纪；事实上，挪威最
初的名字"北方之路"就是从这些海上关系中得来的，可能是公元
7、8 世纪航海手段的改进为更大规模的海盗探险开辟了道路。但
无论原因是什么，从公元 8 世纪末开始，挪威的维京人的舰队几乎
每年都会造访不列颠群岛的海岸。岛屿和海岸上的大修道院作为
北方基督教文明的中心为入侵者提供了一个容易而丰富的猎物。
林迪斯法恩在公元 793 年被洗劫，加罗在公元 794 年被洗劫，爱奥
那岛在公元 802 年和公元 806 年被洗劫。

　　但是，西部维京人的攻击主要集中在爱尔兰。在公元 9 世纪上
半叶，整个岛屿都遭到了入侵，所以用爱尔兰编年史家的话说，"在
这片土地上没有一个地方没有舰队。"在这里，教堂和修道院也是
239 最容易受到攻击的地方，爱尔兰修道院文化的伟大时代在大屠杀
和毁灭中结束。伟大的挪威领袖图尔吉斯（Turgeis）在公元 832 年
至 845 年间开始在爱尔兰建立起一个正规的维京人国家，他似乎有
意要摧毁爱尔兰的基督教。他把圣帕特里克的委员会赶出了阿玛
（Armagh），并把阿玛作为他的王国的中心，而在香农河（Shannon）畔

---

　　① H. Shetelig, *Prihistoire de Norvige*, pp.183-188.

的大型教会中心格隆马克诺斯（Glonmacnoise），他亵渎了圣夏兰（St. Ciaran）的教堂，并将他作为异教徒 *völva*［女先知］的妻子奉上神坛。他的死亡并没有阻止维京人势力的发展，因为在公元 851 年，挪威国王的儿子，白色维京人之王奥拉夫（Olaf the White）来到爱尔兰，建立了都柏林王国，在"爱尔兰和不列颠所有北欧人的国王"伊瓦尔（Ivar）及其继承人的统治下，都柏林王国一直延续到公元 12 世纪。

因此，在前卡洛林时代曾是西欧基督教文化复兴的起点的爱尔兰也是第一个屈服于新的蛮族入侵的国家，它的命运很快就与它曾为之诞生做出过巨大贡献的盎格鲁基督教文化同在。公元 835 年，丹麦人开始对英格兰北部和东部发动一系列新的进攻，公元 867 年，诺森伯利亚王国最终被摧毁。有一段时间，似乎整个英格兰都将成为维京人的殖民地。但是，尽管国王阿尔弗雷德（King Alfred）努力维护了威塞克斯和英格兰南部的独立，但泰晤士河和沃特林街（Watling Street）以北的整个英格兰北部和东部都有维京人定居，并被称为"丹麦区"。斯堪的纳维亚人的定居也不仅限于这一地区，因为所有西海岸都属于爱尔兰-维京人的势力范围，而英格兰西北部相当多的领土，如坎伯兰（Cumberland）和湖区，都被挪威殖民者占据。

因此，到公元 9 世纪末，挪威形成了一个海上帝国，从冰岛和法罗群岛一直延伸到爱尔兰海峡，并囊括了西海岸所有较小的岛屿以及爱尔兰、苏格兰北部和英格兰的相当大的一部分。 *240*

与此同时，在欧洲大陆上，维京人的运动也遵循着某种不同的路线。在这里，起主导作用的是丹麦人，而不是挪威人，他们要对付的不是凯尔特人的部落社会的零散力量，而是加洛林帝国的强大力量。

自墨洛温王朝早期以来，法兰克人的力量一直是丹麦人恐惧和不信任的原因，正如我们从《贝奥武夫》中威格拉夫（Wiglaf）讲述的那段话中看到的那样，自公元 520 年丹麦人海格拉克（Hygelac）入侵法兰克人的领土以来，"墨洛温国王的善意就被我们拒绝了"。加洛林王朝对弗里西亚人（Frisians）和撒克逊人的征服加剧了紧张的局势，这使帝国直接接触到了丹麦，而且似乎威胁到了北方自由异教徒的生存。公元 808 年，两个民族之间爆发了战争。古斯雷德（Guthred）派出一支舰队去蹂躏弗里西亚（Frisia），并威胁要进攻亚琛（Aachen）。但公元 810 年丹麦国王的遇刺结束了这场冲突，在接下来的 20 年里，帝国只需应对可能来自挪威和爱尔兰的维京海盗的孤立袭击。查理的继任者，虔诚者刘易斯，试图通过和平手段实现斯堪的纳维亚半岛的皈依。他与古斯雷德的儿子哈罗德建立了友好关系，并最终说服他于公元 826 年在美因茨（Mainz）接受了洗礼，与他同时接受洗礼的还有他的儿子和 400 名追随者。这些关系为埃博（Ebbo）和圣安斯卡（St. Anscar）向丹麦和瑞典传教，

241 以及将汉堡建成北方地区的大都市铺平了道路。但是，尽管圣安斯卡受到了瑞典国王的欢迎，并成功地在斯堪的纳维亚半岛中心地带的比尔卡（Birka）建了一座教堂，还在丹麦建了几座教堂，但他的工作注定要在几个世纪后才能取得成果。公元 833 年刘易斯的被废黜标志着王朝争斗和内战时期的开始，这使得帝国对其北方邻邦毫无防御能力。丹麦人在弗里西亚和荷兰建立了自己的势力，并摧毁了乌得勒支（Utrecht）附近的大港口杜尔斯泰德（Duurstede），该港口世世代代都是与北方商业关系的中心。

公元 840 年后，皇帝洛泰尔（Lothair）鼓励丹麦人进攻他兄弟的领地。从那时起，维京人的入侵有了新的特点。维京人组织了大规模的远征，舰队的数量多达数百艘，帝国的西部省份和英格兰每年都遭到系统蹂躏。在将近五十年的时间里，入侵的强度不断增加，直到从汉堡到波尔多的所有西部的修道院和城镇都被洗劫一空，大片的土地，特别是荷兰和法国西北部的土地，都变成了沙漠。甚至圣徒们也被迫离开他们的圣地，一些西方最著名的遗物，如圣马丁或圣古斯伯特（St. Guthbert）的尸体，随着入侵浪潮的推进，多年来一直从一个避难所被转移到另一个避难所。

　　加洛林王朝的君主们，尤其是秃头查理，其领土在公元843年至877年的风暴中首当其冲，他们的努力无力抵挡敌人的进攻，也无法阻止社会的解体。

　　然而，在本世纪的最后20年里，基督教世界的力量逐渐恢复。国王阿尔弗雷德于公元878年和885年在英格兰取得了来之不易的胜利，强者罗伯特（Robert the Strong）之子奥多（Odo）于公元885 *242* 年至887年的巴黎保卫战和国王阿努尔夫（King Arnulf）于公元891年在佛兰德斯（Flanders）的胜利都标志着局势的转变。无论是在英格兰还是在法国，将入侵者完全驱逐都是不可能的，但国王阿尔弗雷德的继任者足够强大，足以在丹麦区树立他们的权威，而糊涂者查理（Charles the Simple）与罗洛（Rollo）签订的条约将维京人对诺曼底的占领置于常规的封建基础之上，并为诺曼人定居者的同化铺平了道路。

　　尽管如此，基督教世界仍然没有和平的希望，因为维京人并不是它必须与之抗衡的唯一敌人。当维京人在西部省份肆虐时，意大利和地中海沿岸也成了萨拉森人的猎物。公元827年，统治突尼斯的阿格拉布·埃米尔（Aghlabite Emirs）的军队在西西里岛站稳了脚跟，并逐渐占领了整个岛屿。然后，他们继续进攻意大利南部，并在巴里（Bari）和加里利亚诺河（River Garigliano）建立了自己的据点，在半个世纪的时间里，他们把那里作为破坏活动的中心。教宗的财产被穆斯林团伙侵占，在公元846年，罗马遭到袭击，圣彼得教堂被洗劫一空，使徒们的坟墓被破坏，基督教世界倍感恐惧。

　　与此同时，地中海北部海岸面临着来自西班牙和巴利阿里群岛（Balearic Islands）的穆斯林海盗的袭击，他们最终在圣特罗佩（St. Tropez）附近的法拉克辛图姆（Fraxinetum）建立了一个大陆基地。从公元888年到975年的近一个世纪里，这个海盗据点是周边土地的祸害。即使是阿尔卑斯山也不安全，因为萨拉森人在瑞士的山口处埋伏，在朝圣者和商人南下进入意大利时对他们进行抢劫。

最后，就在来自北方的压力开始减少的时候，欧洲受到了来自
243 东方的新威胁，即马扎尔人，一个芬兰和土耳其混血的游牧民族，
与保加利亚人一样，他们沿着许多前侵略者的足迹从中亚和南俄
罗斯的大草原来到匈牙利平原。他们摧毁了摩拉维亚斯拉夫人的
新基督教王国，并开始像他们之前的匈奴人和阿瓦尔人一样四处
袭击。他们像维京人在西方所做的那样无情地蹂躏加洛林王国的
东部地区，并逐渐扩大他们的袭击范围，直到他们在意大利和普罗
旺斯遇到萨拉森人这个对手。

因此，在公元 10 世纪上半叶，西方文明被削弱到了解体的边
缘。即使在公元 8 世纪最糟糕的日子里，它也从未承受过如此大
的压力，因为那时的攻击只来自伊斯兰教一方，而现在则来自四面
八方。基督教世界变成了一座孤岛，被日益高涨的蛮族和伊斯兰
洪流所包围。此外，在早期的蛮族入侵期间，基督教世界可以依靠
其文化优势，这甚至使其在敌人眼中享有威望。但现在连这一优
势也丧失了，因为在公元 10 世纪，西方最高等的文化中心在穆斯
林西班牙，而伊斯兰教在经济和政治发展方面也不亚于西方基督
教世界，知识方面也并不逊色。就欧洲仍然存在的商业活动而言，
它完全得益于穆斯林的贸易，这种贸易不仅包括整个地中海，而且
通过里海、伏尔加河和诺夫哥罗德、基辅等瑞典-俄罗斯贸易定居
点，从中亚延伸到波罗的海。这种交往解释了塔什干（Tashkent）、
撒马尔罕和巴格达的铸币群的存在，这在这一时期的斯堪的纳维
亚半岛非常普遍，甚至在英格兰的戈尔兹伯勒（Goldsborough）铸币
群和 70 年前在普雷斯顿附近发现的公元 911 年诺森伯利亚维京
244 军队的宝箱中也可以找到这种痕迹，其中不仅有硬币，还有许多东
方图案的装饰品。在这个时代，东方影响的范围有一个更奇怪的
证明，那就是现存于大英博物馆的镀金铜质十字架，它是在爱尔兰
的一个沼泽地里发现的，上面用库菲克（Kufic）字体刻写着"Bismil-
lah"，意为"以真主之名"。

基督教世界的命运与其说取决于它的军事抵抗力量,不如说取决于它同化北方异教社会的能力。如果俄罗斯的瓦兰吉人(Varangians)接受了他们的穆斯林邻居的宗教,而不是基督徒的宗教,那么欧洲的历史可能就会大不相同。值得基督教世界庆幸的是,西欧破碎的文化保留了它的精神活力,对北方人民的吸引力比异教或伊斯兰教都大。到公元 10 世纪末,基督教已经在北方站稳了脚跟,甚至像奥拉夫·特里格瓦松(Olaf Trygvasson)这样的维京精神的典型代表,不仅自己皈依了基督教,还以维京人特有的方式来传播信仰。[1]

即使在这一时期,维京人活动的重新抬头以及对英格兰和爱尔兰的重新攻击也没有阻止这一运动。在爱尔兰,公元 1014 年的克伦塔夫(Clontarf)战役终结了维京人征服的危险,而在英格兰,丹麦人的成功只是加速了同化的进程。因为卡努特(Canute)将英格兰作为他的帝国的中心,并根据他的撒克逊先驱者的传统进行治理,他在对教会的忠诚和对修道院的支持能与这些先驱者相媲美。他于公元 1026 年至公元 1027 年前往罗马朝圣,在那里协助皇帝康拉德(Emperor Conrad)加冕,这是这一时期最重要的事件之一,因为它标志着北方民族融入了基督教社会,并接受了精神统一的原则。这一点在卡努特统治后期在英格兰颁布的法典中得到了体现,因为它比当时的任何文件都更完整地表明了国家的世俗和宗教方面是如何完全融合的,以及基督教世界的公法是如何成为中世纪欧洲正在兴起的新的后野蛮社会的框架的。

因此,维京人的入侵最终证明对欧洲是有利的,因为他们给加洛林世界多少有些缺乏活力和人为的文明带来了新的生命和活力。维京人的后裔成为基督教世界的拥护者,正如我们在诺曼人身上看到的那样,他们是公元 11 世纪开始的西方扩张新运动的领导者和组织者。然而,这一收获并非没有代价,因为它涉及北欧文

245

---

[1]　丹麦在"蓝牙"哈罗德(Harold Bluetooth,公元 950—986 年)统治时期已经接受了基督教,这也标志着一个强大而统一的丹麦国家的建立。

化独立传统的消失。就像在诺曼底、英格兰和俄罗斯一样，斯堪的纳维亚的定居者吸收了他们所处环境的文化，并逐渐完全融入了他们所征服的社会。就连斯堪的纳维亚半岛本身也迅速失去了文化上的独立性，最终成为日耳曼基督教世界的一个边远省份。

只有在遥远的西部，在从格陵兰岛和冰岛一直延伸到爱尔兰海的挪威殖民地，维京时代的古老传统才得以保存下来，并成为一种辉煌而原始的文化的源泉，这种文化与欧洲大陆上的任何东西都完全不同。然而，即使在这里，北欧元素也不是孤立的，而是与另一种文化发生了关系，这种文化就是凯尔特爱尔兰文化，它与凯尔特爱尔兰本身一样，迄今为止一直独立于西方发展的主流。①在整个地区，维京殖民者形成了统治阶级，但大部分人口仍然是凯尔特人，两个民族之间有相当多的交往和通婚。如此，在公元9世纪出现了一种凯尔特-北欧混合文化，它对爱尔兰和斯堪的纳维亚的母体文化产生了影响。它的影响在公元10世纪杰林格（Jellinge）时期的新风格中体现得淋漓尽致，这使得斯堪的纳维亚的装饰艺术得到了显著的发展。这里不存在外国影响的来源和程度问题。但在斯堪的纳维亚文学中凯尔特影响的问题上，情况却不同，这一直是一个有争议的问题。奇怪的是，斯堪的纳维亚学者一直是凯尔特影响理论的主要倡导者，而英国作家在这个问题上几乎把维护斯堪的纳维亚文学的纯粹北欧特征作为一种民族荣誉。

因此，维格夫松（Vigfusson）将诗集《埃达》（Edda）中所有最杰出的诗歌都归功于一群属于西部岛屿凯尔特-北欧混合文化的作家，并同样认为冰岛文学的许多特征，尤其是散文传奇的创作，得

---

① 奥利克教授写道，"从整体上看，斯堪的纳维亚文化中的这种爱尔兰元素本身就是一种现象，它与基督教运动在欧洲的主要潮流并不吻合。它的出现与其说是作为基督教传入后的新趋势的一部分，不如说是对北欧本土文明阶段的丰富和扩展。就它扫除了一部分古代遗产而言，这种趋势可能为新的主要潮流的进入提供了一个缺口；此外，某些基督教的冲动确实来自爱尔兰。但至少在同等程度上，爱尔兰的影响促成了一种特殊文明的产生，这在一定程度上阻碍了北方迅速融入基督教欧洲。"见 *Viking Civilisation*，p.120。

益于凯尔特的影响和人口中的凯尔特元素的存在。维格夫松关于 247
诗集《埃达》的"西方"起源的理论现在被普遍抛弃了,《里格斯图拉》
(Rigsthula)除外,它无疑显示出受到了爱尔兰的强烈影响。另一方
面,他关于凯尔特对冰岛文化的影响的观点仍然被广泛接受,并建立
在非常有力的论据之上。冰岛的许多定居者来自南部岛屿,他们带
来了爱尔兰妻子或奴隶,其中一些人拥有凯尔特人的名字,还有一些
人,如著名的富人奥德(Aud the Wealthy)、白色维京人之王奥拉夫的
遗孀,或奥索里(Ossory)国王凯尔布霍尔(Caerbhall)的孙子海尔格
(Helge),实际上是某种程度的基督徒。[①]人们口中的凯尔特元素也
不只是奴隶,因为《定居者之书》(Landnamabok)描述了奥德如何为
她的凯尔特自由人提供他们自己的土地,该著作和传奇中记录的
家谱表明,冰岛一些最高贵的家族血管中有凯尔特血统。[②]

因此,似乎没有理由怀疑冰岛文化中凯尔特元素的存在,这种
元素既体现在冰岛人的性格上,也体现在他们的文学成就上。因
为冰岛文学区别于日耳曼民族共有的古老传统的因素,即传奇或
散文史诗的发展和斯卡尔德人(Skalds)精心创作的押韵诗歌,正是
爱尔兰文学的特点。[③]

然而,就像世界上几乎所有伟大文化孕育的天才一样,冰岛的 248
天才产生于两个不同种族和文化传统融合而成的土壤的可能性丝
毫无损于其创造性成就的原创性。即使冰岛文学得益于凯尔特人

---

① 阿里在叙述海尔格时写道,"他的信仰非常复杂。他信任基督,并以他的名字命
名他的家园,但他在海上航行和艰难的压力下,以及在所有那些他认为对他最有意义的
事情上,都会向索尔祈祷。"见 Landnamabok,III, xiv, 3。

② 参见维格夫松和鲍威尔《爱尔兰起源》(Origines Islandicae)第一卷的索引,其中
所有凯尔特人的名字都标有星号。

③ 参见 Olrik, Viking Civilisation, pp.107-120,在该书中,作者就爱尔兰对斯堪的
纳维亚文学的影响作了一般性的陈述,他认为这在传奇的题材中是成立的,在后来的英
雄诗和斯卡尔德人的新"宫廷诗"的题材中也是可能成立的。斯卡尔德诗歌确实起源于
西挪威,但正如奥利克教授所指出的那样,"第一位斯卡尔德人叫布拉吉·博德森(Bragi
Boddason),他有一个爱尔兰妻子,他在他的《拉格纳斯德拉帕》(Ragnarsdrapar)中至少
使用了一个爱尔兰单词",而韵律系统则让人想起爱尔兰诗歌的韵律系统,见 Olrik,
Viking Civilisation, p.120。

北方的皈依：卡努特（Canute）国王

对叙事散文的使用，但没有什么比冰岛传奇中冷静的现实主义和心理真理更能与爱尔兰史诗中的奇异修辞和神奇壮举相分离。前者似乎将读者带回中世纪之后，回到一个消失的世界，而后者对生活和人性的态度似乎比中世纪文学中的任何东西都更现代。

诚然，这一传统的成熟成就是以公元13世纪伟大的散文传奇为代表的，那是在我们的时代之外的斯诺里（Snorri）和斯图拉（Sturla）时代。但它直接建立在维京时代的传统之上，尤其是公元930年至1030年的这个世纪，冰岛人自己称之为"创作传奇的时代"。这是一个英雄的时代，像埃吉尔·斯卡格里姆松（Egil Skalgrimsson）这样的维京人，像恩贾尔（Njal）这样的执法者，像奥拉夫·特里格瓦松和圣奥拉夫（Olaf the Saint）这样的国王，以及像殖民格陵兰岛和发现北美的水手和探险家这样的人物，他们的事迹都被记录在传奇故事中。

此外，这个时代不仅活在后来的传奇传统中，它也表现在像埃吉尔·斯卡格里姆松（Egil Skalgrimsson）和科马克（Kormac）等斯卡尔德人的现代诗歌，还表现在对旧有英雄诗歌的完成上。冰岛不仅是传奇的创造者，也是古冰岛诗集的保存者，因此，我们对维京人时代的信仰、道德和精神理念的了解几乎都归功于冰岛。《埃达》诗歌被创作的时间长久以来一直存在争议，但毫无疑问，它与整个维京时期大致吻合。《阿特利的谎言》（*Lay of Atli*）或《哈姆迪尔的谎言》（*Lay of Hamdir*）等较为原始的诗歌的野蛮简单和粗俗与《沃洛斯帕》（*Volospa*）的崇高宇宙观之间确实存在着巨大的差距，但通过它们，我们可以追溯到同样的道德理想和同样的现实观的发展。古冰岛诗集的生命观无疑是严酷和野蛮的，但它也是最充分意义上的英雄式的。事实上，它也不仅仅是英雄式的，因为《埃达》中高贵的悍妇和嗜血的英雄拥有一种荷马史诗中所缺乏的精神气质。相比荷马的精神，古冰岛诗集的诗与埃斯库罗斯的精神有更多的共同点，尽管他们在宗教态度上有特征性的差异。他们的英雄并不像希腊人那样把追求胜利或繁荣作为自己的目标。

他们的目光超越了眼前的问题，看到了与成功无关的终极考验。失败，而不是胜利，才是英雄的标志。因此，英雄形象在宿命论和忧郁的氛围中循环。尼伯龙根，就像阿特雷科人（Atreidae）一样，注定陷入世界背后的力量造成的罪恶和灾难，但文中没有任何关于傲慢——对繁荣过度自负的心态——的暗示。霍格尼（Hogni）和贡纳尔（Gunnar），或者哈姆迪斯（Hamdis）和苏尔利（Sorli）都意识到他们正在走向死亡，他们睁着眼睛去迎接他们的命运。在希腊人的人生观中，没有人试图证明众神对人的行为是正当的，也没有人试图在他们的行为中看到对外在正义的辩护。因为众神和人类一样都陷入了命运的苦难之中。事实上，《埃达》中的诸神已不再是旧斯堪的纳维亚崇拜中的非人的自然神。他们已经被人格化了，而且在某种意义上被精神化了，直到他们自己成为英雄戏剧的参与者。他们与混乱的力量进行着一场持久的战争，在这场战争中，他们并不是注定要征服的。他们的生活被对终极灾难的认识所笼罩，即众神的末日，也就是奥丁与狼相遇的那一天。这里只涉及某种神义论，因为众神对英雄的明显的武断行为可以解释为他们需要人类盟友。例如，在《埃里克马尔》（Eiriksmal）中，奥丁允许埃里克在他的时代到来之前死亡，"因为不一定知道灰狼何时会来到众神的座位上"。

250

这种独特的世界观在伟大的北欧启示录《沃洛斯帕》中得到了最好的体现，该书可能是一位冰岛诗人在维京时期的末期创作的。在这首诗中，古老的异教神话的粗俗已经被一种几乎是哲学性的自然观所取代，这可能是由于与基督教世界的更高级文化的接触。特别是描述原始混沌的开头几句，①与《韦索布伦纳祷文》（Wessobrunner Prayer）中古老的高等德语诗句有着惊人的相似之处。"没有大地，没有上天，没有山丘，也没有树木。太阳不发光，月亮不发

---

① 伊米尔生活的时代是古老的：那里有海，没有凉爽的波浪，也没有沙子；地上什么都没有，天堂也没有，只有一个巨大的缺口和无处不在的草。太阳，月亮的姐妹，从南方来，她的右手投射在天堂的边缘；她不知道她的家应该在哪里；月亮不知道自己有什么能力，星星不知道自己的位置在哪里。——贝洛斯（Bellows）译

光,浩瀚的大海也不发光。那时没有任何东西,没有尽头,只有一位全能的上帝,最温和的人。"①

因此,对诸神末日的最后描述似乎也从基督教对末日审判的描述中汲取了一些色彩。尽管如此,这首诗中有些元素既不属于基督教思想的世界,也不属于斯堪的纳维亚自然宗教的世界。最重要的是,我们在《沃洛斯帕》中发现一种在我们看来非常奇怪的艰深晦涩的想法,即永恒的回归——世界的重生与过去的循环往复。

251

> 伊瑟尔人(Aesir)在伊达(Ida)草原上相遇:
> ……
> 再一次讲述古老的伟大功绩,
> 以及奥丁墓地的古老符文。
> 非常奇怪的是,就在那草地上,
> 在草丛中,他们发现了遗留许久的金色碎片,
> 黎明时分,他们喝着自带的饮品。②

但纵观古冰岛诗集,深刻的思想和原始的神话、崇高的英雄主义和野蛮的残忍交织在一起,让我们不禁感到惊讶,这似乎是维京人的思想特点。同样,我们也很难将《埃吉尔传奇》(*Egils Saga*)主人公的野蛮残暴与他关于儿子之死的伟大抒情诗《丧子挽歌》(*Sonatorrek*)中强烈的个人情感相调和,根据《传奇》的记载,在他决定自杀后,这首诗的创作重新唤醒了他生存的意志。③而这种矛盾在

---

① W. P. Ker, *The Dark Ages*, p.240.

② B. S.菲尔波特(B. S. Philpotts)译,见 *Edda and Saga*, p.137。

③ 这里是结尾的几节,埃吉尔在他的艺术思想中找到了对自己不幸的补偿。(第一节中的称呼是指奥丁。狼的妹妹是赫尔[Hel],死亡女神):那么,我不崇拜维里尔(Vilir)的兄弟,至高无上的神,是我自己喜欢的。但米米尔(Mimir)的朋友已向我保证,靴子换我的包,我想那是更好的;他给我的艺术品,战争之神,芬里尔(Fenrir)的大敌,一个完美无瑕的礼物,还有脾气,也给我带来了值得关注的敌人,就在那心怀叵测的人中间;现在一切都很难驾驭。狼的右翼姐妹——所有父亲的敌人——在海上蠢立。然而,我将高兴,带着善意,没有悲伤,忍受地狱的到来。E. R.埃迪森(E. R. Eddison)译,见 *Egils Saga*, p.193(1930)。

252 冰岛社会本身的历史中也同样明显，在这个社会里，在最严酷的环境中，出现了如此显著的文化发展。

海盗和冒险家在这个荒凉的岛屿上定居，他们甚至反抗维京挪威的社会约束，但他们竟然产生了中世纪欧洲最伟大的高雅文化和文学，这确实是历史的奇迹之一。这就好比新英格兰诞生了伊丽莎白时期的文学，或法属加拿大诞生了盛世时期的文学。但正如 W.P.科尔（W.P. Ker）所说，冰岛社会表面上的无政府状态是具有欺骗性的。"冰岛的定居看起来就像愤怒和暴躁的酋长们远离秩序，投身冷酷而鲁莽的科凯恩（Cockayne）之地。事实是，这些反叛者和他们的共同体比雅典陷落以来地球上的任何共同体都更加冷静，更加清楚地意识到自己的目标，更加批判自己的成就。"①这是一个高度贵族化的共同体，几乎每个家庭都拥有伟大的社会传统，而它的地处偏远和物质财富匮乏导致了其对传统和内部生活资源的精耕细作。

当我们发现这个可居住世界的最偏远之地（Ultima Thule）时，这似乎证明了民族主义分离主义的极端主张是合理的，这个社会自愿脱离欧洲统一，产生了现代欧洲文化中最早期和最早熟的果实。然而，北欧本土天才的惊人成就不能使我们忽视这样一个事实，即冰岛文化在其成熟的发展过程中确实有一些非常重要的东西应该归功于外部世界。基督教对冰岛的影响并不像一些作家想让我们相信的那样是冰岛人民生活中的一个肤浅和外在的因素，

253 它对他们的文化具有根本的重要性。诚然，正如《冰岛人之书》（*Islendingabok*）中所记录的那样，冰岛全国自由民大会（Althing）在公元 1000 年对基督教的接受确实看似是不冷不热的"政治"事件，而新信仰的使徒们，如唐布兰德（Thangbrand），甚至奥拉夫·特里格瓦松本人，都不是福音派道德的典范，但君士坦丁、狄奥多西和查理曼也不是。维京社会的无法无天和个人主义自然不利于

---

① W.P. Ker, *The Dark Ages*, p.314.

严格遵守教会的道德或礼仪法则，而且肯定会产生许多古怪类型的基督徒，如诗人索莫德（Thormod），他发誓如果他成功地杀死了他的敌人，他将在九个节庆日斋戒，并在九个斋戒日吃肉。他回应了圣奥拉夫的主厨的抗议，称"如果没有半根香肠将我们分开，基督和我将是足够好的朋友。"①

但这只是事情的一个方面。冰岛的皈依不仅仅是政治上的权宜之计；它是对更高精神理想的接受，正如公元 1004 年冰岛全国自由民大会会议上基督教发言人希阿尔特（Hialte）的态度所表明的那样，"异教徒召集了一次盛大的集会，他们在那里同意从每个季度中拿出两个人作为祭品，并向异教徒的神灵疾呼，他们不能容忍基督教在这片土地上传播。"但希阿尔特和吉佐尔（Gizor）又召开了一次基督徒会议，并同意要像异教徒一样用一样多的活人献祭。他们这样说道："异教徒把最坏的人作为祭品，把他们扔在岩石或悬崖上，但我们要选择最好的人，称之为给我们的主耶稣基督的胜利礼物，我们将约束自己活得比以前更好，更少犯罪，吉佐尔和我要把自己作为这个季度的胜利礼物。"②

事实上，诸如和平缔造者尼亚尔（Nial）和吉斯利·苏尔松 254（Gisli Sursson）以及《沃洛斯帕》的作者等人所代表的冰岛文化本身的高级元素已经摆脱了旧的异教社会的野蛮及其以人作为祭品和杀婴，并坚持血债血偿的做法。

维京人的理想本身就太具破坏性和贫瘠，无法产生更高的文化成果。它只有在接受了基督教的法律，并经过一个多世纪的基督教文明的训练和完善之后才获得了更高的文化价值。维京人时代和斯图隆（Sturlung）时代的内战和长期争斗期间穿插着一个和平而虔诚的时代，在此期间，人民的领袖是教会人士，如杰出的白衣主教吉佐尔、霍拉尔的圣约翰（St. John of Holar）和斯卡尔霍尔特的圣索拉克（St. Thorlac of Scalholt）。正如《克里斯汀传奇》（*Christine*

---

① Thormod Saga in *Origines Islandicae*，II，705.
② Christne Saga，viii，7，in *Origines Islandicae*，I，pp.400-401.

Saga)所写的那样，"吉佐尔主教（Bishop Gizor，公元 1082—1118 年）在这片土地上保持了和平，首领之间没有大的争斗，携带武器的行为几乎被搁置一边。"大多数信徒都是职员和神圣的牧师，尽管他们是首领。这是一个创造了新文学传统的社会，值得记住的是，它的创始人，历史学家赛蒙德（Saemund）和智者阿里，都是牧师和学者，前者甚至在巴黎完成了他的学业。正是由于阿里，我们不仅了解冰岛的起源及其制度，而且创造了使斯诺里·斯图拉森（Snorri Sturlason）和杰出的传奇作家的作品成为可能的文学风格。但这种基督教的冰岛文化，就像 400 年前的诺森伯利亚盎格鲁王国一样，本质上是短暂的。它是野蛮的北方垂死的世界与基督教欧洲的新意识发生瞬间接触的点。紧随其后的是突然的衰落，北方社会中的无政府主义因素在外部侵略中再也找不到出路，于是255 转向内部并自我毁灭。在这里，就像在挪威一样，作为旧传统的继承者和守护者的贵族阶级被内战和充公扫地出门，随着公元 13 世纪的到来，维京人的世界陷入了贫困的农民社会的和平停滞状态。

第十四章　中世纪统一的兴起

公元 9 世纪蛮族入侵欧洲的风暴本身似乎足以解释加洛林帝国的过早衰落和新获得的西方统一的解体。然而，我们很容易夸大它的重要性。它远不是唯一起作用的影响，事实上，几乎可以肯定的是，即使没有经历维京人和萨拉森人的攻击，加洛林帝国的命运也会遵循类似的路线。

加洛林帝国从一开始就存在着衰败的苗头。因为尽管它的外表很有气势，但它是一个没有内在、有机的统一原则的异质结构。它自称罗马帝国，但实际上是法兰克君主国，因此它体现了两个相互矛盾的原则，一方面是罗马和基督教传统的普遍主义，另一方面是蛮族欧洲的部落特殊主义。因此，尽管它的名字如此，它与罗马帝国或旧地中海世界的文明国家几乎没有相似之处，它与匈奴人、阿瓦尔人和西突厥人的蛮族帝国有更多的共同点，这些帝国是军事征服的短暂产物，在这几个世纪里，它们在文明世界的边缘如此迅速地一个接一个地出现。

加洛林王朝的罗马帝国是一个没有罗马法、罗马军团、城市、元老院的罗马帝国。它是一个没有城市神经中枢，也没有经济生 活循环的无形、无组织的群体。它的官员既不是公民行政官，也不是训练有素的公务员，而仅仅是领土巨头和半部落式的战争领袖。然而，它也是一种理想的体现和代表，而这种理想，尽管表面上失败了，但事实证明比当时的任何军事或政治成就都更加持久和持续。它比它所诞生的国家更长寿，并在随后的无政府状态中幸存下来，成为公元 11 世纪在西方兴起的新秩序的原则。

这一理想的拥护者是伟大的加洛林教会人士，从查理大帝时代到他的孙子秃头查理时代，他们在帝国的管理和帝国政策的制定中发挥了巨大作用。

虽然伯爵和世俗巨头在很大程度上代表了地方和领土利益，但教会党的领导人却代表着一个普遍的帝国的理想，作为基督教世界统一的化身和基督教信仰的捍卫者。里昂的阿戈巴德（Agobard of Lyons）甚至大胆地攻击法兰克传统的属人法原则，并要求为普遍的基督教联邦建立普遍的基督教法律。他说，在基督里，既没有犹太人、也没有外邦人，既没有野蛮人、也没有斯基泰人，既没有阿金塔人（Aquintanians），也没有伦巴第人，既没有勃艮第人，也没有阿勒曼尼人。"如果上帝受苦是为了消除隔离和敌意之墙，让所有人在他的身体里和解，那么，不仅统治着每个地区或城市，而且支配着同一家庭和几乎同一张桌子的法律竟有着令人难以置信的多样性，这难道不是在反对这种神圣的统一工作吗？"①

258　　　因此，皇帝不再是法兰克人民的世袭首领和战争领袖，他几乎是一个被上帝的恩典所膏泽的神圣人物，用来统治基督徒，引导和保护教会。正如我们所看到的，这涉及一种王权神授的观念，即加洛林王朝的皇帝被认为是上帝的牧师，是教会和国家的领袖，不亚于拜占庭的巴赛勒斯（Basileus）。因此，塞杜利乌斯·斯科图斯（约公元 850 年）说，皇帝是由上帝任命的，作为他在教会政府中的牧师，并获得了对统治者和臣民两方面的权力，而凯瑟夫（Cathulf）甚至说，国王站在上帝的位置上，统治着他所有的子民，他必须对他们负责直到最后一天，而主教作为基督的代表排在第二位。②

但加洛林神权政治与拜占庭的不同之处在于，它是一种受教

---

① *Monumenta Germaniae Historica*：*Epistolae*（ed. Dümmler），III，159，seq. 参见 Hincmar，*de raptu viduarum*，c，xii。

② Carlyle，*Mediaeval Political Theory in the West*，I，259-261. 凯瑟夫的观点无疑来自于安布罗西斯特（Ambrosiaster），见 Ambrosiaster，*Quaestiones Veteris et Novi Testamenti*，35（参见 Carlyle，*Mediaeval Political Theory in the West*，I，149）。

虔诚者刘易斯（Lewis the Pious）

会启发和控制的神权政治。那里没有像东方帝国那样的非宗教官僚机构，它的位置由主教团取代，皇帝的大多数顾问和大臣都来自主教团。因此，一旦查理大帝的强权被解除，神权政治的理想就会导致精神力量的提升和帝国的教权主义的抬头，而不是教会对世俗权力的服从。

教士党的领导人都是在新帝国的成立过程中发挥了重要作用的人，尤其是查理大帝的侄子们、科比的阿达尔哈德（Adalhard）和瓦拉，以及里昂的阿戈巴德。在虔诚者刘易斯的早期岁月，尽管阿达尔哈德在公元 814 年暂时蒙羞，但他们的理想仍处于上升期。公元 816 年，教皇斯蒂芬在兰斯为刘易斯举行加冕仪式，庄严地重申了帝国的神圣性。次年，帝国的统一性通过《艾克斯宪法》（Constitution of Aix）得到了保障，该宪法摒弃了古老的法兰克继承规则，支持罗马式的主权不可分割原则。洛泰尔继承了他父亲的独尊地位，虽然他的兄弟丕平和刘易斯在阿基坦和巴伐利亚获得了附属王国，但他们严格服从于帝国的最高统治。

这一解决方案代表着统一的宗教理想战胜了民族生活中的离心力。因此，当刘易斯在他的第二任妻子朱迪思皇后（Empress Judith）的影响下试图将其搁置一边，以便为他们的孩子查理提供第三个王国时，他不仅遭到了洛泰尔和其他利益相关方的坚决抵制，而且还遭到了教会党领袖的坚决抵制。教会第一次果断地干预了欧洲政治，它在公元 833 年最终导致虔诚者刘易斯被临时废黜的突发重大事件中发挥了作用。这一事件的重要性被历史学家们对不幸的刘易斯——他被他的追随者抛弃，被他的孩子们以李尔王（King Lear）的方式羞辱——的自然同情所掩盖，因此他们在科尔马（Colmar）事件中看到的是"谎言之地"（the Field of Lies），只看到了自私和贪婪支配下的可耻的背叛行为。然而，反对刘易斯的运动并不仅仅是在职的高级教士和朝臣的工作，它还归因于理想主义者和改革者的行动，他们包括阿戈巴德、瓦拉、神学家帕斯卡修斯·拉德贝图斯（Paschasius Radbertus）、维埃纳的伯纳德（Bernard of Vienne）和北方的使徒，来自兰斯的埃博（Ebbo of Rheims），他们代表着加洛林传统中最崇高的一切。这些人的无私和真诚从圣阿戈巴德本人和帕斯卡修斯·拉德贝图斯的著作中可以看出，后者也是这些事件的见证者，他关于瓦拉的传记，即《阿森利乌斯颂词》（*The Epitaphium Arsenii*）被马尼提乌斯（Manitius）视为加洛林时代最杰出的作品之一。[①]

260

　　阿戈巴德是德尔图良和圣奥古斯丁的西方传统中最不妥协的代表，[②]他因大力谴责信仰巫师、试炼考验等流行的迷信而引人注目，并维护着教会的权利和精神力量的至高无上。瓦拉也坚持同样的原则，但以一种不那么强硬的方式。他认为帝国的不幸首先是由于日益增长的世俗化运动，导致皇帝篡夺了教会的权利，而主教们则致力于国家事务。然而，这并不妨碍他干预帝国的继承问题，因为在他看来，帝国的统一和和平不仅仅是世俗政策的问题。这是一个道德问题，因此，在这个问题上，教会有权利也有义务发表意见，即使这涉及对皇帝本人的审判。因此，当陪同洛泰尔前往科尔马的教皇格里高利四世对侵犯传统的拜占庭帝国特权概念犹豫不决时，是瓦拉和拉德贝图斯让他放心，[③]提醒他作为上帝和圣彼得的代理人有权力审判所有人，且不受任何人的审判，并最终说服他在最后导致皇帝被废黜的程序中发挥了主导作用。[④]

261

　　这一事件标志着一种新的主张的出现，即精神权力高于世俗权力，教会有权干预国家事务，这预示着后来中世纪的发展。值得注意的是，它不是起源于教廷本身，而是起源于法兰克神职人员，并与

[①]　Manitius, *Geschichte des lateinischen Literatur des Mittelalters*, I, 405-406.

[②]　阿戈巴德是这一时期少数研究德尔图良作品的学者之一，参见 Manitius, *Geschichte des lateinischen Literatur des Mittelalters*, I, 386。

[③]　"因此，我们给他一些由教父和他的前辈的权威支持的著作，没有人可以否认，他是上帝和受祝福的彼得的权力，他对所有的人都有权力，为了基督教信仰和教会的和平，传扬福音和证明真理，在他身上有圣彼得的所有最高权力，通过他，所有人都必须被审判，而他自己不必被审判。"见 Radbertus, *Epitaphium Arsenii*, II, 16。

[④]　拉德贝图斯写道"然后，同一个圣人（圣格里高利）和所有与会者都认为，荣誉和荣耀的政府从他父亲奥古斯都·奥诺里乌斯（洛泰尔）手中放下了。……他软化了态度，接受了他。"见 Radbertus, *Epitaphium Arsenii*, II, 18。然而，这并不是指主教们于两个月后的索瓦松（Soissons）在埃博和阿戈巴德的领导下进行的庄严判决。那时，瓦拉和教宗都不赞同地退出了。

加洛林帝国所隐含的新神权国家概念密切相关。国家不再被视为有别于教会，拥有独立的权利和权力。它本身就是教会的一部分，或者更确切地说，是教会的一个方面，用主教们在公元829年写给虔诚者刘易斯的信中的话说，"教会是一个由两个最高人物——国王和牧师——组成的单一机构。"因此，国家不能再与世界相提并论，也不能被视为本质上不具灵性，它本身成了世界上的精神力量的一个器官。然而，旧的概念已经深深地进入了基督教思想，尤其是通过圣奥古斯丁的著作，所以它不可能被完全取代，因此在整个中世纪，虽然国家坚持其作为上帝在世俗事务中的代表的神圣权力，但它总是容易被宗教思想视为一种世俗的力量，没有参与精神社会的神圣传承。

262　　毫无疑问，在加洛林时代，只要帝国保持统一，皇帝实际上被视为统一原则的代表和整个社会的领袖。但随着加洛林王朝的遗产在刘易斯的儿子们之间的分割，这种情况就不再存在了，从此以后，主教成了帝国统一的守护者和敌对王子之间的仲裁者和法官。公元9世纪下半叶，这种倾向的主要代表是西法兰克王国的大主教，兰斯的辛克玛（Hincmar of Rheims），他是一位令人敬畏的捍卫者，既捍卫教会反对世俗势力的权利，又捍卫帝国的和平与统一事业。但统治者自己也承认了同样的原则，尤其是秃头查理，他在公元859年有人试图废黜他时发表了宣言，以最明确的措辞承认了他对教会权力的依赖。他承认他作为受膏的国王所获得的权力的神圣性，并补充说："从这个祝圣开始，我不应该被任何人废黜，至少不能不经过主教们的听证和判断，因为他们是上帝的宝座，上帝坐在上面，通过他们进行审判。我一直愿意服从他们如父般的纠正和惩罚性的审判，现在也确实在服从。"①

---

①　*Monumenta German. Hist.*，Sect. Ⅱ，Vol. Ⅱ，No. 300，cap. 3，in Carlyle，*Political Theory*，Vol. I，252. 正是在这个时候，加冕仪式和职务呈现出了成熟的形式，这种形式在中世纪时在整个西方得到了普及，今天只在英国存在。加冕和涂油的神圣仪式在近东有着悠久的历史，但不确定它是如何首次传到西方的。它最早出现在公元7世纪的西班牙，可能也是在同一时期出现在不列颠群岛。现存最古老的仪式来自埃格伯特（Egbert）的主教仪典书（属于公元8世纪），而且显然是来自英格兰，而不是来自西班牙，该仪式于公元750年被引入法兰克王国。

在这里,我们看到以前非常次要的加冕仪式被提升到一个新的
位置,成为王权的最终基础。事实上,正是基于这一点,辛克玛本 *263*
人提出了精神力量至高无上的论点,因为既然是主教创造了国王,
他们就比国王优越,而国王的权力是教会手中的工具,由教会引导
和指导,以达到其真正的目的。但是,辛克玛的理想是建立一个由
大主教寡头控制的神权帝国,这一方面与罗马教廷的普遍权威相
冲突,另一方面又与地方主教团的独立主张相冲突。正是为了后
者的利益,以伊西多尔·墨卡托(Isidore Mercator)的名义发布的
《伪教令集》(False Decretals)可能是于公元847年至公元852年间
在勒芒(Le Mans)或图尔省的其他地方被编纂出来。这些是加洛
林王朝时期所有伪造品中最重要的,但它们绝不是一种特殊现象,
因为那个时代的学者们致力于伪造教会和圣徒传记文献,热情丝
毫不减,道德上也毫无顾忌,其程度丝毫不亚于文艺复兴时期的学
者在模仿古代经典作品时所表现出来的。他们对待历史的态度确
实与我们截然不同,以至于我们同样难以谴责或原谅他们。然而,
就《伪教令集》而言,其动机是非常清楚的。作者希望通过翔实而
明确的证据,确保地方主教有权直接向罗马上诉,反对大主教,并
保障教会的独立性,反对世俗权力。但是,尽管他们对教会法的后
续发展和中世纪教会中央集权的进展具有重要意义,但不可能认为
他们对公元9世纪西欧教宗威望的提高负有直接责任。它们是这一
发展的结果,而不是原因,其根源在于我们刚才描述的条件。 *264*

我们更不能把对教宗政策的任何真正影响归功于这一时期的
另一个伟大的赝品——《君士坦丁的赠礼》(Donation of Gonstan-
tine),因为公元9世纪的教宗们似乎并不知道它,直到公元11世
纪中叶,它才第一次在罗马被用来支持更广泛的教宗主张。事实
上,现在还不能确定它是何时何地创作的,为了什么目的。旧的观
点认为它是于公元8世纪(约公元775年)在罗马炮制的,以确保
教会国家的独立性,现在有时会受到质疑,而且它似乎有可能被追
溯到与《伪教令集》相同的时期。也许最合理的观点是,它是图书

馆长阿纳斯塔修斯这个既能干又阴险的人在公元 848 年之后的时期所为,当时他被罗马流放,并且正与刘易斯二世(Lewis II)争夺教宗席位。①这样的行为与这位不择手段的学者的巨大野心和历史利益十分吻合,尽管乍一看,这似乎和他与刘易斯二世的关系不一致。然而,当教廷为他的目的服务时,特别是针对拜占庭帝国的敌对主张时,后者愿意抬高教廷,实际上是他首先主张了后来中世纪教规学家所采用的观点,即皇帝的尊严归功于教宗的加冕和祝圣。②

265 　因此,教廷在这一时期获得的西欧社会霸权的新地位是从外部强加给它的,而不是由它自己主动篡夺的。正如卡莱尔(Carlyle)博士在谈到世俗权力的崛起时所写的那样,"我们认为,任何一个研究公元 8 世纪教宗书信和《教宗之书》的人都会感到,罗马共和国在西方的领导权是强加给他们(教宗)的,而不是他们有意寻求的。他们只是缓慢而不情愿地脱离了拜占庭的权威,毕竟,作为罗马国家的文明成员,他们更喜欢拜占庭人而不是野蛮人。"③同样,在公元 9 世纪,教廷屈服于加洛林帝国的控制,甚至接受了公元 824 年的宪法,该宪法使皇帝成为罗马国家的主人,并使其实际控制教宗的任命。尽管如此,与加洛林帝国的联系本身就增加了教廷的政治重要性,而且随着帝国的日益衰落和分裂,教宗开始被视为西方统一的最高代表。因此,教廷在查理曼大帝和洛泰尔统治下被政治抹杀的时期与它在公元 10 世纪被地方派系奴役的时期之间有一个短暂的时期,它似乎准备取代加洛林王朝,成为西方基督教世界的领袖。尼古拉一世(公元 858—867 年)就任教宗职位预示着中世纪教廷的未来成就。他抵挡住了他那个时代最伟大的人——

---

① 参见 Schnürer, *Kirche und Kultur*, II, 31-34。不过,认为创作时间更早的观点可参见 Levison, *Konstantinische Schenkung und Sylvester Legend in Miscellanea Ehrle II.*, Rome, 1924。格劳尔(Grauert)还有另外一种观点,他认为这是圣丹尼斯的希尔杜因(Hilduin of St. Denys)在公元 816 年左右创作的作品。

② 刘易斯给皇帝巴西尔的信件见 *Chronicon Salernitanum*。参见 Carlyle, *Political Theory*, I, 284。

③ Carlyle, *Mediaeval Political Theory*, I, 289。

东方和西方的皇帝、法兰克人主教团的领袖辛克玛，以及拜占庭最伟大的牧首佛提乌斯，成功地维护了罗马教廷的精神权威和独立，甚至在皇帝刘易斯二世试图通过使用武力来强加他的意愿时也是如此。

　　他的继任者没有能力保持如此崇高的地位。然而，在约翰八世（John VIII，公元 872—882 年）时期，教廷是加洛林帝国仅存的堡垒，正是由于教宗的个人倡议，秃头查理于公元 874 年加冕为皇帝，胖子查理（Charles the Fat）在公元 881 年加冕为皇帝。然而，帝国的最终恢复不过是一种空洞的姿态。它不同于查理曼帝国，就像虚弱而患有癫痫的胖子查理不像他伟大的祖先一样。事实上，帝国不再代表政治现实，也没有资格充当教会和文明的守护者。教宗写道："我们寻找光明，但看到的却是黑暗！我们寻求援助，我们不敢走出这座城市的城墙，因为那里有一场无法忍受的迫害风暴，无论是我们的精神之子——皇帝，还是任何国家的任何人，都不会给我们带来帮助。"公元 882 年，约翰八世成为他的敌人的牺牲品，罗马成为谋杀和阴谋的狂欢场，并在公元 896 年的恐怖闹剧中达到了高潮，那时，教宗福摩斯（Pope Formosus）的尸体被人从坟墓中拖出来，并由他的继任者斯蒂芬六世（Stephen VI）进行模拟审判，几个月后他自己也被谋杀。就这样，教廷和帝国一起滑向了无政府主义和野蛮的深渊，这有可能吞噬整个西方文明。

　　很难夸大加洛林王朝的试验失败后的黑暗时代的恐怖和混乱。公元 909 年特罗斯勒（Troslé）主教会议的行为使我们对法兰克教会领袖对基督教社会普遍毁灭的前景的绝望有了一些了解。他们写道："城市人口减少，修道院被毁坏和烧毁，乡村变得孤寂。""正如先民没有法律，也不敬畏上帝，沉溺于自己的激情，现在每个人都做自己认为好的事，蔑视人类和神的法律以及教会的命令。强者压迫弱者；世界充满了对穷人的暴力和对教会物品的掠夺。""人们像海里的鱼一样相互吞噬。"

　　事实上，帝国的衰落不仅涉及西欧几乎没能实现的统一的消

266

267

217

失，而且涉及政治社会的解体，以及加洛林帝国被分解为一盘散沙的区域单位。权力落入了任何一个有能力保护自己和家属免受外部攻击的人手中。这就是公元 9 世纪后半叶出现的新的地方王朝和半国家王朝的起源，这些要归功于像强者罗伯特这样的人的努力，他是卡佩（Capetian）家族的创始人，曾与卢瓦尔河和塞纳河的维京人进行过艰苦的斗争；又比如萨克森公爵布鲁诺（Bruno, Duke of Saxony），他保卫了自己的土地，抵御了丹麦人和温德人（Wends）；或者如普罗旺斯的博索（Boso of Provence），他在公元 879 年被勃艮第的主教和贵族加冕为国王，因为他们需要一个保护者来对抗北方的维京人和地中海的萨拉森人。但这些王国的软弱和不安全并不亚于加洛林王朝的国家，因为他们暴露在同样的离心力之下，而这种离心力摧毁了帝国。在公元 9 世纪下半叶，地方官员已经从中央政府的控制中解放出来，伯爵和公爵的职位已经成为世袭的恩惠，并篡夺了王室的所有特权。事实上，伯爵实际上就是他所在行政区的国王。新社会的一项原则是武力法则及其相关性——保护——的需要。个人自由不再是一种特权，因为没有领主的人就成了没有保护者的人。因此，效忠与臣服成为普遍的社会关系，而土地所有权与个人、军事和司法方面的各种权利和义务联系在一起。同样，教会和修道院也被迫寻找保护者，而这些"辩护者"——Vögte［执法官］，avoués［律师］——获得了对其客户的土地和租户的实际控制权。简而言之，国家及其公共权利已被地方领土权利所吸收。政治权力和私有财产在新的封建关系中融合在一起，管辖权和服兵役的义务不再是普遍的公共义务，而是作为特权或特定占有权的负担附属于土地。

　　尽管这种向封建主义的演变是那个时代的特征，但公元 10 世纪的封建主义远不是我们在《末日审判书》（Domesday Book）或《耶路撒冷审判书》（Assizes of Jerusalem）中看到的那种精心组织和对称的体系。它是一种更松散、更原始的组织，是有组织的领土国家的形式和部落社会的条件之间的一种妥协。加洛林王朝时期人为

的行政集权已经消失,只剩下野蛮社会的基本要素——土地和亲属
关系的纽带,以及将首领和他的战士团结在一起的纽带。因此,维
系封建社会的社会纽带是战士们对部落首领的忠诚,而不是国家
的公共权利。事实上,公元10世纪的社会在某些方面比古老的部
落社会更加无政府主义和野蛮,因为古老的部落组织除了在德国
仍然保持着活力,部落社会的传统法律和社会精神已经消失,而基
督教王国的文化和政治秩序太弱,无法取而代之。

　　尽管如此,教会仍然保留并继续保持着更高等文明的传统。就
仍然存在的知识文化和公民生活而言,它们密切依赖教会社会而
存在。因为国家已经完全失去了与城市传统的联系,完全变成了
农业社会。国王和贵族过着半游牧的生活,靠他们的土地资源维
持生计,并轮流从一个庄园转到另一个庄园。除了纯粹的军事目
的外,城镇对这样的社会没有任何用处,这一时期出现的所谓城
镇,如佛兰德斯(Flanders)和德国的城镇以及盎格鲁-撒克逊英格
兰的城镇,实际上主要是堡垒和避难所,就像早期的部落堡垒一
样。另一方面,古老的城市现在几乎完全是教会性质的。用皮雷
纳(Pirenne)教授的话说,"一个神权政府已经完全取代了古代的市
政制度。"他们由主教统治,其重要性归功于城墙内的主教大教堂、
法庭以及修道院,或者像巴黎的圣日耳曼德佩大教堂(St.
Germain-des-Prés)和伦敦的威斯敏斯特大教堂(Westminster)那样
位于城市附近的宗教设施。这些城市是教区以及主教和修道院财
产的管理中心,其人口几乎完全由神职人员和他们的家属组成。
正是为了满足他们的需求,市场才得以存在,而教会年度的重大节
日也吸引了大量外来人口的涌入。事实上,这是一个圣城,而不是
一个政治或商业综合体。①

_____

　　① 从此以后,城镇完全在(主教)的控制之下。在这些城镇中,实际上只有居民或
多或少地直接依赖于教会。……他们的人口组成包括:大教堂和附近的其他教堂的神职
人员;修道院,特别是在公元9世纪以后开始建立的修道院的修道士,这部分人有时数量
庞大,属教区管辖;"教会学校"的教师和学生;最后是或为自由人或为农奴的仆人和工
匠,他们对宗教团体的需要和修道士团体的日常生存是不可或缺的。

270   同样，真正的文化机构是教会，而不是封建国家。学识、文学、音乐和艺术都主要存在于教会并为教会服务，教会是拉丁文化和秩序传统的代表，也是基督教道德和精神理想的代表。

此外，所有我们认为是国家自然职能的社会服务，如教育、救济穷人和照顾病人等，都是由教会的行动来实现的。在教会中，每个人都有自己的位置，都可以要求获得精神公民的权利，而在封建国家中，农民既没有权利也没有自由，主要被视为财产，被视为庄园必备的牲畜的一部分。

我们不可能根据现代条件来理解中世纪早期的文化，因为现代条件是建立在主权国家的单一的包罗万象的社会概念上的。事实上，中世纪早期的欧洲存在着两种社会和两种文化。一方面是教会的和平社会，它以修道院和主教所在城市为中心，继承了后期的罗马文化的传统；另一方面是封建贵族及其追随者的战争社会，他们的生活是在不断的战争和私人恩怨中度过的。虽然后者可能个人会受到宗教社会的影响，其领导人往往是他们自己的亲属，但他们在社会上属于一个更原始的秩序。他们是欧洲蛮族古老的部落贵族统治的继承者，他们的精神气质是部落战士的精神气质。在最好的情况下，他们保留了某种粗略的社会秩序，并保护他们的臣民免受外部侵略。但在许多情况下，他们纯粹是野蛮的和掠夺性的，正如一位中世纪的编年史作家所写的那样，他们生活在坚固的堡垒中，"就像巢穴里的猛兽一样"，他们烧毁居所附近的村庄，并向路过的旅行者勒索赎金。

271   公元 10 世纪的关键问题是，这种封建野蛮是否会夺取和吸收教会的和平社会，或者后者是否能成功地将其理想和更高的文化强加给封建贵族，正如它以前对盎格鲁-撒克逊人和法兰克人的野蛮君主所做的那样。

乍一看，前景似乎比蛮族入侵后的时代更加不利，因为现在教会本身也面临着被野蛮和封建无政府主义的洪水吞没的危险。王公贵族们利用帝国灭亡的机会，掠夺教会和修道院在前一时期积累的财富。在巴伐利亚，阿努尔夫对教会的土地进行了大规模的世俗化，就像查理·马泰尔在墨洛温王朝末期在法兰克王国所做的那样，巴伐利亚的修道院失去了它们的大部分财产。①在西部，情况甚至更糟，修道院几乎被北方人的蹂躏和西法兰克王国的封建统治所摧毁，教会只能听任新的皇家军事贵族的摆布，他们利用其资源为其追随者建立了新的封地。休·卡佩（Hugh Capet）是其领地内最富有的修道院的院长，而每个地方的权贵都在小范围内遵循同样的政策。

因此，封建主义的发展使教会陷入了一种虚弱和无序的状态，甚至比圣博尼法斯到来之前腐朽的墨洛温国家存在的情况还要严重。主教和修道院院长像其他封臣一样接受君主的授职，并将他们的圣职作为"精神封地"，以换取军事服务。更高的职位已经成为封建贵族成员的特权，其中许多人，如公元 10 世纪的森斯大主教（Archbishop of Sens）阿奇姆鲍尔德（Archimbald），将其教区的收入浪费在了他们的情妇和密友身上。即使在修道院里，贞洁的规则也不再被严格遵守，而世俗的教士则公开地以已婚男人的身份生活，并经常把他们的职位传给他们的儿子。

最糟糕的是，教会再也不能指望罗马的道德指导和精神领导，因为教廷本身已经和地方教会同病相怜。罗马教廷已经成为一个士气低落和好斗的寡头政治的傀儡，在泰奥菲拉克特（Theophylact）和他家族的女人，尤其是伟大的玛罗兹亚（Marozia，教宗的情妇、母亲和谋杀者）的统治下，它的堕落已达到了最下限。

然而，事态并不像人们从所有这些丑闻和虐待的景象中得出的结论那样毫无希望。它们是一个新社会诞生时的阵痛，在公元 10 世纪的黑暗和混乱中，基督教欧洲的新民族诞生了。加洛林文化的成就并没有完全丧失。它们的传统仍然存在，只要有任何建设性的力量可以利用它们，它们就能够重新适用于区域和国家的社

①　泰根塞（Tegernsee）修道院拥有的 11860 份财产中的损失超过 11746 份（手稿），见 Hauck, *Kirchengeschichte Deutschlands* II, 9，note 3。

会环境。最重要的是，秩序的力量在加洛林的基督教王权理想中找到了一个集结点和领导原则。王权是两个社会共有的制度，体现了两种文化的传统。因为虽然国王是部落首领的直系继承人和封建社会的战争领袖，但他也继承了加洛林王朝的神权君主制传统，并由于加冕和涂油的神圣仪式而具有准君权神授的性质。他

273 是教会的天然盟友，并在主教和修道院中找到了他权力的主要基础。中世纪王权的这种两面性表现为两种截然不同的统治者类型。有些战争之王，如丹麦的斯韦恩（Sweyn）或哈罗德·哈德拉达（Harold Hadrada），他们名义上信奉基督教，但这并不妨碍他们在所有事情上都遵循野蛮战士的传统；还有和平国王和皇家圣徒，如波希米亚的温瑟斯拉斯（Wenceslas of Bohemia）、忏悔者爱德华（Edward the Confessor）和法国的罗伯特二世（Robert II），他们完全是精神社会的仆人，过着加冕的修道士的生活。但是，像这些例子中那样以如此纯粹的形式存在的元素是很少见的，中世纪皇室的正常类型体现了这两种特征，正如我们在圣奥拉夫和卡努特这样的君主、撒克逊皇帝和威塞克斯的伟大国王身上看到的那样。

　　最后一批人具有特殊的重要性，因为他们是第一批尝试以加洛林王朝的传统精神进行国家重建的人，并开创了国家君主制和国家教会之间的联盟，这是这个时期的特点。在威塞克斯，这种融合是如此彻底，以至于盎格鲁-撒克逊教会的主教会议和议会融入了世俗议会，公元10、11世纪的教会立法是国王及其议会的工作，不过，教会人士在其中占据了最突出的位置。同样，正是国王在积极推进教会改革和几乎被丹麦入侵摧毁的修道院生活的恢复。而且，正是在威塞克斯，我们可以比其他地方更清楚地追溯到一种新的本土文化在加洛林传统的基础上和国家君主制的庇护下的成长。因为阿尔弗雷德国王在外国学者的帮助下出色地翻译了圣格

274 里高利、奥罗修斯、波伊修斯、比德的著作。"普勒格蒙德（Pleg-mund），我的大主教，阿瑟尔（Asser），我的主教，格里姆鲍尔德（Grimbald）和约翰，我的大众牧师"实际上代表了一种有意的尝试，

即让一直局限于国际拉丁文化世界的基督教古典文化适应新民族文化的需要。①他在为圣格里高利的《教牧关怀》(*Pastoral Care*)或称《牧书》(*Herd Book*)所作的序言中写道,"在我看来,我们也应该把一些所有人都应该知道的书变成我们都能理解的语言,这样,只要我们有和平,我们就可以在上帝的帮助下很容易地实现它,英格兰的所有年轻人,拥有必要资金的自由民的儿子,在他们适合做其他事情之前,应该开始学习,直到他们能读懂英国文字;让那些希望接受进一步教育并在以后晋升到更高职位的人接受拉丁语教育。"

阿尔弗雷德及其继任者在盎格鲁-撒克逊王国开创的修复工作由德国的撒克逊国王以更大的规模、更持久的成果进行了修复。事实上,后者有可能归功于他们的英国前辈的榜样,因为捕鸟者亨利(Henry the Fowler)通过让他的儿子奥托一世(Otto I)与阿特尔斯坦(Athelstan)的女儿结婚而与阿尔弗雷德家族结盟,而且他的政策有一些特点,从这些特点中,历史学家已经看到了盎格鲁-撒克逊先例的影响。②

然而,亨利本人是一个不学无术的野蛮人,他对文化不屑一顾,对教会没有好感,他作为一个部落联盟的战士领袖统治着德国。他的权力不是建立在加洛林王朝君主制的普遍主张上,而是建立在他的撒克逊同胞的忠诚上,他们仍然以比德国其他民族更纯粹的形式保留着他们古老的部落组织和传统。这种部落情感的力量可以在维杜金德(Widukind)的《撒克逊人的历史》(*History of the Saxons*)中看到,该书自始至终受到一种纯粹的部落爱国主义精

275

---

① 一个世纪后,圣加尔学校的著名教师诺特克尔·拉贝奥(Notker Labeo,卒于公元1022年)在德国做了类似的工作。他翻译了波伊修斯的著作,包括波伊修斯版本的亚里士多德的著作《范畴篇》(*Categories*),还翻译了马蒂亚努斯·卡佩拉的著作,以及其他的一些著作。但诺特克几乎是孤军奋战,因为古典研究在欧洲大陆的复兴提高了拉丁语的至高无上的地位,而一直以来对方言有利的盎格鲁-撒克逊文化的影响却在减弱。

② 值得注意的是,他对温迪什·马克(Wendish Mark)的堡垒和要塞的规定与老爱德华(Edward the Elder)对丹麦的堡垒的立法很相似,参阅 Cambridge Mediaeval History, III, p.183 and note。

神的鼓舞，尽管它是该地区教会文化总部科尔维的一位修道士的作品，并且可以追溯到帝国复兴之后。①

　　亨利的儿子奥托一世是第一个恢复加洛林王朝传统并将其与撒克逊人的部落爱国主义相结合的人。与他的父亲相反，他并不满足于由世俗的大人物选举，而是注意在帝国的旧都艾克斯（Aix）按照庄严的教会仪式加冕和受膏，并开创了与教会密切合作的政策，这使主教团成为王权的最坚实的基础。与加洛林帝国时期相比，主教团在更大程度上成为世俗政府的一个机构。因为主教不再仅仅是当地伯爵的助手和监督者，他吸收了后者的职能和特权，并开始获得中世纪采邑主教的双重身份，即一个教会公国的统治者。当然，这种制度与教会的精神独立和主教选举的教规原则是
276　不可调和的，因为鉴于主教已经成为皇家管理的唯一可靠工具，统治者必须将主教的任命权掌握在自己手中。例如，在洛林（Lorraine），公爵爵位由奥托一世的兄弟科隆大主教布鲁诺掌握，正是主教们控制着混乱的封建贵族，并在整个领土上维持着王室的权威。

　　然而，这种教会与王权的融合并不仅仅导致了前者的世俗化，它还将君主制从部落政体的限制环境中解放出来，并将其与西方基督教世界的普遍社会联系了起来。教廷尽管软弱和堕落，但仍然是教会的领袖，而希望控制教会的统治者，即使是在自己的领地内，也不得不与罗马合作。除此之外，加洛林王朝的先例和传统迫使新王国向罗马和帝国王室靠拢。

　　现代民族主义历史学家可能会认为，帝国的恢复是为了一个不切实际的理想而令人遗憾地牺牲了德意志王国的真正利益。但对于当时的政治家来说，基督教世界和德国一样是现实，加洛林王朝

---

　　① 这种野蛮元素被主导的修道院文化同化的情况也可以在圣加尔的艾克查尔德一世（Ekkehard the First）的《瓦尔塔里乌斯》（Waltharius，约创作于公元920—930年），这是以拉丁文史诗的古典形式重塑德国英雄诗歌的本土传统的一次杰出尝试。但在这里，基督教思想的影响更为强烈，并指向中世纪基督教国家的新文学的到来。

君主制在德国的复辟自然地在基督教帝国的复兴中得到了实现。诚然，自最后一位名义上的皇帝去世已经过去了37年，但在这段时间的大部分时间里，罗马一直在泰奥菲拉克特家族最伟大的阿尔贝里克（Alberic）的统治之下，他的实力足以让可能的对手保持距离，并任命一连串不配担任其职务的教宗。然而，他的儿子，臭名昭著的教宗约翰十二世（John XII），没有能力接替他父亲的位置，被迫效仿公元8世纪的教宗向德国国王求援，以对抗意大利王国。

因此，奥托一世并没有进行什么新奇的冒险，而只是踏上了一条陈旧而熟悉的道路，他像他之前的许多统治者一样响应教宗的呼吁，于公元961年进入意大利接受帝国王冠。但无论如何，他的到来对欧洲局势产生了深刻的变化。它使北欧再次与它长期分离的地中海文明世界接触。对意大利来说，尽管政治混乱，但现在终于进入了一个经济和文化的复兴时期。南部和亚得里亚海沿岸富有的贸易城市那不勒斯、阿马尔菲、萨勒诺、安科纳（Ancona）和威尼斯与地中海东部的高等文明关系密切，在文化上主要是拜占庭式的，它们的影响对半岛其他地区的经济和社会生活产生了刺激作用，尤其是对伦巴第平原和罗马涅地区的城市。

意大利文化的这种复兴伴随着民族感情和古老的公民传统的重新觉醒。威尼斯得益于她的第一位伟大的教宗彼得·奥尔索洛二世（Peter Orseolo II）的领导，在她年轻时的辉煌中崛起，而即使像阿尔贝里克和克雷森提乌斯（Crescentius）这样的统治者也在试图唤起人们对罗马过去的伟大的记忆。

在意大利的城市里，世俗文化的古老传统仍然存在。在西方，只有他们仍然拥有世俗学派，在这些学派中，语法学家保持着古典修辞学学派的旧理想。他们中产生了一些学者，如克雷莫纳的柳德普兰（Liudprand of Cremona）、维尔切利的利奥（Leo of Vercelli）、诺瓦拉的斯蒂芬和贡佐（Stephen and Gunzo of Novara），他们的学识可与北方的修道院学者相媲美，而且在智慧的敏捷和语言的犀利方面远远超过了他们，正如我们在那封令人惊叹的书信中看到

的那样，该书信中，贡佐用博学和辱骂交织的洪流淹没了圣加尔修
道院的一位冒险批评他语法的不幸的修道士。意大利文化中的古
典甚至异教影响也体现在拉文纳的语法学家维尔加德（Vilgard）的
奇特故事中，他在神圣诗人贺拉斯、维吉尔和尤文纳的文字灵感中
是一位殉道者，并以更有吸引力的形式出现在维罗纳一位不知名
的书记员创作的迷人的小诗《啊，爱神甜美的面容》（*O admirabile
Veneris idolum*）中。毫无疑问，这只代表了意大利文化的一个方
面，其中并不缺乏宗教元素。根据马尼提乌斯的说法，我刚才提到
的诗人也是《啊，高贵的罗马》（*O Roma Nobilis*）的作者，这首诗是
对罗马的基督教理想的经典表达，同样的理想激发了奥托三世时
期创作的关于圣母升天节游行的杰出诗歌《什么是圣玛利亚？》
（*Sancta Maria quid est?*），它几乎是我们拥有的那个时代罗马文化
的唯一文学作品。①

尽管如此，与公元 15 世纪一样，意大利文化的复兴和它对北方
的完全独立无疑伴随着宗教衰落和道德混乱的运动。罗马教廷已
成为裙带关系和政治派别的奴隶，并失去了它在基督教世界的国
际地位。由于阿尔卑斯山以北的教会正受到修道院改革运动的新
道德理想的影响，并已开始有序地自立门户，因此它的处境就更加
危险了。在公元 991 年的圣巴斯勒·德·维兹（Saint-Basle de
Verzy）会议上，法国主教们宣称他们相信教廷已经破产了。他们的
发言人，来自奥尔良的阿努尔（Arnoul of Orleans）问道：“难道全世
界无数以知识和美德著称的上帝的祭司都应该合法地屈从于教宗
约翰十二世或博尼法斯七世这样的怪物吗？这些怪物因其耻辱而
膨胀，缺乏人类或神的一切知识。我们似乎在见证敌基督的到来，因
为这就是使徒所说的消失，不是国家的消失，而是教会的消失。”②

---

① 刊于 Novati, *L'influsso del Pensiero Latino sopra la Civiltà Italiana del Medio
Evo*，pp.127-130。

② Gerberti, *Acta concilii Remensis*（*Monumenta Germ. Hist. Script.*, III, 672）.
Fleury, *Histoire ecclésiastique*, L, LVII, cc.xxi-xxvi.

如果意大利继续与北欧隔绝，罗马自然会向拜占庭帝国靠拢，这的确是阿尔贝里克和其他罗马贵族领袖的蓄意政策，公元11世纪将会出现真正的危险，不是罗马和拜占庭之间的分裂，而是地中海和东方的旧世界与北欧年轻民族之间的分裂。然而，事实上，这种危险并没有发生。北方改革运动并没有像公元16世纪那样转而反对教廷，而是成了教廷的盟友，并与之合作，以更新西方基督教世界的宗教生活。这场运动的第一位代表占据了教宗席位，并为新时代铺平了道路，他就是高卢党在圣巴西尔会议上的代表，来自奥里亚克的吉尔伯特（Gerbert of Aurillac），他记录了这次会议的反罗马声明。

然而，如果不是因为西方帝国的存在，这种变化是不可能发生的。正是帝国的到来将教廷从地方派系的奴役中解救出来，并将其归还给了欧洲和自身。的确，帝国的复辟最初似乎只不过意味着将教宗职位交给一位德国君主，而不是一位地方巨头。然而，新的条件不可避免地改变了帝国政策的视野，并带来了更广泛、更普遍的目标。帝国逐渐失去了撒克逊人的特性，成了一个国际强国。*280* 奥托一世与勃艮第的意大利女王阿德莱德（Adelaide）结婚，而他们的儿子奥托二世则娶了希腊公主狄奥法诺（Theophano），正是这位公主把拜占庭宫廷的传统带到了西方。因此，他们婚姻的后代，也就是奥托三世身上统一了基督教帝国的加洛林和拜占庭形式的双重传统。从他的母亲和加拉布里亚的希腊人菲拉加图斯（Galabrian Greek Philagathus）那里，奥托三世接受了拜占庭世界高级文化的影响，而他的导师，来自基尔德斯海姆的伯恩沃德（Bernward of Hildesheim），同时是一位学者、艺术家和政治家，代表了北方卡洛林王朝传统中的所有优点。此外，他对当时更高的精神影响非常敏感，正如我们从他与布拉格的圣阿达尔伯特（St. Adalbert of Prague）的个人友谊，以及他与意大利苦行僧领袖圣罗穆尔德（St. Romuald）和圣尼鲁斯（St. Nilus）的关系中所看到的那样。

有了这样的性格和这样的成长经历，奥托三世构想出了一种拜

神圣罗马帝国:奥托三世(Otto III)接受帝国人民的敬意

帝国人民的敬意

占庭式而非日耳曼式的帝国主义，并将自己的一生致力于实现其普遍的主张和理想，这一点并不令人惊讶。正是为了追求这一目标，他打破了几个世纪以来的传统，任命他年轻的堂兄布鲁诺（Bruno）为教宗，而不是罗马教士的一员。但真正与他志趣相投的不是布鲁诺，而是那个时代最博学、最有才华的学者吉尔伯特，只有吉尔伯特才能够与他合作完成他毕生的事业。迄今为止，他一直意识到，西方文化与希腊的文明和优雅相比是低劣的。正是吉尔伯特告诉他，罗马传统的真正继承者是西方，而不是拜占庭，正是吉尔伯特激发了他恢复这一古老遗产的愿望。吉尔伯特写道，"意大利不要以为只有希腊才能夸耀罗马的权力及其皇帝的哲学。我们的，是的，我们的是罗马帝国！它的力量取决于富饶的意大利、人口众多的高卢、德意志和勇敢的斯基泰人的王国。凯撒啊，你是我们的奥古斯都，罗马人的皇帝，你从希腊人最崇高的血统中诞生，在力量上超过希腊人，通过继承权控制罗马人，在智慧和口才上胜过两者。"①

因此，当布鲁诺的英年早逝使吉尔伯特有可能继任为教宗西尔维斯特二世（Pope Sylvester II）时，奥托在他的帮助下继续执行他的计划，以复兴帝国，并恢复罗马作为帝国城市和基督教世界中心的合法地位。他的企图，尤其是体现这种企图的拜占庭形式，确实引起了现代历史学家的嘲笑，他们从中看到的不过是一种披着拜占庭形式外衣的幼稚的想象。②但实际上，奥托的政策虽然没有政治结果，却远比当代政治家的任何实际成就更具历史意义，因为它标志着一种新的欧洲意识的出现。构成中世纪欧洲统一的所有力量都在其中得到了体现，包括基督教帝国的拜占庭和加洛林传统、教

① *Lettres de Gerbert*，ed. J. Havct，No.187，p.173.
② 奥托宫廷中的拜占庭元素并不是像一些现代历史学家所认为的那样是由于对异国礼仪的人为模仿。它是公元 10 世纪罗马和帝国本身的半拜占庭传统的自然结果。因此，秃头查理在公元 876 年的庞提翁（Ponthion）大会上身着拜占庭式的服装出现，以示他已获得帝国的王冠。参见 Halphen，*La Cour d'Otton III à Rome*，*Ecole francaise de Rome*，in *Mélanges d'archéologie et d'histoire*，XXV，1905。

廷的教会普世主义、圣尼鲁斯和圣罗穆尔德等修道院改革者的精
神理想、圣阿达尔伯特的传教精神、吉尔伯特的加洛林人文主义，
以及维尔切利的利奥等意大利人对罗马思想的民族奉献。因此，
它标志着过去时代的传统在一起流动，并在新的时代文化中融合。 282
它回顾了圣奥古斯丁和查士丁尼，展望了但丁和文艺复兴。诚然，
奥托三世的帝国理想是一个由皇帝和教皇的和谐和相互依存的权
威所管理的基督教民族的共同体，但它注定不会在实践中实现，然
而，它保留了一种理想的存在，就像柏拉图式的形式一样，它不断
地在中世纪社会的实践中寻求物质的实现。因为奥托三世的理想
与启发但丁思想的理想完全相同，在随后的几个世纪里，它提供了
一个可理解的公式，在这种公式中，中世纪欧洲的文化统一性得到
了有意识的表达。它也不像人们通常认为的那样没有实际效果，
因为在奥托和吉尔伯特共同统治的短短几年里，东欧新的基督教
民族崛起了。这归功于他们的行动，部分是受到奥托对他的波希
米亚朋友圣阿达尔伯特的纪念的启发，波兰人和匈牙利人摆脱了
对德国国家教会的依赖，并获得了自己的教会组织，这是他们民族
文化独立不可或缺的条件。

　　这标志着加洛林王朝帝国传统的一个重要变化。基督教世界
的统一不再被视为帝国主义专制的统一，即一种日耳曼沙皇式的
统一，而是在罗马教宗和皇帝统治下的自由民族社会。迄今为止，
皈依基督教涉及政治上的依赖和对民族传统的破坏，这就是温德
人和其他波罗的海民族对教会进行如此顽强抵抗的原因。但在公
元 10 世纪末，一系列新的基督教国家诞生了，它们从斯堪的纳维
亚半岛延伸到多瑙河。公元 11 世纪见证了北方异教的消亡和整 283
个西欧融入基督教世界的统一之中。与此同时，黑暗时代的漫长
冬天已经结束，整个西方到处都有新的生命在涌动，新的社会和精
神力量正在觉醒，西方社会正在从东方的阴影中走出来，并作为一
个独立的统一体，与东方世界的古老文明站在一起。

结　　论

　　在一个时期和另一个时期之间划一条突兀的分界线是不可能的，尤其是在像文明的兴起这样一个庞大而复杂的历史过程中，因此，我选择这个时期来结束这次概述是为了实际的方便，而不是为了科学的定义。然而，公元11世纪毫无疑问是欧洲历史上一个决定性的转折点——黑暗时代的结束和西方文化的出现。之前的查士丁尼时代和查理曼时代的文化复兴是局部的和暂时的，在它们之后是衰落期，每一次衰落都似乎将欧洲降到了比以前所知道的更低的野蛮和混乱的阶段。但随着公元11世纪的到来，一场进步运动开始了，它几乎一直持续到现代，从未间断过。这场运动以新的生活形式出现在社会活动的各个领域——贸易、公民生活、政治组织、宗教、艺术和文学。它奠定了现代世界的基础，不仅建立了我们文化的典型制度，而且最重要的是形成了一个民族社会，这个社会不仅仅是一个地理单位，而是我们所知的欧洲。

　　然而，这种新的文明仍然远远没有包括整个欧洲，甚至整个西欧。在公元11世纪初，欧洲仍然像几个世纪以来一样，被四五个不同的文化区分割开来，其中西方基督教世界似乎不是最强大或最文明的。西北欧的北欧文化刚刚开始成为基督教世界的一部分，但仍然保留着独立的文化传统。南边有西班牙和北非的西方穆斯林文化，它几乎囊括了整个西地中海盆地。在东欧，拜占庭文化主宰着巴尔干半岛和爱琴海，并通过南意大利和亚得里亚海以及威尼斯、阿马尔菲和比萨等意大利的贸易城市在西欧仍然占有一席之地。而再往北,从黑海到白海和波罗的海,斯拉夫人、拜特人(Baits)和芬兰-乌吉亚人(Finno-Ugrian)的世界仍然主要是异教和野蛮的,尽管它开始受到南方拜占庭文化、斯堪的纳维亚半岛的北欧文化以及中亚和里海的穆斯林文化的影响。

因此,我们认为,具有西方和欧洲特色的文化主要局限在前加洛林帝国的范围内,并在法国北部和德国西部的旧法兰克领土上找到了它的中心。正如我们所看到的,在公元 10 世纪,它受到了各方面的压力,甚至有收缩其边界的趋势。但到了公元 11 世纪,潮流发生了转变,这一中部大陆文化迅速向四面八方扩张。在西边,诺曼征服将英格兰带出了两个世纪以来一直威胁要吸收它的北欧文化的范围,并将其纳入大陆社会;在北边和东边,它逐渐支配了西斯拉夫人,并通过其文化影响渗透到了斯堪的纳维亚半岛;而在南边,它以十字军的力量开始了从伊斯兰势力手中重新征服地中海的伟大任务。

这样,法兰克帝国的人民就把他们的社会霸权和文化理想强加给了周围的所有民族,因此,加洛林王朝的统一可以毫不夸张地被视为整个中世纪西方文明发展的基础和起点。诚然,加洛林帝国早已失去了统一,法国和德国也越来越意识到自己的民族差异,然而,他们都回顾了相同的加洛林传统,他们的文化是由相同的元素组成的,尽管比例不同。他们在本质上仍然是西法兰克王国和东法兰克王国,然而,就像兄弟们继承了家庭的不同方面一样,他们往往更多地意识到他们的差异,而不是他们的相似之处。在这两种情况下,文化领导权都掌握在中间地区——帝国境内拉丁化程度最高的地区,以及法国境内日耳曼因素最强的地区:法国北部、洛林和勃艮第、佛兰德斯和莱茵兰地区。最重要的是,诺曼底成为了这次扩张运动的领导者,在那里,北欧元素和拉丁元素形成了最鲜明的对比和最直接的接触。

正是这块从卢瓦尔河到莱茵河的中间地带才是中世纪文化的真正故乡,也是其创造性和特色成就的来源。它是哥特式建筑、伟

286

大的中世纪学校、修道院和教会改革运动以及十字军理想的摇篮。它是封建国家、北欧社区运动和骑士制度的典型发展中心。正是在这里，北方的日耳曼人和教会的精神秩序以及拉丁文化的传统最终实现了完全的融合。十字军东征时代出现了一种新的伦理和宗教理想，它代表了北欧战士文化中古老的英雄理想在基督教形式中的转化。在《罗兰之歌》(*The Song of Roland*)中，我们发现了激发古老的异教徒史诗的相同动机——战士对领主的忠诚，为战争而喜悦，最重要的是对光荣的失败的赞颂。但这一切现在都被置于基督教世界的服务之下，并与基督教的理念联系在一起。罗兰固执地拒绝吹响他的号角，这完全是旧诗的传统，但在死亡场景中，霍格尼和哈姆迪斯等北欧英雄的反抗宿命论已被基督教的屈服和忏悔态度所取代。

> "他把脸转向西班牙的土地，这样查理和他所有的军队就可以看到，他是一个勇敢的臣子，面朝敌人而死。然后，他向稳妥而热忱的智者忏悔，并为他的过错向天堂举起了他的手套。"①

的确，英雄的理想已经在基督教民族的文学作品中得到了表达，尤其是在《马尔登之歌》(*Lay of Maldon*)中，其中有这样的伟大诗句："随着我们力量的减弱，思想将更加坚硬，心灵将更加敏锐，勇气将更加强大。"但这里还没有基督教情感的痕迹。②古老的传统仍然完好无损地保存着。事实上，在整个黑暗时代，西方社会

---

① *The Song of Roland*，tr. J. Crosland，lines 2360-2365. 参照 lines 2366-2396。

② 布赖斯诺斯(Brythnoth)临终前的讲话确实带有宗教色彩："感谢你，万民之主，为我在世上所知道的所有这些快乐。现在，仁慈的主啊，我最需要你赐予我的精神以美好，使我的灵魂可以前往你那里，可以在安宁中变成你的守护者——天使之子。"但这首诗的道德高潮不是在这里，而是在"老伴"的最后一句话中："我已年迈，我不打算离开，但我想躺在我的主人身边，躺在我深爱的人身边。"见 *Anglo-Saxon Poetry*，tr. R. K. Gordon，pp.364-367。

的特点是与文化二元论相对应的伦理二元论。战士有一种理想，基督徒有另一种理想，前者在精神上仍然属于北方异教的蛮族世界。直到公元 11 世纪，在十字军理想的影响下，军事社会才被纳入西方基督教国家的精神政体。骑士制度是北欧传统和基督教传统在中世纪融合的象征，从《罗兰之歌》的时代到它在路德（Luther）和马基雅维利（Machiavelli）时代的最后一位代表——"好骑士"巴雅德（Bayard）——像罗兰一样在塞西亚（Sesia）河畔面对西班牙人死去的那一天，它仍然是西方社会的典型特征。因为中世纪是北欧天主教的时代，只要教宗和北方之间的联盟继续存在，它们就会持续下去——这一联盟是由博尼法斯和丕平开创的，并在公元 11 世纪起源于加洛林和勃艮第的北方教会改革运动的工作中得到巩固。这个联盟在公元 13 世纪末被另一位博尼法斯和另一位法兰克国王打破，但尽管它从未完全恢复其力量，它仍然是西方统一的基石，直到教廷完全意大利化，北方人民不再信奉天主教。

　　但是，尽管中世纪文化是基督教北方的文化，但它的脸却像罗兰一样转向了伊斯兰教南方，从塔古斯河（Tagus）到幼发拉底河，北方的战士们血染了每一块土地。诺曼的王子们统治着西西里岛和安提柯，洛兰人统治着耶路撒冷和埃德萨（Edessa），勃艮第人统治着葡萄牙和雅典，弗莱明人（Flemings）统治着君士坦丁堡，他们在伯罗奔尼撒半岛、塞浦路斯和叙利亚的城堡废墟仍然见证着法兰克贵族的权力和事业。

　　这种与伊斯兰和拜占庭世界高级文明的接触对西欧产生了决定性的影响，是中世纪文化发展中最重要的因素之一。它一方面表现为新的贵族宫廷文化和新的白话文学的兴起，另一方面则表现为对希腊-阿拉伯科学传统的吸收和西方新知识文化的兴起。[1]

288

289

---

[1]　我曾在一篇关于中世纪文化的文章中讨论过这些方面，见 *The Origins of the Romantic Tradition in The Criterion*，Vol. XI.（1932），pp. 222-248，另有两篇文章见 *The Origins of the European Scientific Tradition in The Clergy Review*，Vol. II.（1931），pp. 108-121；194-205。

这些影响一直处于上升趋势，直到它们被古典传统的文艺复兴所遏制，而文艺复兴恰好与土耳其对东方的征服和西欧与伊斯兰世界的分离相吻合。随着中世纪的结束，欧洲背离了东方，开始向西看向大西洋。

因此，中世纪的统一并不是永久性的，因为它是建立在教会和北方民族的联合基础上，并受到东方的影响。然而，它的过去并不意味着欧洲统一的结束。恰恰相反，西方文化变得比以往任何时候都更加自主，更加自给自足，更加西方化。精神统一的丧失并不意味着西方被分离成两个排他性和异质性的文化单位，如果它发生在四五个世纪以前，几乎肯定会出现这种情况。尽管宗教分裂，欧洲仍然保持了文化上的统一，但这是基于共同的知识传统和对古典传统的共同忠诚，而不是基于共同的信仰。拉丁语语法取代拉丁语礼仪成了思想统一的纽带，学者和绅士取代修道士和骑士成了西方文化的代表人物。四个世纪的北欧天主教和东方影响之后是四个世纪的人文主义和西方的自主性。今天的欧洲正面临着世俗和贵族文化的崩溃，而这种文化正是欧洲统一的第二阶段的
290 基础。我们再次感到需要精神或至少是道德上的统一。我们意识到了纯粹的人文主义和西方文化的不足。我们不能再满足于一个贵族文明，因为它在外部和表面的事物中找到了它的统一性，而忽视了人的精神本质的更深层次的需求。与此同时，我们也不再对西方文明与生俱来的优越性及其主宰世界的权利抱有同样的信心。我们理解主体种族和文化的要求，我们感到既需要保护自己不受东方世界叛乱势力的影响，也需要与东方世界的精神传统有更密切的联系。如何满足这些需求，或者是否有可能满足这些需求，我们目前只能猜测。但我们应该记住，我们文明的统一性并不完全依赖于过去四个世纪的世俗文化和物质进步。欧洲有比这些更深的传统，如果我们希望发现造就欧洲的基本社会和精神力量，我们就必须回到人文主义和现代文明表面胜利的背后。

参 考 文 献

我并不打算把以下的书单整理成一个完整的书目。除了一些译本,该书单省略了所有引用的原始文献,还省略了一些我无法接触到的现代著作。另一方面,我尽可能多地收录了最近对这一时期的一般性概述,以及其他可能对普通读者有帮助或有兴趣的书籍。

一、总 论

Altamira,R. *Historia de España y de la civilizacion española*,Vol. I.,2nd ed. Barcelona,1911.

Beazley,C. R. *The Dawn of Modern Geography*,Vols. I. and II.(to 1260). Oxford,1904.

Clinton,H. F. *Fasti Romani*,A.D. 15—578,2 vols. Oxford,1845.

Dopsch,A. *Wirtschaftliche und soziale Grundlagen der europäischen Kulturentwicklung aus der Zeit von Caesar bis auf Karl den Grossen*,2 vols. Vienna,1920.

Finlay,G. *History of Greece*,B.C. 146 to A.D. 1864. Ed. H. F. Tozer. 7 vols. Oxford,1877.

Fliche,A. *La Chrétienté Mediévale*(395—1254)(Vol. VII., Pt. II. of *Histoire du Monde*,ed. by. E. Cavaignac). Paris,1929.

Funck-Brentano,F. *The Earliest Times*. Tr. E. F. Buckley

(*National History of France*，Vol. I.) London，1927.

Fustel de Coulanges，N.D. *Histoire des Institutions politiques de l'ancienne France*. Ed. C. Jullian. 6 vols. Paris，1888—1892.

Gebhardt，B. *Handbuch der deutschen Geschichte*，Vol. I.，7th ed.，1930.

Gibbon，E. *The History of the Decline and Fall of the Roman Empire*. Ed. J. B. Bury. 7 vols. 1896—1900.

Gregorovius，F. *Geschichte der Stadt Rom im Mittelalter*，*vom 5 bis 16 Jahrhundert*，new ed.，2 vols. Dresden，1926. (Engl. tr. from 4th ed.，13 vols. London，1894—1902.)

292　　Halphen，L. *Les Barbares*，*des grandes invasions aux conquêtes turques du xie siécle* (Vol. V. of the general history Peuples et Civilisations. Ed. Halphen and Sagnac). Paris，1926.

Hanotaux，G. *Histoire de la Nation Française*，15 vols. Paris，1920，etc.

Hartmann，L. M. *Geschichte Italiens im Mittelalter*，Vols. I.-IV.i. Gotha，1897—1915.

Hodgkin，T. *Italy and Her Invaders*，8 vols. Oxford，1880—1899.

Kötzschke，R. *Allgemeine Wirtschaftsgeschichte des Mittelalters*. Jena，1924.

Lavisse，E. *Histoire de France*，Vols. I. and II. Paris，1900—1903.

Lot，F. *La fin du Monde antique et les débuts du Moyen Age* (to A.D. 753) (Vols. 31 of the series L'évolution d l'Humanité). Paris，1927. (English tr.，1931.)

Pirenne，H. *Histoire de Belgique*，Vol. I.，3rd ed. Brussels，1909.

Schnürer，G. *Kirche und Kultur im Mittelalter*，Vols，I. and II.，2nd ed. Paderborn，1927—1929.

Schomacher，C. *Siedelungs—und Kulturgeschichte der Rhein-lande*，4 vols. Mainz，1921，etc.

Delehaye，H. *Les legendes hagiographiques*，2nd ed. Brussels，1906. Eng. tr.，*The Legends of the Saints*. London，1907.

Delehaye，H. Les origines du culte des martyrs. Brussels，1912.

Dufourcq，A. L'Avenir du Christianisme. Histoire ancienne de l'Eglise，5 vols(to 1049). Paris，4th ed.，1910—1924.

Fleury，C. *Histoire ecclésiastique*，20 vols. Paris，1691—1720.(我使用的是卡昂[Caen]1781 年的 25 卷本)

Harnack，A.von. *History of Dogma*，7 vols. London，1894—1899. English Tr. from 3rd German edition(4th ed.，Tubingen，1910，3 vols.).

Loops，F. *Leitfaden zum Studium der Dogmengeschichte*，2nd ed. Halle，1900.

Schubert，H. von. *Geschichte der christlichen Kirche im Früh-mittelalter*，2 vols. Tubingen，1917—1921.

Tixeront，J. *Histoire des dogmes*，3 vols. Paris，1909—12(to A.D. 800). English tr. from 5th French ed.，1910—1916.

Troeltsch，E. *Die Soziallehren der christlichen Kirchen und Gruppen*. Tubingen，1912.(English tr.，1931.)

Duhem，P. *Le Système du Monde de Platon à Copernic*，5 vols. Paris，1913—17.

Hauttmann，M. *Die Kunst des Frühen Mittelalters*(Vol. VI. of Propyläen-Kunstgeschichte). Berlin，1929.

Michel，A. *Histoire de l'Art*，Vol. I. Paris，1905.

Norden，E. *Die antike Kunstprosa vom VI. Jht. v. Chr. bis in*

293

die Zeit der Renaissance，2 vols. Leipzig，1898.

Raby，F. J. E. *A History of Christian Latin Poetry to the close of the Middle Ages*. Oxford，1927.

Sandys，J. *A History of Classical Scholarship*，Vol. I. From the sixth century B.C. to end of Middle Ages. Cambridge，1903.

Thorndike，L. *A History of Magic and Experimental Science during the First Thirteen Centuries of our Era*，2 vols. London and New York，1923.

Cabrol and Leclercq. *Dictionnaire de l'archéologie chrétienne et de la Liturgie*. Paris，1907，etc.

Ebert. *Reallexikon der Vorgeschichte*. Berlin，1924—1929.

Encyclopaedia Britannica，11th ed. Cambridge，1911.

Hastings. *Encyclopaedia of Religion and Ethics*. 1908，etc.

Hoops. *Reallexikon der germanischen Alterthumskunde*. Strasburg，1911—1919.

Pauly and Wissowa. *Real-Encyklopädie der klassichen Alterthumswissenschaft*. Stuttgart，1904，etc.

Smith and Wace. *Dictionary of Christian Biography*. London，1877—1887.

二、第一部分　起源

Albertini，E. *L'Empire romain*（to A. D. 450）（Vol. IV. Of series *Peuples et Civilisations*）. Paris，1929.

Allard，P. *Julien l'Apostat*，3 vols. Paris，1900—1903.

Battifol, P. *L'Eglise naissante et le Catholicisme*，7th ed. Paris，1909.（Eng. tr. *Primitive Catholicism*. London，1911.）

Battifol，P. *La Paix Constantinienne et le Catholicisme*，3rd ed. Paris，1914.

Battifol, P. *Etudes d'Histoire et de Theologie positive*, *1st series*, 7th ed. Paris, 1926.

Baynes, N. H. *Constantine the Great and the Christian Church* (*from the Proceedings of the British Academy*, Vol. XV. London, 1931).

Beaudouin, E. *Les grands domaines dans l'Empire romain* (in *Nouvelle Revue historique de droitfrançais et étranger*). 1897—1898.

Block, G. *L'Empire romain.* Paris, 1922.

Boissier, G. *La fin du paganisme*, 2 vols. Paris, 1891.

Bremond, J. *Les Pères du desert*, 2 vols. Paris, 1927.

Broglie, A. de. *L'Eglise et l'empire romain au IV siècle*, 6 vols. Paris, 1856—1866.

Burckhardt, J. *Die Zeit Konstantins des Grossens* (first published 1852), 4th ed. Leipzig, 1924. *294*

Bury, J. B. *History of the Later Roman Empire from the death of Theodosius I. to the death of Justinian*, 2 vols. London, 1923.

Bury, J. B. *The Invasion of Europe by the Barbarians.* London, 1928.

Cabrol, F. *Les Origines Liturgiques.* Paris, 1906.

Cambridge Mediaeval History, Vol. I., *The Christian Empire and the Foundation of the Teutonic Kingdoms* [c. 300—530]. Cambridge, 1911.

Caspar, E. *Geschichte des Papsttums*, Vol. I., *Römische Kirche und Imperium Romanum* (to A. D. 461). Tubingen, 1930.

Cavallera, F. *Saint Jérome, sa vie et son oeuvre. Premiére partie.* 2 vols. Louvain, 1922.

Chadwick, H. M. *The Heroic Age.* Cambridge, 1912.

Chapman, J. *Studies on the Early Papacy.* London, 1928.

Chapot, V. *Le Monde romain* (a survey by provinces) (Vol. XXII. of scries *L'évolution de l'humanité*)，Paris，1927.

Collingwood，R. G. *Roman Britain*. London，1923.

Crawford，O. G. S. *Air Service and Archaeology*（for archaeological evidence on Saxon and Celtic Settlement）. London，1924.

Cumont，F. *Les Religions orientates dans le paganisme romain*，2nd ed. Paris，1909.

Dawson，C. *The Age of St. Augustine*，in *A Monument to St. Augustine*. London，1930.

Dill，S. *Roman Society in the Last Century of the Western Empire*，2nd ed. London，1909.

Duchesne，L. *Histoire ancienne de l'Eglise*，3 vols，（to A. D. 500）. Paris，1906—1910.（Eng. tr.，1909—1924）.

Faye，E. de. *Gnostiques et gnosticisme. Etude critique du gnosticisme chrétien au IIe et au IIIe siècles*，2nd ed. Paris，1925.

Gercke，A.，and Norden，E. *Einleitung in die Altertumswissenschaft*. Vol.III.（historical and constitutional），2nd ed.，1914.

Glover，T. R. *Life and Letters in the Fourth Century*. Cambridge，1901.

Harnack，A. von. *Die Mission und Ausbreitung des Christentums in den ersten 3 Jahshunderten*，2 vols.，4th ed.，1924（Eng. tr. of 1st ed.，2 vols.，1904—1905）.

Hartmann，L. M. *Der Untergang der Antiken Welt*（284—753）in Hartmann's *Weltgeschichte*，Vol.I.，3，2nd ed. Gotha，1925.

Haverfield，F.，and Macdonald，G. *The Roman Occupation of Britain*. Oxford，1924.

Homo，L. *L'Empire Romain*. Paris，1925.

Jones，H. Stuart. *The Roman Empire*，A.D. 476. London，1908.

Jullian，C. *Histoire de la Gaule*，8 vols. Paris，1910—1926.

295

Kidd，B. L. *A History of the Church to A.D. 461*，3 vols. Oxford，1922.

Labriolle，P. de. *Histoire de la littérature Latine Chrétienne*. Paris，1920(Eng. tr.，1924).

The Legacy of Rome. Essays ed. by C. Bailey. Oxford，1923.

Meyer，E. *Ursprung und Anfänge des Christentums*，3 vols. Stuttgart，1921—1923.

Mommsen，T. *The Provinces of the Roman Empire*(Eng. tr. of Vol.V. of *Römische Geschichte*)，2 vols. London，1886.

Monceaus，P. *Histoire littéraire de l'Afrique chrétienne*，7 vols.，1901—1923.

Otto，W. *Kulturgeschichte des Altertums*(a survey of recent literature). Munich，1925.

Pallis，S.A. *Mandaean Studies*. Eng. tr. London，1927.

Parvan，V. *Dacia. An Outline of the Early Civilisations of the Carpatho-Danubian Countries*. Cambridge，1928.

Prudentius. *Carmina*，ed. Bergmann. Vienna，1926.

Puech，A. *Histoire de la littérature grecque chrétienne*，3 vols. Paris，1928—1930.

Ramsay，W. M. *The Church in the Roman Empire before A.D. 170*，5th ed. London，1897.

Ramsay，W. M. *The Letters to the Seven Churches of Asia*. London，1904.

Ramsay，W. M. *The Cities of St. Paul* (includes an essay on "the Empire as the World's Hope"). London，1907.

Rand，E. K. *Founders of the Middle Ages*. Harvard，1928.

Rostovtzeff，M. *Social and Economic History of the Roman Empire*. Oxford，1926.

Rostovtzeff，M. *A History of the Ancient World*，Vol. II.，

Rome. Oxford，1926.

Rostovtzeff，M. *Studien zur Geschichte des römischen Kolonats*. Leipzig，1910.

Rostovtzeff，M. *Foundations of Social and Economic Life in Egypt in Hellenistic Times*（in *Journal of Egyptian Archaeology* VI.），1920.

Rostovtzeff，M. *Iranians and Greeks in South Russia*. Oxford，1922.

Schütte，G. *Our Forefathers：The Gothonic Nations*，Vol. I. Cambridge，1929.

Seeck，O. *Geschichte des Untergangs der antiken Welt*，6 vols.，3rd ed. Berlin，1910—1921.

Stein，E. *Geschichte des spätromischen Reiches*，Vol. I. Vienna，1928.

Swete，H. B.（ed.）. *Essays on the Early History of the Church and the Ministry*. London，1918（包含特纳［C. H. Turner］的一篇关于使徒继承的原始概念的文章）.

Tillemont，S. Lenain de. *Histoire des empereurs qui ont regné pendant les six premiers siècles de l'Eglise*，6 vols. Paris，1692—1738.

Tillemont，S. Lenain de. *Mémoires pour servir à l'histoire ecclésiastique des six premiers siècles*，16 vols.，2nd ed. Paris，1701—1712.

Viller，M，*La spiritualité des premiers siècles chrétiens*. Paris，1930.

Vogelstein，M. *Kaiseridee-Romidee und das Verhältnis von Staat und Kirche seit Constantin*. Breslau，1930.

Wendland，P. *Die hellenistich-römische Kultur in ihren Beziehungen zu Judentum und Christentum*. Tubingen，1912.

Zachrisson，R. E. *Romans*，*Kelts and Saxons in Ancient Britain* (*A.D. 400—600*). Uppsala，1927.

Zeiller，J. *L'Empire romain et l'Eglise* (Vol. V.，Pt. II. Of Series *Histoire du Monde* ed. Gavaignac). Paris，1928.

三、第二部分　东方的优势

Batiffol，P. *Le Siège apostolique*，359—451，2nd ed. Paris，1924.

Baumstark，A. *Die christlichen Literaturen des Ostens* (*Aramaic*，*Coptic*，*Arabic*，*Abyssinian*，*Armenian and Georgian*) (in *Sammlung Göschen*)，2 vols. Leipzig，1911.

Baynes，N. H. *The Byzantine Empire* (in *Home University Library*). London，1925.

Bell，H. I. *The Byzantine Servile State in Egypt* (in *Journal of Egyptian Archaeology*，IV.)，1917.

Bell，R. *The Origin of Islam in its Christian Environment*. London，1926.

Bréhier，L. *La querelle des images*. Paris，1904.

Brockelmann，C. *Ceschichte der arabischen Litteratur*，2 vols. Weimar，1898—1902.

Browne，E，G. *A Literary History of Persia*，Vols. I. and II. London，1902—1906.

Budge，E. A. T. Wallis. *The Paradise of the Holy Fathers*：*history of the anchorites of the deserts of Egypt*，250—400 (trans. from Syriac)，2 vols. London，1907.

Burkitt，F. C. *Early Eastern Christianity*. London，1904.

Burkitt，F. C. *The Religion of the Manichees*. Cambridge， 297 1925.

Bury，J. B. *A History of the Later Roman Empire from Arca-*

dius to Irene（*A.D. 395—800*）, 2 vols. London, 1889.（亦可参阅上文, Pt. II.）

Bury, J. B. *A History of the Eastern Roman Empire from the fall of Irene to the Accession of Basil I.* (*A. D. 802—867*). London, 1912.

Bury, J. B. *The Constitution of the Later Roman Empire*. Cambridge, 1910.

Bury, J. B. *The Imperial Administrative System in the Ninth Century*. London, 1911.

Bussell, F. W. *The Roman Empire*: *Essays on the Constitutional History*, *A.D. 1081—1081*, 2 vols. London, 1910.

Butler, C. *The Lausiac History of Palladius* (*Texts and Studies*), 2 vols. Gambridge, 1898—1904.（英译本见 W. K. Lowther Glarke, London, 1918.）

Caetani, L. *Annali dell' Islan*, 10 vols.（—A. H. 40）. Milan, 1905—26.

Cambridge Mediaeval History, Vol. IV. *The Eastern Roman Empire* (*717—1453*). Cambridge, 1923.（更早的时期见 Vol. II., 1913.）

Carra de Vaux, B. *Les Penseurs de l'Islam*, 5 vols. Paris, 1921—26.

Garrade Vaux, B. *Avicenne*. Paris, 1900.

Christ, W. von. *Geschichte der griechischen Litteratur*. Vol. II., Pt. II. (*A.D. 100—530*), 6th ed. by W. Schmidt and O. Stählin. Munich, 1924.

Conybeare, F. C. *The Key of Truth*: *A Manual of the Paulician Church of Armenia*. Oxford, 1898.

Czaplicka, M. A. *The Turks of Central Asia* (*Bibliographies*). Oxford, 1918.

Dalton，O. M. *Byzantine Art and Archaeology*. London，1911.

Dalton，O. M. *East Christian Art*. Oxford，1925.

Dalton，O. M. *A Guide to the Early Christian and Byzantine Antiquities in the British Museum*，2nd ed. Oxford，1921.

Diehl，C. *Manuel d'art byzantin*，2nd ed.，2 vols. Paris，1925—1926.

Diehl，C. *Justinien et la civilisation byzantine au vi^e siecle*. Paris，1901.

Diehl，C. *L'Afrique byzantine*（533—709）. Paris，1896.

Diehl，C. *Byzance，grandeur et décadence*. Paris，1919.

Diehl，C. *History of the Byzantine Empire*. Princeton，1925.

Dieterici，F. H. *Die Philosophie der Araber im 10 Jahrhundert*，8 parts. Leipzig，1858—1879.

Dipnysius the Areopagite，Pseudo-，*The Divine Names，and the Mystical Theology*. Tr. C. E. Rolt. London，1920. 298

Duchesne，L. *L'Eglise au 6e siècle*. Paris，1925.

Duchesne，L. *Eglises séparées*，2nd ed. Paris，1905.

Duval，R. *La littérature syriaque*（Anciennes littératures chrétiennes II.），3rd ed. Paris，1906.

Ephrem the Syrian，Saint，*Select Works*. Tr. By J. B. Morris，Oxford，1847.

Fortescue，A. *The Orthodox Eastern Church*，3rd ed. London，1911.

Fortescue，A. *The Lesser Eastern Churches*. London，1913.

Gardner，A，*Theodore of Studium*. London，1905.

Gelzer，H. *Ausgewählte Kleine Schriften*. Leipzig，1907.

Gelzer，H. *Byzantinische Kulturgeschichte*. Tubingen，1909.

Gibb，H. A. R. *Arabic Literature：an Introduction*. London，1926.

Glück，H. *Die Christliche Kunst des Ostens*. Berlin，1923.

Glück，H. and Diez，E. *Die Kunst des Islams*（Vol. V. of *Pro-pyläen-Kunstgeschichte*）. Berlin，1925.

Goeje，H. de. *Art. Caliphate in Encyclopaedia Britannica*，11th ed.，Vol. V. 1911.

Goldziherr，I. *Vorlesungen über den Islam*. Heidelberg，1910.

Grimme，H. *Mohammed*. Munich，1904.

Hergenröther，J. A. G. *Photius，Patriarch von Konstantinopel*，3 vols. Ratisbon，1867—69.

Holmes，W. G. *The Age of Justinian and Theodora*，2 vols. London，1905—1907.

Houtsma，T.，Basset，R.，and Arnold，T. W. *Encyclopaedia of Islam*，Vols. L and H.（to K）. Leyden，1913—1927.

Huart，C. *Histoire des Arabes*，2 vols. Paris，1912—1913.

Kluchevsky，V. O. *A History of Russia*. Trans. C. J. Hogarth. Vol. I. London，1911.

Krumbacher，K. *Geschichte der byzantinischen Literatur（527—1453）*，2nd ed. Munich，1897.

Labourt，J. *Le Christianisme dans l'empire perse*. Paris，1904.

Lammens，H. *Islam：Beliefs and Institutions*. Trans. E. Denison Ross. London，1929.

Lammens，H. La Syrie，précis historique，2 vols. Beyrouth，1921.

Lane-Poole，S. *A History of Egypt in the Middle Ages*. London，1901.

Lebon，J. Le Monophysisrru Sévérien. Louvain，1909.

The Legacy of Islam. Essays ed. by A. Guillaume. Oxford，1931.

Le Strange, G. *The Lands of the Eastern Caliphate*. Cambridge, *299*
1905.

Macdonald, D. B. *Development of Muslim Theology*, *Jurisprudence*, *and Constitutional Theory*. London, 1915.

Macdonald, D. B. *The Religious Attitude and Life in Islam*. Chicago, 1909.

Maspero, J. *L'organisation militaire de l'Egypte byzantine*. Paris, 1912.

Maspero, J. *Histoire des patriarches d'Alexandrie*, 518—616. Ed. Fortescue and Wiet. Paris, 1924.

Massignon, L. *La passion d'al Hosayn ibn Mansour al Hallaj*, *martyr mystique d'Islam*, *exécuté à Bagdad le 26 mars 922*, 2 vols. Paris, 1922.

Neumann, C. *Die Weltstellung des byzantinischen Reiches vor den Kreuzzügen*. Leipzig, 1894.

Nicholson, R. A. *A Literary History of the Arabs*. London, 1907.

Nilles, N. *Kalendarium manuale utriusque ecclesiae orientalis et occidentalis*, 2nd ed., 2 vols. Innsbruck, 1896—1897.

O'Leary, de L. *Arabic Thought and its Place in History*. London, 1922.

Palencia, A. G. *Historia de la literatura arabigo-española*. Barcelona, 1928.

Pargoire, J, *L'Eglise byzantine de 527 à 847*. Paris, 1905.

Ramsay, W. M. *Luke the Physician* (Ch. IV. on the Eastern Church). London, 1908.

Rivoira, G. T. *Roman Architecture under the Empire*. Oxford, 1925.

Rivoira, G. T. *Moslem Architecture*: *its Origins and Develop-*

ment. Oxford，1919.

Rivoira，G. T. *Lombardic Architecture：its Origin，Development，and Derivatives*，2 vols. London，1910.

Runciman，S. *A History of the First Bulgarian Empire*. London，1930.

Schlumberger，G. L. *Un empereur byzantin au Xe siècle：Nicephore Phocas*. Paris，1890.

Schlumberger，G. L. *L'épopée byzantine(from 969—1057)*，3 vols. Paris，1896—1905.

Smith，M. *Studies in the Mysticism of the Near and Middle East*. 1931.

Stephen bar Sudaili. *The Book of the Holy Hierotheus*. Ed. and tr. E. V. Marsh. London，1928.

Strzygowski，J. *Orient oder Rom?* Leipzig，1901.

Strzygowski，J. *Altai-Iran und Volkerwanderung*.

Strzygowski，J. *Die bildende Kunst des Ostens*. Leipzig，1916.

300   Strzygowski，J. *Origin of Christian Church Art*. Eng. trans. Oxford，1923.

Syriac Documents. Tr. by B. P. Pratten in Ante-Nicene Library，Vol. XX. Edinburgh，1871.

Van Berchem，M. *Amida*. Heidelberg，1910.

Vasiliev，A. A. *History of the Byzantine Empire*. Eng. trans.，2 vols. Madison，1929.

Wulff，O. *Altchristliche und byzantinische Kunst*. Berlin，1914.

Zacharias the Rhetorician. *Chronicle*. Trans，by F. J. Hamilton and E. W. Brooks. London，1899.

四、第三部分 西方基督教的形成

Aberg，N. F. The Anglo-Saxons in England during the early centuries after the Invasion. Uppsala，1926.

Adamnan. *Vita S Columbae*. Ed. and tr. by J. T. Fowler. Oxford，1894.

Anderson，J. *Scotland in Early Christian Times*. Edinburgh，1881.

Arne，T. *La Suède et l'Orient*. 1914.

Battifol，P. *Saint Grégoire le Grand*. Paris，1928.

Bede. *Ecclesiastical History of the English People*. Tr. A. M. Sellar. London，1907.

Berlière，U. *L'ascèse benedictine des origines à la fin du XI siècle*. Paris，1927.

Berlière，U. *L'ordre monastique des origines au XIIᵉ siècle*，2nd ed. Paris，1921.

Bett，H. *Johannes Scotus Erigena*. Cambridge，1925.

Boniface，Saint. *Works*. Ed. J. A. Giles. 2 vols. London，1884.

Boniface，Saint. *English Letters*. Trans. E. Kylie. London，1911.

Brøndsted，J. *Early English Ornament*. Eng. tr. London，1924.

Brown，G. Baldwin. *The Arts in Early England*，5 vols. London，1903—1921.（New ed. of Vols. I. and II.，1925.）

Bühler，J. *Das erste Reich der Deutschen*. Leipzig，n. d.

Bury，J. B. *The Life of St. Patrick and His Place in History*. London，1905.

Butler，C. *Benedictine Monachism*，2nd ed. London，1924.

Bryce，J. *The Holy Roman Empire*. New ed. London，1906.

Cambridge Mediaeval History. Vol. II., *The Foundation of the Western Empire.* Vol. III., *Germany and the Western Empire.* Cambridge，1913 and 1922.

301   Carlyle，R. W. and A. J. *A History of Mediaeval Political Theory in the West*，5 vols. London，1903—1928.

Chambers，R. W. *England before the Norman Conquest.* London，1926.

Chambers，R. W. *Beowulf.* Cambridge，1921.

Chapman，J. *St. Benedict and the Sixth Century.* London，1929.

Clark，J. M. *The Abbey of St. Gall.* Cambridge，1926.

Collingwood，W. G. *Northumbrian Crosses of tfie Pre-Norman Age.* London，1927.

Collingwood，W. G. *Scandinavian Britain.* London，1908.

Collingwood，W. G. *Christian Vikings in Antiquity*，Vol. I.，172-180. 1927.

Dempf，A. *Sacrum Imperium.* Munich，1929.

Dill，S. *Roman Society in Gaul in the Merovingian Age.* London，1926.

Dopsch，A. *Die Wirtschaftsentwicklung der Karolingerzeit*，*vornehmlich in Deutschland*，2 vols，2nd ed，Weimar，1921—1922.

Duchesne，L. *Les premiers temps de l'Etat pontifical*，3rd ed. Paris，1914.

Duchesne，L. *Christian Worship：its Origin and Evolution. A Study of the Latin Liturgy up to the time of Charlemagne.* Eng. tr.，5th ed. London，1919.

Dudden，F. H. *Gregory the Great*，*his place in History and Thought*，2 vols. London，1905.

Esposito，M. *The Knowledge of Greek in Mediaeval Ireland*（in

Studies, Vol. I. 1912).

Gaskoin, C. J. B, *Alcuin, his Life and his Work*. Cambridge, 1904.

Gay, J. *L'Italie méridionale et l'empire byzantin (887— 1071)*. Paris, 1904.

Goldschmidt, A. *German Illumination* (Carolingian and Ottenian Periods), 2 vols. Florence, 1928.

Gordon, R. K. *Anglo Saxon Poetry* (translations). (Everyman's Library.) London, n. d.

Gougaud, L. *Les chrétientés celtiques*, 2nd ed. Paris, 1911. (*Christianity in Celtic Lands*. London, 1932.)

Gregory of Tours. *History of the Franks*. Eng. tr., 2 vols. Oxford, 1927.

Grisar, H. *Rome and the Popes in the Middle Ages*. Engl. tr. (to c. 590), 3 vols. London, 1911—1912.

Hampe, K. *Kaiser Otto III und Rom* (in *Historische Zeitschrift*, Vol. 140). 1929.

Hauck, A. *Kirchengeschichte Deutschlands*, Vol. I. -III. (-1122), 4 th ed. Leipzig, 1904—1920.

Hauck, A. *Der Gedanke der Päpstlichen Weltherrschaft bis auf* 302 *Bonifaz VIII* (*Festschrift*). Leipzig, 1904.

Havet, J. *Lettres de Gerbert*. Paris, 1889.

Hellmann, S. Das Mittelalter bis zum Ausgange der Kreuzzüge (in Hartmann's *Weltgeschichte*, Vol. II., Pt. IV.), 2nd ed. Gotha, 1924.

Hunt, W. *The English Church from the Foundation to the Norman Conquest*. London, 1899.

Joyce, P. W. *A Social History of Ancient Ireland*, 1 vols. London, 1903.

Kampers, F. *Karl der Crosse*. Munich, 1910.

Kendrick, T. D. *A History of the Vikings*. London, 1930.

Kenney, J. F. *The Sources for the Early History of Ireland*, Vol.I. *Ecclesiastical*. New York, 1929.

Ker, W. P. *The Dark Ages (Periods of European Literature)*. London, 1904.

Ker, W. P. *Epic and Romance*. London, 1908.

Ker, W. P. *Collected Essays*, 2 vols. London, 1925.

Kleinclausz, a. *L'empire carolingien: ses origines et ses transformations*. Paris, 1902.

Kurth, G. *Saint Boniface*. Paris, 1902.

Laistner, M. L. W. *Thought and Letters in Western Europe*, *A.D. 500—900*. London, 1931.

Leeds, E. Thurlow. *The Archaeology of the Anglo Saxon Settlements*. Oxford, 1913.

The Legacy of the Middle Ages. Essays ed. by C. G. Crump and E. F. Jacob. (Includes essay on *Handwriting*, by E. A. Loew.) Oxford, 1926.

Levison, W. *Konstantinische Schenkung und Sylvester-Legend in Miscellanea Ehrle*, Vol.II. Rome, 1924.

Levison, W. *Die Iren und die fränkische Kirche* (in *Historische Zeitschrift*, Vol.CIX). 1912.

Lingard, J. *History and Antiquities of the Anglo-Saxon Church*, 3rd ed., 2 vols. London, 1845.

Liudprand of Cremona. *Works*. Trans, by F. A. Wright. London, 1930.

Lloyd, J. E. *History of Wales*, 2 vols. London, 1911.

Loew, E. A. *The Beneventan Script: a History of the South Italian Miniscule*. Oxford, 1914.

Lowis, D. W. *The History of the Church in France*, 950—1000. 1926.

Macalister, R. A. S. *The Archaeology of Ireland*. London, 1928.

MacNeill, E. *Phases of Irish History*. 1919.

MacNeill, E. *Celtic Ireland*. Dublin, 1923.

MacNeill, E. *Beginnings of Latin Culture in Ireland* (in 303 *Studies*, Vol. XX. March and September, 1931).

Maitland, F. W. *Domesday Book and Beyond*. Cambridge, 1897.

Maitland, F. W. *Collected Papers*, 3 vols. Cambridge, 1911.

Maitland, S. R. *The Dark Ages*: *Religion and Literature from the Ninth to the Twelfth Centuries*. London, 1844.

Manitius, M. *Geschichte der lateinischen Literatur des Mittelalters*, Vols. I. and II. Munich, 1911—1923.

Manitius, M. *Geschichte der christlichen lateinischen Poesie* (to 750). Stuttgart, 1891.

Mann, H. K. *Lives of the Popes in the Early Middle Ages*, Vols. I.-V., 6 vols. London, 1902—1910.

Mawer, A. *The Vikings* (in *Cambridge Manuals*). Cambridge, 1912.

Meitzen, A. *Siedelung-und Agrarwesen der Westgemanen und Ostgermanen*, *der Kelten*, *Römer*, *Finnen und Slawen*, 3 vols. and Atlas. Berlin, 1895.

Meyer, K. *Selections from Ancient Irish Poetry*. London, 1911.

Meyer, K. *Uber der älteren irische Dichtung* (in the *Abhandlungen of the R. Prussian Academy*, 2 parts, 1913. Berlin, 1913).

Mullinger, J. B. *The Schools of Charles the Great*. London,

1877.

Murphy, G. *Scotti Peregrini: the Irish on the Continent in the Time of Charles the Bald* (in *Studies*, Vol. XVII., pp. 39-50 and 229-244), 1928.

Murphy, G. *The Origins of Irish Nature Poetry* (in *Studies*, Vol. XX., pp.87-102), 1931.

Niederle, L. *Manuel de l'antiquité slave*, Vol. I. *l'Histoire*. Paris, 1923.

Novati, F. *L'injlusso del pensiero latino sopra la civiltd italiana del medio evo*, 2nd ed. Milan, 1899.

Olrik, A. *Viking Civilisation*. Ed. H. Ellekilde. Eng. tr. London, 1930.

Oman, C. *England before the Norman Conquest*. London, 1910.

Perels, E. *Papst Nicholaus I. und Anastasius Bibliothecarius*, Berlin, 1920.

Philpotts, B. S. *Edda and Saga* (in Home University Library). London, 1931.

Plummer, C. *The Life and Times of Alfred the Great*. Oxford, 1902.

Pollock, F., and Maitland, F. W. *The History of English Law before Edward I*. 2 Vols., 2nd ed. Cambridge, 1898.

304   Poole, R. L. *Illustrations of the History of Mediaeval Thought and Learning*, 2nd ed., London, 1920.

Prévité-Orton, C. W. *Outlines of Mediaeval History*, 2nd ed. Cambridge, 1921.

Roger, M. *L'Enseignement des lettres classiques d'Ausone à Alcuin*. Paris, 1902.

Ryan, J. *Irish Monasticism: Origins and Early Development*.

Dublin，1931.

Salin，B. *Die altgermanische Thierornamentik*. Stockholm，1904.

Schaube，A. *Handelsgeschichte der romanischen Völker des Mittelmeergebiets bis zum Ende der Kreuzzüge*. Munich，1906.

Schneider，F. *Rom und Romgedanke im Mittelalter*. Munich，1926.

Schnürer，G，*Die Bekehrung der Deutschen*. Bonifalius. Munich，1909.

Schramm，P. E. *Kaiser，Basileus und Papst in der Zeit der Ottonen*(in *Historische Zeitschrift*. Vol.CXXIX.). 1924.(该作者最近的一部重要作品，我还未能看到，见 *Kaiser，Rom und Renovatio. Studien und Texte zut Geschichte des römischen Erneuerungsgedanke vom Ende des Karolingischen Reiches bis zum Investiturstreit*. Leipzig，1929.)

Sée，H. *Les classes rurales et la régime domaniale en France au moyen âge*. Paris，1901.

Seebohm，F. *The English Village Community*. London，1838.

Seebohm，F. *The Tribal System in Wales*. London，1895.

Seebohm，F. *Tribal Custom in Anglo-Saxon Law*. London，1902.

Sheldon，G. *The Transition from Roman Britain to Christian England*(*A.D. 368—664*). London，1932.

Shetelig，H. *Préhistoire de Norvège* (*to eleventh century A. D.*). Oslo，1926.

Smith，R. A. *Guide to Anglo-Saxon Antiquities in the British Museiim*. Oxford，1923.

Snorre Sturlason. *Heimskringla*. Eng. tr. by Morris and Magnusson(4 vols.)，and by S. Laing(2 vols，in Everyman's Library).

Spearing，E. *The Patrimony of the Roman Church in the Time of Gregory the Great*. Cambridge，1918.

Stenton，F. M. *The Danes in England*. Oxford，1928.

Stubbs，W. *Constitutional History of England*，Vol.L Oxford，1873.

Tallgren，A. M.，and Wiklund，K. B. *Article Finno-Ugrier in Ebert's Lexikon der Vorgeschichte*. Vol.III，1925.

Thibaut，J. B. *L'ancienne liturgic Gallicane，son origine et sa firmation en Provence au 5ᵉ et 6ᵉ siècles*. Paris，1930.

305   Vancandard，E. *Etudes de critique et d'histoire religieuse*. 3 vols. Paris，1909—1912.

Vigfusson，G.，and Yorke-Powell，F. *Corpus Poeticum Boreale*. 2 vols. Oxford，1883.

Vigfusson，G.，and Yorke-Powell，F. *Origines Islandicae*. 2 vols. Oxford，1905.

Vinogradoff，P. *Roman Law in Mediaeval Europe*，2nd ed. Oxford，1929.

Vinogradoff，P. *The Growth of the Manor*，3rd ed. London，1920.

Vinogradoff，P. *English Society in the Eleventh Century*. Oxford，1908.

Vinogradoff，P. *Outlines of Historical Jurisprudence*，Vol. I. (Tribal law). London，1920.

Waddell，H. *The Wandering Scholars*. London，1927.

Wulf，M. DE. *Histoire de la philosophie mediévale*，5th ed.，2 vols Louvain，1925.(Eng. tr.，London，1926.)

索　引

215，223-5，274 n.；revival of 复兴 273-4

An Nabigha 安·纳比加 133

Anna Comnena 安娜·科姆内娜 174

Anscar，St.，240-1

Antioch 安提柯，见 Syria 叙利亚

Apocalypse 启示录 27-8

Apollinaris of Laodicea 老底嘉的阿波利纳里斯 56，58

Arabia，pre-Islamic 阿拉伯，前伊斯兰 133-40；Christianity in 基督教 133-4；Judaism in 犹太教 137，140；poetry 诗歌 133-4，138；Sabaeans 萨巴人 136-7；Northern Nomads 北方游牧民族 137-8；Mecca：pre-Islamic 麦加：前伊斯兰 138-9；Islamic 伊斯兰 145，149-50，160

Arbogast 阿波加斯特 85

Arcadius，Emperor 阿卡狄乌斯，皇帝 85，109

Archimbald 阿奇姆鲍尔德 272

Architecture 建筑：Byzantine 拜占庭 118-121，175；Islamic 伊斯兰 147；Carolingian 加洛林 226-7

Arethas 阿瑞萨斯 173

Ari the Wise 智者阿里 237，247 n.，254

Arianism 阿里乌主义 42-3，85，90，93-4，97，113，180 n.

Aristotle，Aristotelianism 亚里士多德，亚里士多德主义 61，65，133.151，153-4.274 n.

Arius 阿里乌斯 54

Armenia 亚美尼亚 124，132，171，175-6

Army，Roman 军队，罗马 13-16，18-20，84，87 n.

Arnobius 阿诺比乌斯 41

Arnoul 阿努尔 279

Arnulf 阿努尔夫 242，271

Arsenius，St. 圣阿森利乌斯 109

Geminos 吉米诺斯 61

Gepids 格皮德人 189-90

Gerard of Cremona 克雷莫纳的杰拉德 151 n.

Gerbert of Aurillac＝Sylvester II.，Pope 奥里亚克的吉尔伯特
＝西尔维斯特二世,教宗 279-82

Germans，Germany 日耳曼人（亦可参阅 Barbarians 野蛮人；
Carolingian Empire and Culture 加洛林帝国与文化；Bavaria 巴伐利
亚；Saxons 撒克逊人）7，9，70，84-5，90，97-8，268，271，
274-6，279-80；in Scandinavia 在斯堪的纳维亚 238；culture 文化
211；art 艺术 227

Germanus，St. 圣吉曼努斯 92

Ghassan 伽萨 133，136，138

Gildas，St. 圣吉尔达斯 197

Gisli Sursson 吉斯利·苏尔松 254

Gizor 吉佐尔 253

Gizor the White 白袍吉佐尔 254

Gnosticism 诺斯替派 30-1，33，130-1，156，158-9，171

Gorgias 高尔吉亚 50

Goths 哥特人 76-7，86，90，96-7，113-14；Ostrogoths 东哥特
人 85-6，87，89，93；Visigoths 西哥特人 85，87，88-9，93

Gratian，Emperor 格拉提安,皇帝 45，85，87

Gregentius，St. 圣雷根提乌斯 140

Gregory the Great，St.，Pope 圣格里高利大帝,教宗 21 n.，
36，63，98，191-2，195，206，229，273-4

Gregory III.，St.，Pope 圣格里高利三世,教宗 147 n.

Gregory IV.，Pope 格里高利四世,教宗 260-1

Gregory V.，Pope 格里高利五世,教宗 280-1

Gregory Nazianzen，St. 圣格里高利·纳齐安森 40，55-6，57，
66，110-11，131，179 n.

313

61，261 n.

译　后　记

　　本书作者克里斯托弗·道森（Christopher Dawson，1889—1970年）是英国当代著名的文化哲学家、历史学家和文化史学家，也有人称他为社会学家，甚至称他为"新时代的先知"。他以文化史、文化哲学、宗教哲学的研究闻名于世，横跨历史学、社会学、人类学等多个领域，是20世纪知识分子的典范。

　　本书是道森在埃克塞特大学任教时出版的著作，具体讲述了公元前300年到公元1000年之间的历史，强调了欧洲统一形成的核心因素和贡献——罗马帝国、古典文化、基督教、野蛮人、拜占庭人和伊斯兰教。在欧洲形成的历史记述中，西方学界过去的历史书籍大多忽略了西方文化以外其他文化的贡献，道森则摆脱了"欧洲中心主义"和"西方民族中心主义"的束缚，在近300页的篇幅中，他展示了相互冲突的运动如何最终融合成了一个欧洲统一体。罗马的制度和学问、野蛮的精神和能量、与东方的接触——拜占庭国家和伊斯兰教，以及加洛林时期的政教融合，都在这个故事中发挥了作用。他辩证地认为，通常被称为"黑暗时代"的中世纪时期也并非一无是处，因为正是在这个丰富而混乱的时期，罗马帝国、基督教会、古典传统和野蛮社会之间复杂而富有创造性的互动奠定一个重要的、统一的欧洲文化基础。道森认为，西方文明要生存下去，发展一种共同的欧洲意识是至关重要的。

　　本书是湖南省中国特色社会主义理论体系研究中心湘南学院基地的成果，基地主任，同时也是湘南学院校党委书记的邹宏如教授特别关心本书的出版,并给予了大力支持,不胜感激。我所在的湘南学院马克思主义学院的领导也非常支持我的翻译事业,特别感谢。上海三联书店的殷亚平编审为本书的翻译工作提出了许多建设性的修改意见,特致谢忱。本书虽前后校对多次,但难免会存在一些问题,恳请专家学者与广大读者批评指正,以便再版时做进一步修订。

李 月

2023 年 7 月

图书在版编目(CIP)数据

欧洲的形成：欧洲统一史导论 / (英)克里斯托弗
·道森著 ；李月译. -- 上海 ：上海三联书店，2025.4.
-- ISBN 978-7-5426-8716-6

Ⅰ. K500

中国国家版本馆 CIP 数据核字第 2024XX5012 号

欧洲的形成:欧洲统一史导论

著　　者 / [英]克里斯托弗·道森
译　　者 / 李　月

责任编辑 / 殷亚平
特约编辑 / 杨　洁
装帧设计 / 彭振威设计事务所
监　　制 / 姚　军
责任校对 / 王凌霄

出版发行 / 上海三联书店
　　　　　(200041)中国上海市静安区威海路 755 号 30 楼
邮　　箱 / sdxsanlian@sina.com
联系电话 / 编辑部：021－22895517
　　　　　发行部：021－22895559
印　　刷 / 上海雅昌艺术印刷有限公司

版　　次 / 2025 年 4 月第 1 版
印　　次 / 2025 年 4 月第 1 次印刷
开　　本 / 655mm×960mm　1/16
字　　数 / 200 千字
印　　张 / 20
书　　号 / ISBN 978－7－5426－8716－6/K·809
定　　价 / 98.00 元

敬启读者,如发现本书有印装质量问题,请与印刷厂联系 021－68798999